U0905738

基督教与近代中国东北社会

(1866~1931)

邱广军 著

中国社会科学出版社

图书在版编目(CIP)数据

基督教与近代中国东北社会（1866～1931）／邱广军著．—北京：中国社会科学出版社，2014.10

ISBN 978－7－5161－4886－0

Ⅰ.①基… Ⅱ.①邱… Ⅲ.①基督教—布教—影响—社会发展—研究—东北地区—1866～1931 Ⅳ.①K293②B979.2

中国版本图书馆CIP数据核字(2014)第228835号

出 版 人 赵剑英
责任编辑 吴丽平
责任校对 闫 萃
责任印制 李寡寡

出 版 中国社会科学出版社
社 址 北京鼓楼西大街甲158号（邮编100720）
网 址 http://www.csspw.cn
中文域名:中国社科网 010－64070619
发 行 部 010－84083685
门 市 部 010－84029450
经 销 新华书店及其他书店

印 刷 北京君升印刷有限公司
装 订 廊坊市广阳区广增装订厂
版 次 2014年10月第1版
印 次 2014年10月第1次印刷

开 本 710×1000 1/16
印 张 17.5
插 页 2
字 数 292千字
定 价 56.00元

凡购买中国社会科学出版社图书,如有质量问题请与本社联系调换
电话:010－64009791
版权所有 侵权必究

序　　言

广军同志的新作《基督教与近代中国东北社会（1866～1931）》即将面世，我作为他的导师，感到由衷的高兴和欣慰。

这部书是他在博士学位论文基础上修改而成的。对东北基督教问题的关注，是从他2002年随我攻读硕士学位时开始的，那一年，恰逢东北师范大学“211工程”建设项目“信息化中国东北”正式启动，我负责子课题“东北宗教”部分，我就让几个新入学的研究生参加进来，一方面借此机会，锻炼他们的科研能力；另一方面，也想让他们在搜集、整理资料的过程中发现问题，作为毕业论文的选题。广军就是在这个过程中涉入东北宗教领域的，并最终把基督教作为自己的研究方向，以《清末民初基督教在东北施医布道探析》为题完成了一篇较为优秀的硕士学位论文，得到全体答辩委员的一致好评。

2006年，广军又跟随我攻读博士学位，鉴于当时东北基督教问题研究的薄弱现状，我鼓励他在硕士学位论文的基础上，继续深入探索，弥补此领域研究的缺憾。经过三年的艰辛努力，他完成了这篇博士学位论文。毕业后，他继续从事这方面研究，发表了一系列研究论文。如今，他把这些年来的研究心得融会贯通，加以梳理，奉献给学界，可以说实现了当初的愿望。

本书厘清了1866—1931年基督教在近代中国东北的传播脉络，并以基督教在东北的传教活动为重点，探讨了基督教与近代中国东北社会的互动关系。书文资料翔实，观点新颖，史论结合，文笔流畅，是研究东北基督教的一部力作。纵览全书，我认为作者在以下几方面颇具新意：

第一，关于东北基督教史的梳理。在此之前，关于东北基督教传播史的记载资料很多，但鱼龙混杂，互相抵牾之处甚多。作者在分析大量珍稀资料的基础上，对东北基督教史进行了一次严谨细致的清理，纠正了一些相关记载的讹误和疏漏之处。尤其是对基督教传教士在东北的早期活动问题的考辨，作者以第一手资料为切入点，层层深入地对传统记载错漏之处进行剖析，得出合乎实际的结论，具有很强的说服力，颇见功力，让人耳目一新。

第二，研究思维的辩证统一。唯物辩证法是史学研究的基本指导思想，对历史问题进行辩证的考察与思索，会使研究显得更加全面而深入。本书在立论的宏观架构上，从两个方面体现了这一点：一方面，基督教在近代传入东北以后，为了发展教务，在积极开展传教活动的同时，还开展了多种社会事业来辅助布道，这些活动和布道活动一样，在推进基督教在东北传播的同时，也对东北社会产生了多方面影响，在近代东北社会变迁过程中，既有阻碍社会发展的一面，也有顺应社会进步的一面，对此应该具体问题具体分析，不可一概而论；另一方面，从文化输入的角度来看，两种文化从碰撞到融合是个双向过程。近代中国东北是以儒释道思想为核心的文化体系，基督教这种异质文化传入东北，双方发生碰撞，在此过程中，本土文化吸收异质文化中的合理因子，异质文化也不断修善自身不适应本土文化的因子，双方在碰撞中完善，在调适中融合，基督教逐渐融入东北社会，是本土文化自身不断扬弃的结果，同时也是基督教不断自我调整、适应本土文化的结果。基督教的这种变化，也是近代东北社会变迁的一个组成部分。这种辩证思维贯穿论著始终，使得通篇分析透彻，论证谨严，具有一定的高度。

第三，研究方法的综合运用。借鉴社会学等相关理论与方法研究历史现象，是近年来史学研究的一个新趋势。本书对此也做了一些有益的尝试，将基督教放在近代东北社会变迁的背景下考察，根据其传播活动，探究其与东北社会的互动关系。作者在梳理了基督教在近代中国东北的传播脉络以后，对基督教会组织及布道情况做了考察，并就其在基督教传播过程中所起的作用展开探讨；同时，就基督教开展的医疗、教育、慈善等活动及其对近代东北社会产生的影响进行了客观分析；最后，考察基督教在近代东北传播过程中引发的矛盾。这种综合研究，视野比较开阔，观察问题更全面，立论基础更厚重，得出的结论也更客观。

总体而言，该书较为全面、客观地展示了基督教在近代中国东北的传播、发展情况，深入探讨了基督教在近代东北社会变迁中的影响与作用，是一部系统研究近代东北基督教史的专著，具有较高的学术价值和现实意义。学生在学术研究上取得成绩，是对老师最大的慰藉，在本书即将付梓之际，作为第一位读者，我愿意向大家推荐这部著作。也希望作者以此作为研究的新起点，在今后的学术生涯中再接再厉，取得更加丰硕的成果！

高乐才

2014 年 3 月 6 日于东北师范大学

目　录

绪　论

一　国内外研究概况与选题旨趣

（一）1949 年以前的研究情况

1949 年以前，国内关于东北基督教的研究成果十分有限，较早涉及此领域的应该是美国传教士林乐知于 1868 年 9 月 5 日在上海创办的《教会新报》，该报创办不久，即刊载了多篇关于东北基督教奠基人宾维廉（1815—1868 年，又译作宾韦廉、宾为霖、宾危廉、宾惠廉等）牧师的追思文章，如曹子渔的《宾教师传》、许扬美的《宾牧师行述》、英国传教士艾约瑟的《宾先生传》[①] 等，文内关于宾维廉牧师在东北传教事迹的记载，既是东北基督教研究的珍贵资料，也可视为此问题研究的发轫。

此后，随着基督教在东北地区的传播与发展，相关的记述与研究也开始丰富起来。1900 年的义和团运动，直接打击的对象之一便是教会，教会内外的一些人士对此多有记载，内容涉及东北地区的基督教。成书于 1901 年的《拳匪纪事》，采辑当时“中西报章”的相关报道，[②] 记录了东北地区义和团运动的情形，此为关于东北地区义和团运动的较早记载。此后，又有《拳祸记》和《庚子教会华人流血史》等著作的问世。《拳祸记》为晚清天主教士李杕所著，书中分两部分对义和团运动进行了记述。此书通常见者为二册本，1905 年由上海土山湾印书馆刊印。上册专记

---

① 宋莉华：《宾为霖与〈天路历程〉的汉译》，《上海师范大学学报》（哲学社会科学版）2009 年第 5 期。

② ［日］佐原笃介、浙西沤隐：《拳匪纪事》，载沈云龙主编《近代中国史料丛刊》第 83 辑，文海出版社 1967 年版，第 5 页。

"国难"，别题为"拳匪祸国记"，总述了义和团运动发生、发展和失败的经过；下册专记"教难"，别题为"拳匪祸教记"，按地区叙述了各地义和团运动的情形。后作者又根据各省教士所致书函，对原作中"偶有失实"之处，"增之删之"，[①] 于 1909 年又出了一个增补本，补编实为下册之增订本。书中对东北地区义和团运动发展情形的叙述比较详尽，为此前相关记述之冠，从中亦可管窥基督教在义和团运动中的情形，对东北地区基督教的研究多有裨益。《庚子教会华人流血史》是晚清天主教士柴莲馥感于英国教士季理斐所译，《庚子教会受难记》一书详于记述义和团运动中"西人受难之事"，而于中国信徒受难之事，"未得实在情形，无凭细载"，精心辑录教友赠函而成。[②] 书分五册，第一册"拳匪纪实"，首先考证了义和团的源流，继之又分述了山东、顺直、山西等各地义和团的发展情形，最后概略地叙说了义和团运动的结果。第二至五册则是对义和团运动期间各地"教难"的记述，著录方式是对各地教友函稿的照录，这些函稿，有的是著者对亲历事件的描述，有的是著者访查后润色而成的文稿，详细记述了义和团运动期间发生的一些"教难"，是研究义和团运动不可多得的珍贵资料，尽管作者的观点大有可商酌之处，但并不影响该书的史料价值。

此外，随着中国近代报刊事业的发展，在一些报刊的时事报道中，也可觅见东北基督教的踪迹。1872 年于上海创刊的《申报》，在日俄战争期间刊载的新闻评论中，有许多反映基督教传教士在东北地区进行难民救助活动的报道，[③] 这些报道，既为研究日俄战争提供了珍贵的资料，也是了解东北地区基督教发展情况不可多得的第一手资料。此外尚有日人中岛真雄于 1906 年在奉天（今沈阳）创办的《盛京时报》，该报收罗广泛，对当时我国内政、外交、经济、军事、文化、教育、社会风情等，均有详略不等的报道，其中关于盛京施医院、盛京医学院、非基督教运动以及基督

① （清）李杕：《拳祸记》下册，土山湾印书馆 1909 年版，"序"第 7 页。

② （清）柴莲馥辑：《庚子教会华人流血史》，中国圣教书会 1911 年版，"自序"第 5—6 页。

③ 主要包括：《朱礼琦译营口红十字会总董魏伯诗德致李提摩太信》，《申报》1904 年 5 月 31 日；《牛庄西董密勒魏伯诗德致直督袁宫保信朱礼琦译稿》，《申报》1904 年 10 月 2 日；《译西历一千九百零四年十一月十七日字林西报所登牛庄魏伯诗德致上海红十字总会函》，《申报》1904 年 12 月 19 日；等等。

教青年会在东北活动的相关报道,[①] 为我们多角度地展示了东北地区基督教传播、发展的图景，亦为不可多得的研究资料。

和上述研究资料相比，此阶段一些组织机构有计划地调查、编纂的统计资料，在研究广度和深度方面，则显得更为深入一些。义和团运动以后，在华基督教差会为谋求全国教会的大联合，以促进基督教在华传教事业的进一步发展，于 1907 年在上海召开了“基督教在华传教百年大会”，当时即有代表建议联合建立一个全国基督教协会，协调各差会的传教工作，但由于没有负责推进的中心机构，工作进展缓慢。直到 1913 年，美国基督教著名活动家穆德在上海召集在华基督教各差会领导召开全国大会，穆德任大会主席，在他的倡议下，大会决定在上海成立“中华续行委办会”，作为全国基督教的中心机构，主要任务包括：执行全国大会的议决案；作为中西沟通的机关，与艾丁堡续行委办会通声气；发表教会公共的意见；为各教会的咨询机关。[②] “中华续行委办会”成立后，即着手对中国国情和基督教的现状进行调查研究，调查的主要成果为《中华基督教会年鉴》和《中华归主——中国基督教事业统计（一九〇一——一九二〇）》的编纂和出版。《中华基督教会年鉴》的编纂工作，从 1914 年持续到 1936 年，共出版了十三期，除 1929—1930 年、1934—1936 年为跨年度外，其他各年度均为每年出一册。[③] 内容涉及中国基督教发展的方方面面，是研究中国基督教史的重要资料。其中关于基督教在东北传播与发展的记述，均出自东北地区基督教传教士之手，这些资料是研究东北基督教最珍贵的史料之一，具有很高的学术价值。《中华归主——中国基督教事业统计（一九〇一——一九二〇）》这部大部头的调查统计资料，是当时“中华续行委办会”对全国基督教发展状况的调查，调查年限是 1901—

---

① 主要包括：《施疗院开院再志》，《盛京时报》1907 年 3 月 10 日第 3 版；《创办盛京医学堂简明章程》，《盛京时报》1911 年 1 月 1 日第 5 版；《废教同盟》，《盛京时报》1922 年 3 月 22 日第 1 版；《废教运动的大爆发》，《盛京时报》1922 年 3 月 23 日第 2 版；《非教同盟加入颇多》，《盛京时报》1922 年 4 月 4 日第 2 版；《非教同盟会之声明》，《盛京时报》1922 年 4 月 6 日第 2 版；《非教同盟之通电及应声》，《盛京时报》1922 年 4 月 12 日第 2 版；《（安东）青年会开讲演会》，《盛京时报》1922 年 5 月 10 日第 4 版；《（安东）青年会提倡助捐》，《盛京时报》1925 年 6 月 9 日第 4 版；《（吉林）基青年会讲演大》，《盛京时报》1931 年 5 月 8 日第 5 版；《（大连）基青会篮球进展》，《盛京时报》1931 年 10 月 15 日第 5 版；等等。

② 王治心：《中国基督教史纲》，上海古籍出版社 2004 年版，第 215 页。

③ 王世伟：《二十世纪中国最早的年鉴之一——中华基督教会年鉴》，《图书馆》1998 年第 5 期。

1920年，调查工作开始于1918年，历时3年多，1922年整理成书出版，当时中英文版同时问世，中文版题名为《中华归主》。[①] 该书搜罗广泛，内容丰富，主要包括三方面内容：一是对中国社会状况的调查，包括行政区划、语言、人口、交通、经济生活等；二是对基督教在中国传播、发展情况的调查，包括20年内中国基督教运动的改革与进步、各省基督教事业概况以及教会教育、医药、文字事工的发展情况等；三是对天主教和俄罗斯正教会在中国活动情况的调查报告。其中，对基督教在中国传播、发展情况的调查资料是主体，是了解和研究1921年前基督教在中国活动情况的重要资料。其中涉及东北地区基督教传播与发展情况的相关记载，是研究东北基督教非常难得的珍贵文献。

同时，这一时期东北基督教的相关资料还散见于民国时期的东北地方史志之中，这些资料对了解基督教在东北地区的传播和发展情况，具有较高的参考价值。

上述关于东北基督教的相关记载，多属于基础史料，此阶段具有研究意义的开创性著作，当属中国教会史学家王治心所著的《中国基督教史纲》，该书出版于1940年，把东北基督教的传播与发展作为中国基督教史的一部分，放在整体中来研究，在医疗、传教、义和团运动等问题上都或多或少涉及东北基督教的内容，其中还谈到黑龙江布道会的情形，但该书中此类信息十分简略，让人难以得窥其详。尽管如此，这种有益的尝试，开拓了人们的思路，对推动东北地区基督教问题的研究具有积极的意义。

此阶段国外关于中国东北基督教的研究，也取得了一些成绩。相关研究成果主要集中在英文和日文方面。其中，英文成果主要是一些早期在东北活动过的传教士的回忆录或著作，主要包括《我们满洲差会的故事》《关东》《我们的满洲差会：苏格兰自由一致教会》《东方的呼唤：爱尔兰满洲差会历史梗概（1869—1919）》《满洲开路者：爱尔兰长老会先驱在满洲的故事》《满洲传教方法》《奉天三十年（1883—1913）：杜格尔德·克里斯蒂的经历与回忆》《沈阳十年：沈阳医疗差会工作的故事（1883—

① 中华续行委办会调查特委会编：《中华归主——中国基督教事业统计（一九〇一——一九二〇）》上卷，中国社科院世界宗教研究所译，中国社会科学出版社1987年版，“出版说明”第1页。

1893)》等,[①] 这些成果或是传教士自身经历的记述，或是传教士结合自身经历，又参照其他文献资料写成的著述，从不同的角度反映了基督教在东北早期传播的一些情况，但从严格意义上说，这些成果还谈不上研究，只能算是史料。稍具研究意义的代表性著作应该是加拿大传教士季理斐于1907年出版的《基督教新教在华传教百年史（1807—1907)》,[②] 该书对基督教从1807—1907年在华传教的百年历史进行了梳理，其中对在近代东北发展教务的基督教三大差会——爱尔兰长老会、苏格兰长老会和丹麦路德会——的传播概况进行了介绍，但由于该书以所有在华基督教差会为叙述对象，所以，书中涉及东北地区的情况未免失于简略。其后，又有《中国基督教差会历史》[③] 和《满洲基督教传教工作史》[④] 等著述的问世，其中关于东北基督教的论述，把相关研究推进了一步。

日文方面的成果主要集中在满铁资料。所谓“满铁资料”，是指南满洲铁道株式会社（以下简称“满铁”）在其存续期间（1906—1945年）所形成的三十余万种包罗万象的调查报告、图书文献和档案材料。[⑤] 其中，蕴含了大量关于东北基督教问题的研究成果，据学者调查，仅大连图书馆收藏的东北基督教史料就约有51册,[⑥] 以《宗教调查资料》《满洲基督教年鉴》《满洲宗教志》《满洲基督教苦斗史》《恩宠二十年》《南满洲ニ於ケル宗教概观》《满洲文化史·点描》等颇具代表性。《宗教调查资料》是伪满民生部、文教部等组织编写的宗教调查系列专辑，其中，第7辑《基督教调查报告书》专门介绍了东北基督教、天主教和东正教的情况。《满洲基督教年鉴》是“满洲基督教联合会”编辑、出版的年鉴资料，专以东北基督教为调查研究对象，集中反映了伪满洲国政府机构关于基督教情况的逐年介绍和统计数字，具有极高的史料价值。以1938年版

① 徐炳三：《近代中国东北基督教研究——以政教关系为研究视角（1867—1945)》，博士学位论文，华中师范大学，2008年，第6—7页。

② D. MacGillivray, *A Century of Protestant Missions in China* (*1807—1907*), *Being the Centenary Conference Historical Volume*. Shanghai: Printed at the American Presbyterian Mission, 1907.

③ Kenneth Scott Latourette, *A History of Christian Missions in China*, London: Society for Promoting Christian Knowledge, 1929.

④ "Records of the North Manchuria International Christian Workers Fellowship Union", *Contemporary Manchuria*, Vol. 4, No. 1 (Jan. 1940), by North Manchuria International Christian Workers Fellowship Union.

⑤ 褚赣生：《〈中国馆藏满铁资料联合目录〉编撰始末》，《满铁研究》2010年第2期。

⑥ 黑龙、王晓辉：《满铁资料东北基督教史文献概述》，《兰台世界》2011年第14期。

为例，该书辑录资料的作者均系东北地区的传道人，书文按照“法规编”、“历史编”、“便览编”等内容进行编排，对近代东北地区的主要基督教会分门别类地进行叙述，线索比较清晰，对研究东北基督教史具有重要的参考价值。《满洲宗教志》是一部调查资料性著作，该书对东北地区主要宗教的传播及发展状况等作了较系统的介绍，对基督教在中国东北地区的发展沿革和现状以及相关的早期传教士的活动、信徒分布等情况也有记述。《恩宠二十年》是大连基督教青年会编印的资料集，详细记载了大连基督教青年会的组织机构、会员名单和分布以及组织活动情况，为研究基督教青年会在东北的活动提供了翔实的个案资料，具有重要的史料价值。其他著作也分别从不同的角度对基督教在近代东北地区的发展状况有所描述。由于这些著述是为日本帝国主义侵华服务而作，在参考时对其中许多观点需仔细甄别。

综上所述，1949年以前，中国东北基督教问题的研究尚处于初始阶段，资料整理性成果多于研究性成果，这些基础性的工作，为以后深入研究做了资料上的准备。

（二）20世纪后50年的研究状况

这一时期，国内在东北基督教问题研究方面取得的成果主要表现在两个方面，一方面是相关档案、资料的整理与汇编；另一方面是专题研究的展开与深入。这些成果，从研究层面来说，较之以前要深入得多。

相关档案、资料的整理与汇编成果主要有《义和团档案史料》《教务教案档》《义和团史料》《东北义和团档案史料》《清末教案》《清代东北阿城汉文档案选编》《中国近代史资料丛刊·义和团》《日俄战争档案史料》《近代史资料》东北三省各级政协主编的文史资料等。这些档案、资料中关于东北基督教问题的记载，从不同角度反映了其在近代东北传播与发展的历史概貌，对问题的深入研究具有重要的史料价值。

在东北基督教史研究方面，钱公来先生在50年代先后撰写了《东北基督教简史》[①] 和《西方宗教对东北文化经济政治之影响》[②] 两文，文内除对东北基督教的传播与发展情况进行粗略勾勒之外，还对其在东北社会

① 《中国一周》1956年第327期。

② 王大任主编：《东北研究论集》二，中华文化出版事业委员会1957年版。

产生的影响进行了剖析。这是国内学界对东北基督教史进行专题研究的较早尝试。其后，在学者的一些著述中，也涉及此问题，这些著述包括《中国基督教史》[①]《中国基督教百年史》[②]《传教士与近代中国》《从马礼逊到司徒雷登——来华新教传教士评传》《加拿大传教士在中国》《基督教与近代中国社会》《清代东北史》《近代东北史》《中国东北史》《也谈黑龙江早期的基督教》[③]《韦廉臣来黑龙江的准确时间》[④] 等。同时，东北三省各级地方志办公室编纂的新地方志书中，对基督教在本地的传播与发展情况，均有不同程度的记载。这些著述，为东北基督教史的研究提供了多方面信息，对东北基督教问题的研究具有积极意义。

这一时期，关于东北地区义和团运动的研究成果同样引人注目，除《中国教案史》《晚清教案纪事》等著作从近代“教案”的角度进行探讨外，尚有《近代东北人民革命运动史（旧民主主义革命时期）》、《近代东北人民革命斗争史》等论著从“革命斗争史”的视角对此问题进行考察，更有《黑龙江义和团的抗俄斗争》[⑤]《义和团运动在东北》[⑥]《义和团在黑龙江的反帝斗争情况》《义和团运动在辽宁》《义和团运动在辽西》《辽宁地区的反帝国主义宗教斗争初探》《论义和团运动期间东北地区反洋教斗争》[⑦]《清代东北地方庚子赔款始末》《庚子百年祭——记辽宁地区的义和团运动》[⑧] 等专题研究著述，从不同角度对东北地区义和团运动进行探研。尽管这些论述研究的重点在于义和团运动，但其内容对东北基督教问题的深入研究亦具有积极的意义。

此外，在东北基督教专题研究方面取得一定进展的领域还有“教会医疗事业”和“教会教育事业”。关涉前者的著述先有《辽宁西医学传入》《司督阁在东北施医传教》《东北地方文献的珍本——〈奉天三十

① 杨森富：《中国基督教史》，（台湾）商务印书馆 1968 年版。

② 汤清：《中国基督教百年史》，（香港）道声出版社 1987 年版。

③ 贾中原：《也谈黑龙江早期的基督教》，《黑龙江日报》1989 年 6 月 25 日第 4 版。

④ 王景泽：《韦廉臣来黑龙江的准确时间》，《北方文物》1998 年第 2 期。

⑤ 黑龙江省博物馆历史部编：《黑龙江义和团的抗俄斗争》，黑龙江人民出版社 1978 年版。

⑥ 黎光、张璇如：《义和团运动在东北》，吉林人民出版社 1981 年版。

⑦ 孙克复、杜丽君：《论义和团运动期间东北地区反洋教斗争》，载四川省哲学社会科学联合会、四川省近代教案史研究会《近代中国教案研究》，四川省社会科学院出版社 1987 年版。

⑧ 邸富生：《庚子百年祭——记辽宁地区的义和团运动》，《辽宁地方史研究》（社会科学版）2000 年第 3 期。

年〉和〈满洲的杜格尔德·克里斯蒂〉》[①] 《东北地区西医传入先驱者——司督阁博士》等学术论文的问世，继有《辽宁省志·卫生志》《吉林省志·卫生志》《黑龙江省志·卫生志》等专门志书的付梓，其中对基督教在东北地区开办的教会医疗事业的相关记述，对该领域的进一步深入研究具有开拓性的作用。而《东北地方教育史》《东北教育通史》《东北高等教育史》《辽宁省志·教育志》《吉林省志·教育志》《黑龙江省志·教育志》等著述中，关于东北地区基督教教会教育事业的论述，也为该问题的继续研究开拓了新的思路。

相对国内东北基督教研究蓬勃发展的势头，国外相关研究则较之前一阶段显得比较沉寂，只有《穿越地震、狂风和烈火：满洲的教会和差会(1867—1950)》和《苏格兰传教士对满洲政治问题的回应（1872—1950)》两部（篇）较有分量的研究成果问世。[②] 前者以中国东北地区基督教最大的两派长老会，即爱尔兰长老会和苏格兰长老会为研究对象，重点探讨社会环境变化对东北长老会发展的影响，以及教会的适应性发展，史料丰富、史实可靠，是一部颇见功力的研究性著作。后者则专以苏格兰长老会为着眼点，对苏格兰长老会在东北政治演变中所做的回应等问题展开探讨，具有一定的学术价值。

综观20世纪后半个世纪中国东北基督教研究领域取得的成绩，和此前相比，从文献整理到专题研究，从研究深度到评价标准等方面，均有了一定的进展，且为后续的进一步研究开辟了新的领域。

（三）21世纪前10年的研究现状

在前人研究的基础上，国内中国东北基督教研究呈现出喜人的态势，出现了一批具有一定学术价值的译著和论文。这些成果主要涉及东北基督教史、教会医疗、教会教育、反教会斗争以及综合研究与中文文献的辑录整理等几个方面内容，和以往的研究成果相比，研究领域进一步拓宽，专题研究更加深入。

在东北基督教史研究方面，主要包括《东北沦陷时期的基督新教》

---

① 汪孝海：《东北地方文献的珍本——〈奉天三十年〉和〈满洲的杜格尔德·克里斯蒂〉》，《图书馆学刊》1991年第2期。

② 徐炳三：《近代中国东北基督教研究——以政教关系为研究视角（1867—1945)》，博士学位论文，华中师范大学，2008年，第8页。

《基督教在近代吉林朝鲜族中的传播》《近代吉林基督教传播与发展述论》《基督教首抵关东教士考》《基督教传入中国东北历史原因考述》《清末民初长老会在东北的传播》《聂乐信在近代中国东北传教活动述论》《清末民初东北基督教会自立活动初探》等学术论文，这些论文从不同角度对基督教在中国东北地区传播与发展情况进行了概括性的描述，充实了此方面的研究内容。

在东北地区教会医疗事业研究方面，主要包括《东北西医的传播者——杜格尔德·克里斯蒂》[1]《奉天三十年（1883—1913）——杜格尔德·克里斯蒂的经历与回忆》[2] 两部译著的编译出版和《清末民初基督教在东北施医布道初探》《司督阁在中国东北施医布道初探》《高积善在近代吉林传教活动探察》《从边缘人到成功者——评杜格尔德的〈奉天三十年（1883—1913）〉》[3]《司督阁与东北现代医学》[4]《借医布道：走在医疗与传教之间——从〈奉天三十年（1883—1913）〉一书看晚清东北地区传教》[5] 等论文的问世。两部译著均是杜格尔德·克里斯蒂（汉名“司督阁”）在中国东北早期医疗传教活动的回忆录，书中勾勒了杜格尔德·克里斯蒂在中国东北地区 30 余年的传教生涯，前者的著者是事件亲历者的妻子，后者则是著者本人的回忆录，记录的事件均为著者本人所亲历或见证，对研究东北地区教会医疗事业具有极高的史料价值，两部译著的编译出版，对推动该领域的进一步深入研究具有重要意义。《清末民初基督教在东北施医布道初探》等论文成果，也分别从不同角度推进了该领域的研究。

在东北地区教会教育事业研究方面，主要包括两篇论文，即《近代中国东北基督教教会学校研究》[6] 和《近代中国东北基督教教会学校评析》。[7]

① ［英］伊泽·英格利斯：《东北西医的传播者——杜格尔德·克里斯蒂》，张士尊译，辽海出版社 2005 年版。

② ［英］杜格尔德·克里斯蒂：《奉天三十年（1883—1913）——杜格尔德·克里斯蒂的经历与回忆》，张士尊等译，湖北人民出版社 2007 年版。

③ 王冬青：《从边缘人到成功者——评杜格尔德的〈奉天三十年（1883—1913）〉》，《社会科学战线》2008 年第 6 期。

④ 陈醒哲：《司督阁与东北现代医学》，《辽宁医学院学报》（社会科学版）2009 年第 4 期。

⑤ 陈兆肆：《借医布道：走在医疗与传教之间——从〈奉天三十年（1883—1913）〉一书看晚清东北地区传教》，《社会科学战线》2010 年第 7 期。

⑥ 邹丹丹：《近代中国东北基督教教会学校研究》，硕士学位论文，东北师范大学，2006 年。

⑦ 高乐才、邹丹丹：《近代中国东北基督教教会学校评析》，《长春师范学院学报》（人文社会科学版）2006 年第 5 期。

前者是硕士学位论文，主要从基督教在东北创办教会学校的历史背景、东北基督教教会学校的创建与发展、东北基督教教会学校的评价等几方面展开论述，涉及基督教在东北地区创设的初、中、高等学校以及女子学校，对近代东北地区基督教会学校的发展脉络进行了梳理，线索比较明晰。后者在概述了基督教在近代中国东北创办教会学校的原因和基本情况后，着重从“教会学校对东北教育事业的推动”、“教会学校为中国东北新式学堂创办提供借鉴”、“教会学校在东北新式人才培养方面的作用”、“教会学校对近代东北女子教育的影响”四个方面，对近代中国东北基督教教育事业进行了评析，立论较为公允。

《晚清东北教案研究》是这一时期东北民众反教会斗争的主要专题研究成果，该文以1861—1904年间东北地区教案为考察对象，从教案发生的原因、阶段、特点、性质和影响等方面展开论述，考察对象包括东北地区天主教、基督教和东正教。相关的研究成果还有《晚清东北基督新教的两起重要教案》，对东北地区较有影响的吉林教案和辽阳教案进行了探讨。

相对上述专题研究而言，这一时期关于中国东北基督教的综合研究成果显得更为丰富一些，包括《伪满时期日伪当局宗教统治研究》《清末洋教传入对东北社会的影响》《20世纪初基督教在中国延边朝鲜民族社会的演变及其影响》《近代中国东北基督教研究——以政教关系为研究视角(1867—1945)》《英国传教士宾为霖与〈天路历程〉之研究》《基督教与近代中国东北社会（1866—1931)》《东北沦陷时期宗教状况与教化统治研究》《宾为霖与〈天路历程〉的汉译》[①]《宾为霖〈天路历程〉汉译评介》[②]《伪满体制下宗教团体的处境与应对——以基督新教为例》[③]《略论伪满政权的宗教控制手段——以基督教为例》[④]《侵华时期日本宗教团体

---

① 宋莉华：《宾为霖与〈天路历程〉的汉译》，《上海师范大学学报》（哲学社会科学版）2009年第5期。

② 吴文南：《宾为霖〈天路历程〉汉译评介》，《重庆交通大学学报》（社会科学版）2010年第1期。

③ 徐炳三：《伪满体制下宗教团体的处境与应对——以基督新教为例》，《抗日战争研究》2011年第2期。

④ 徐炳三：《略论伪满政权的宗教控制手段——以基督教为例》，《东北师大学报》（哲学社会科学版）2011年第5期。

的政治态度——以基督新教为例》[①]《日俄战争期间传教士的难民救助活动》等一系列研究论文。其中，《伪满时期日伪当局宗教统治研究》和《东北沦陷时期宗教状况与教化统治研究》两篇学位论文，以东北沦陷时期日伪当局对东北民众的殖民教化统治及其宗教侵略为研究重点，从精神意识层面揭示日本帝国主义的侵华本质，其间涉及东北基督教的内容。《清末洋教传入对东北社会的影响》一文，则从清末洋教传入东北的概况、活动及其对东北社会的影响等方面展开论述，对东北地区基督教的发展情况亦有涉及。《英国传教士宾为霖与〈天路历程〉之研究》《宾为霖与〈天路历程〉的汉译》《宾为霖〈天路历程〉汉译评介》等论文，是关于东北地区基督教早期传教士宾维廉及其汉译名著《天路历程》的研究成果，对基督教在东北地区的早期传播研究具有一定的参考价值。《伪满体制下宗教团体的处境与应对——以基督新教为例》《略论伪满政权的宗教控制手段——以基督教为例》《侵华时期日本宗教团体的政治态度——以基督新教为例》三篇论文，对东北沦陷时期的基督教进行探讨，较为薄弱的该领域研究有所增强。《日俄战争期间传教士的难民救助活动》则聚焦于日俄战争期间传教士的难民救助活动，对东北地区传教士的战时救灾情况进行了梳理。《20世纪初基督教在中国延边朝鲜民族社会的演变及其影响》《近代中国东北基督教研究——以政教关系为研究视角（1867—1945）》《基督教与近代中国东北社会（1866—1931）》三篇博士学位论文，均以中国东北地区的基督教为考察对象，从不同的角度对此问题进行探讨。《20世纪初基督教在中国延边朝鲜民族社会的演变及其影响》一文，主要探讨了20世纪初基督教在延边朝鲜民族社会中的发展情况及其影响；《近代中国东北基督教研究——以政教关系为研究视角（1867—1945）》则以政教关系为主线，对基督教在近代东北不同政治环境下发展及演变过程进行了梳理，大致厘清了基督教在近代东北的发展脉络；《基督教与近代中国东北社会（1866—1931）》一文，除了对基督教在近代中国东北地区传播与发展情况进行记述之外，还分专题对近代中国东北地区的基督教教育事业、医疗事业、慈善事业、反教会斗争及其在东北社会中产生的社会影响等方面进行探讨，从基督教与近代东北社会的互

① 徐炳三：《侵华时期日本宗教团体的政治态度——以基督新教为例》，《福建师范大学学报》（哲学社会科学版）2012年第1期。

动关系中探究其在近代中国东北的历史发展轨迹。

在中文文献辑录与整理方面，张先清、赵蕊娟主编的《中国地方志基督教史料辑要》,[①] 分地区、按年代为序辑录了清至民国现存地方志中基督教的相关内容，东北地区地方志相关文献也辑录在册，推进了东北基督教史文献的整理工作，为进一步深入研究提供了便利条件。

此阶段国外关于东北基督教研究的学术成果不多，其一是美国加利福尼亚大学伯克利分校的博士学位论文《长老会传教士在南满洲（1867—1931)：宗教、社会与政治》[②]，另一篇是收入《华裔学志专论系列》中国基督宗教丛书第二卷的学术论文《耶稣在满族人中的传播》[③]。前者以长老会传教士在东北地区的活动为着眼点，对长老会传教士的思想根源和实践、长老会传教士和东北地区本土宗教的交锋以及长老会传教士在东北社会与政治演变中的应对等方面进行了探讨。后者主要对基督教在满族人中的传播情况进行梳理。

综上可见，关于中国东北基督教问题的研究虽历经百年，其间不乏高质量的成果问世，但与国内其他地区的基督教研究相比，尚有一定的差距，目前的相关研究成果，多采用历史、实证的研究方法，且多集中在资料整理、历史事实的铺叙、历史表象的阐释等方面，全面、深入的研究相对欠缺。本书在前人研究的基础上，借鉴历史学、宗教学、社会学的相关理论、方法，将基督教放在近代东北社会变迁的大背景下来考察，根据其开展的一系列活动，探究其在东北社会变迁过程中扮演的角色，力求客观、全面地反映基督教在东北的传播与发展情况。

二 资料来源与研究方法

（一）中文资料

1. 档案文献

档案是史学研究的第一手资料，一般能较真实地反映历史原貌，史料价值极高。本书引用档案多为档案资料汇编，同时也有一些来自东三省档

① 张先清、赵蕊娟编：《中国地方志基督教史料辑要》，东方出版中心 2010 年版。

② Hyung Shin Park, *Presbyterian Missionaries in Southern Manchuria*, 1867—1931: *Religion, Society and Politics*, Berkeley, California, 2008.

③ 牛汝极：《近十年海外中国景教研究综述》，《宗教学研究》2011 年第 3 期。

案馆的原档资料，主要包括：《清实录》《光绪朝东华录》《教务教案档》《清末教案》《清代东北阿城汉文档案选编》《清季外交史料》《义和团档案史料》《东北义和团档案史料》等。这些档案资料中关于东北基督教问题的记载，从不同角度反映了其在近代东北传播与发展的历史原貌，是考据史实的主要依据。

2. 资料汇编及报刊

（1）基督教资料汇编。《中华基督教会年鉴》《中华归主——中国基督教事业统计（一九〇一——一九二〇）》《中华基督教会全国总会第二届常会纪念册》《满洲基督教年鉴》等基督教专门资料汇编，由在华基督教会组织编写，反映了不同时期基督教在华发展的真实情况，是难得的第一手资料。其中关于东北基督教会传播情况的记载，是本书勾画基督教在东北发展简史及教会组织构成等内容的直接资料来源。

（2）相关资料汇编。这类资料主要包括：《中外旧约章汇编》《中国近代教育史资料》《中国近代教育史教学参考资料》《中国近代学制史料》《帝国主义侵华教育史资料——教会教育》《义和团史料》《中国青年运动历史资料》《近代史资料》（总 80 号、82 号）等。其中，《近代史资料》（总 80 号、82 号）中刊载了黄光域先生搜集、整理的《近代来华新教差会综录》，对近代来华传教的基督教各差会在华传教概况作了简要介绍，其中关于早期在东北传教的爱尔兰长老会、苏格兰长老会及丹国路德会等差会传教情况的记载，为本书写作提供了重要的参考资料。

（3）报刊。包括《盛京时报》《申报》《东方杂志》等在内的中国近代报刊，以真实的笔触，全方位、多角度地记述了当时政治、经济、社会和文化发展情况，是不可多得的重要资料，其中关于东北地区基督教传播、活动方面的报道资料为本书提供了重要参考依据；《东北丛镌》《东北集刊》等近代东北地方史学专刊，辑录了大量近代东北地方史学专家的研究成果，涉及东北政治、经济、文化等方方面面，引证史料翔实，论证严谨，对本书写作也多有参考裨益之功。

3. 地方志书

（1）地方性的通史著作。包括《东三省政略》《奉天通志》《吉林通志》《黑龙江志稿》等，《东三省政略》是徐世昌在任东三省总督时期组织编纂的关于东三省政治、经济、军事、边务、外交、民政等方面内容的一部地方志书，其中的相关记述为本书写作提供了一些参考资料。《奉天通志》《吉林通志》和《黑龙江志稿》是关于奉天、吉林、黑龙江三省政治、经济、文化、社会等方面内容的地方志书，史料价值较高，其中关于宗教方面特别是基督教方面内容的记述，对了解基督教在东北的传播和发展情况，具有很高的参考价值。

（2）地方性专门史志。包括《辽宁省志·宗教志》《辽宁省志·卫生志》《吉林省志·宗教志》《吉林省志·卫生志》《吉林省志·教育志》《黑龙江省志·宗教志》《黑龙江省志·卫生志》《黑龙江省志·教育志》《长春市志·少数民族·宗教志》《哈尔滨市志·宗教·方言》等。由辽宁、吉林、黑龙江三省地方志编纂委员会编写的宗教志，对本省的佛教、道教、伊斯兰教、天主教、基督教、东正教等主要教派的传播情况及发展现势等作了介绍和统计，其中的基督教部分内容为本书提供了重要的参考资料。同时，三省地方志编纂委员会编写的卫生志、教育志等，对本省卫生、教育事业的历史沿革及发展现状作了系统介绍和统计，对本书写作也有直接的借鉴价值。

（3）东北各市、县志书。这些市志、县志中关于本市、县宗教部分内容，更为详尽地介绍了本市、县宗教源流、传播及发展情况，在一定程度上弥补了省志中的一些不足，也是本书写作过程中参照的主要资料。

（4）地方文史资料。东北三省各级政协主编的文史资料，多是历史事件的亲历者口述或自撰材料，内容较为翔实，但其中有些资料，因为时间相隔较长、当事人所处的时代环境及一些人为因素等方面的影响，容易出现一些谬误，这就需要在运用过程中，与其他史料相互印证，去伪存真，以得出正确的结论。关于东北基督教内容的一些篇章，如《盛京施医院创立纪实》（《文史资料选辑》第 1 辑）、《我区医疗卫生事业的今昔》（《大东文史资料》第 3 辑）、《安东市的“丹国基督教医院”》（《丹东文史资料》第 3 辑）、《岫岩西山医院》（《岫岩文史资料》第 1 辑）、《吉林高大夫医院》（《吉林市文史资料》第 5 辑）、《海龙基督教会与英国施医院始末》（《梅河口文史资料》第 3 辑）、《解放前东北的高等医学教育》（《黑龙江文史资料》第 4 辑）等，为本书个案研究提供了充实的细节材料。

（二）外文资料

英文资料，主要参考了《基督教新教在华传教百年史（1807—

1907)》[D. MacGillivray, *A Century of Protestant Missions in China (1807—1907), Being the Centenary Conference Historical Volume*. Shanghai: Printed at the American Presbyterian Mission, 1907.]《杰克逊时满洲生活经历》(Alfred J. Costain, *M. a. The life of Dr. Arthur Jackson of Manchuria*, London, New York, Toronto, 1913.)《奉天三十年(1883—1913)——杜格尔德·克里斯蒂的经历与回忆》(*Inglis Lza. Thirty years in Moukden*: 1883—1913, *Being the experiences and recollections of Dugald Christie*, *London*, Constable and Company ltd, 1914.)等几部著作。

日文资料,除了上文介绍的几部研究著作之外,尚有《满洲宗教概要》《满洲国の宗教》《支那基督教史》《满蒙の民族と宗教》《满铁资料汇报》《满洲年鉴》《满蒙全书》《奉天二十年史》《满洲国地方事情·概说篇》《满洲国地方事情·第二卷》《支那丛报解说》(第一、四、五、六、七、十卷)等。

(三)研究方法

主要采用历史学、宗教学、社会学相结合的方法,从收集有关档案、史料入手,吸收前人的研究成果,梳理基督教在近代东北传播与发展的基本情况,对基督教在近代东北社会变迁过程中产生的影响进行探讨。

在研究过程中,史料考证的方法是必不可少的。东北基督教的相关记载资料鱼龙混杂,讹误之处颇多,在具体运用过程中,对史料的辨伪工作尤为重要,要注意区分不同史料对同一事件的论述存在差异的原因,利用多个史料互相印证,去伪存真,力求考证后的史实更接近历史原貌。

由于基督教的宗教性质,宗教学的一些理论与研究方法也是不可或缺的。如探讨基督教在东北的传播及其本土化问题。一般而言,外来文化的本土化有两种可能,一种是可能"转变、再造原有文化",另一种可能是被原有的文化所消解。[①] 然而基督教在中国的本土化,既没有转变或再造中国的原有文化,也没有完全被中国文化所消解,而是形成了一种新的、不同于中国传统文化的中国基督教文化。从基督教教义和信仰层面来考察,不失为加深本问题研究的一个视角。

---

① 杨慧林:《"本地化"还是"处境化":汉语语境中的基督教诠释》,《世界宗教研究》2003 年第 1 期。

从文化输入的角度来说，基督教在近代东北的传播，是个双向互动的过程，在此过程中，基督教如何看待与其不同的中国传统文化？如何处理二者之间的摩擦与冲突？怎样在碰撞中逐渐融入东北社会？东北社会又是如何应对异质文化的传入？等等。对这些问题进行细致入微的研究，则需要在社会学的理论方法指导下具体展开。

总之，本书试图以辩证唯物主义观点为指导，多种研究方法并用，多层面、宽视角地对东北基督教问题进行深入探讨和研究，力求全面、准确地反映基督教在近代中国东北地区的传播与发展情况以及在此过程中对东北社会产生的影响。

三 相关概念的界定与基本思路

（一）相关概念的界定

基督教：奉耶稣基督为救世主的各教派统称，亦称“基督宗教”。包括天主教、正教、新教三大教派和其他一些较小教派。与佛教、伊斯兰教并称为世界三大宗教。在中国，通常专指基督教新教，又称耶稣教。① 本书所指基督教系属后者。

近代：本书以1866年基督教初传东北至1931年“九·一八”事变作为一个时间分段，来考察基督教于此期间在东北的主要传教活动及其在社会上产生的影响。1866年，韦廉臣开启了基督教东北传播的序幕，1931年以后，东北沦陷，日伪政权逐渐对各种宗教加紧控制，基督教在东北的发展走上了曲折的发展历程。在半个多世纪内，基督教在东北地区由传入到发展，经历了由小到大、由弱渐强的发展过程，其间，有排斥，也有接纳；有分立，也有融合，在与东北社会互动的过程中，最终融入本地，成为东北文化的一个组成部分。

中国东北：这是个地域概念，系“指方位而言”②，因其位于祖国的东北部而得名。其区域范围和行政区划往往因时代不同而有所差异。就本书所论时段，囊括了晚清和民国两个时期，其整体范围大致相当于今天的辽宁、吉林和黑龙江三省所辖地区。1907年以前，东北当时尚未正式设

① 卓新平主编：《基督教小辞典》，上海辞书出版社2001年版，第1—5页。

② 金毓黻：《东北释名》，载《东北丛镌》1930年第1期，第1页。

省，清政府于此置盛京、吉林、黑龙江三将军进行管辖。1907 年，清政府取消了东北地区三将军建制，改设奉天、吉林、黑龙江三省，自此，东北又有东三省之称谓。民国建立后，1929 年，东北政务委员会又重新调整行政区划，于三省之外，还将热河省划归东北政务委员会统辖，东北遂辖 4 省。可见，东北地区无论是其区域范围，还是具体行政区划，都处于一个变动的状态，所以，书内行文中涉及具体区划称谓时，即指当时之称谓，特殊情况在行文中另作说明。而对于书内涉及的地名，则采取当时名称后面括弧当今地名的办法进行处理，以免混淆，如奉天（今沈阳）、宽城子（今长春）等等。

（二）基本思路

在厘清基督教在近代东北传播与发展脉络的基础上，就基督教在近代东北的传教活动进行专题研究，剖析其在近代东北社会变迁中产生的影响，阐释其与近代东北社会变迁的关系。

本书除绪论和结语外，大致可划分为三个部分。第一部分，包括第一、二两章，主要对近代中国东北的基督教会及其组织情况进行考察。第二部分，包括第三、四、五、六章，主要考察基督教在近代东北的主要传教活动及其对东北社会产生的影响。第三部分，第七章，考察基督教在近代东北传播过程中引发的矛盾。如此架构的目的，旨在勾勒出基督教在近代东北传播与发展概况的同时，对其组织、活动等情况作进一步的深入研究，探求基督教与近代东北社会的互动发展过程。

设想与结果之间往往会有一定的差距，这与个人的学术素养紧密相关。在本书的写作过程中，笔者深感力不从心，许多问题难以驾驭。因此，上述尝试如果能对东北地区基督教史的深入研究带来一点有益的启迪，笔者即甚感欣慰了。

第一章　基督教传入东北及其发展

早在鸦片战争以前，随着西方资本主义海外扩张势力的东来，基督教传教士就已经来到中国东南沿海进行活动，但在清政府禁教政策的压制下，这些活动并未取得多大成果。直到鸦片战争以后，列强凭借坚船利炮轰开了中国的大门，随着侵略的逐步加深，资本主义势力也逐渐深入内地。在此背景下，西方国家的一些基督教差会也纷纷由沿海到内地发展教务。被清廷一向视为“龙兴重地”的东北，也成为一些差会发展教务的主要地区，它们以营口为踏板，逐渐把触角伸向东北腹地，在半个多世纪的传播、发展过程中，基督教差会在东北地区建立了许多教会，这些教会分属于不同差会，形成了各自的传教体系。

第一节　资本主义扩张与基督教近代入华

一　鸦片战争前基督教传教士在中国的早期活动

近代以来，伴随着资本主义殖民势力的东来，一些基督教传教士也纷纷来到东方。17 世纪，荷兰传教士即来到当时已被殖民者侵占的台湾岛，开展传教工作，成为较早到中国活动的基督教传教士。1662 年，郑成功收复台湾，荷兰殖民者被驱逐出境，基督教在台湾的传教活动也随之停止。① 基督教此次入华，时间较短且又局限于台湾一隅，因此对基督教在中国的传播未能产生太大的影响。

---

① 王国平：《不能以马礼逊来华作为基督新教来华标志》，《光明日报》2004 年 5 月 11 日第 B3 版。

基督教再次传入中国是在19世纪初，1807年，英国伦敦传教会的马礼逊从美国搭乘商船，历经4个月的航程，于当年9月8日抵达广州。马礼逊为了取得合法居留权，长期隐瞒了传教士身份，在澳门的英国东印度公司中充当译员。嗣后，英、美、德等国差会也派遣传教士陆续来华，基督教在华传教事业由此发轫。

然而，在鸦片战争以前，由于清政府执行闭关禁教政策，西方传教士的活动被限制在广州和澳门两地，在吸收教徒方面成效甚微。到1840年，传教士增加到20人以上，而已接受洗礼的中国教徒还不到100人。[①] 为此，在鸦片战争爆发前的30余年时间里，来华基督教传教士主要从事传教准备工作。马礼逊经过多年努力，把《圣经》新、旧约全书翻译成汉文，并完成了《华英字典》的编纂工作。鉴于当时无法在中国大陆公开建立教会和开展传教工作，马礼逊向伦敦会建议在邻近中国的华人聚居地建立传教基地，设立印刷所和学校，培养传教士学习汉语和中国文化，为基督教向中国内地推进做准备工作。伦敦会采纳了马礼逊的建议，于1818年在南洋群岛的马六甲创办了英华书院，开设英文、中文等课程，聘请西人和当地华人任教。学校建立后，由米怜担任行政领导。学校从1820年开始正式招生，1844年迁至香港。在20多年时间里，英华书院并没有达到传教士办学的预期目标，不但入学的欧美学员很少，即使入学的华侨子弟，毕业后到中国工作的也是寥寥无几，回国的也多数在广州或澳门的东印度公司或外国商馆工作，并没有一个肯充当传教士的。[②] 英华书院是来华基督教传教士设立的第一所中文学校，尽管开办后并没有达到预想的目的，但其办学思想却在日后发展成为基督教在华教育传教的一个重要理念，教会教育的雏形由此已见端倪。

此外，基督教传教士还从事一些医疗活动，1820年，马礼逊为了接触华人，与东印度公司医生李文斯顿在澳门合开了一家诊所，聘用华医为人治病，马礼逊在诊所“每天上午都亲自进行一到两个小时的工作”。这

---

① ［美］费正清主编：《剑桥中国晚清史（1800—1911）》上卷，中国社会科学院历史研究所编译室译，中国社会科学出版社1985年版，第604页。

② 顾长声：《从马礼逊到司徒雷登——来华新教传教士评传》，上海书店出版社1985年版，第10页。

可以看作基督教后来设立医院的胚胎。[①] 1834 年 10 月，美国美部会传教医生伯驾来到广州，于次年 11 月开办了医院，因其位于广州新豆栏街而被时人称为“新豆栏医局”，此为近代中国第一所教会医院。开设医院的目的在伯驾来华前美部会负责人对其宣读的声明中阐述得非常清楚：“你如遇机会，可运用你的内外科知识解除人民肉身的痛苦，你也随时可用我们的科学技术帮助他们。但你绝对不要忘记，只有当这些能作为福音的婢女时才可引起你的注视。”这也就确立了教会医院以后发展的基本指导思想，即开办医院要为传播宗教服务。

医局开诊后，前来就诊的病人络绎不绝，六个星期内就有 450 人来此就医。鉴于这种情况，东印度公司的医生哥利支向英美国家发出呼吁，希望它们尽可能多的派传教医生到中国来。他在起草的“呼吁书”中写道：“我所建议的是，所有各教派的基督教徒们，为了改善中国人俗世的和社会的状况而联合起来吧，请医务界的善士们前来做好事，以博取人民的信任，由此而为逐渐接受那美好无疵的基督教铺平道路。……这个帝国的亿万生灵要求我们的关注。为此让我们学习在他们中间行善，向他们展示奠基于基督教原理的慈善和人道的工作。这样，基督教的传播就是它的必然结果。”哥利支的倡议得到了基督教传教士的大力支持，1838 年 2 月，中华医药传教会在广州成立，哥利支当选会长，伯驾任副会长。在哥利支、伯驾和裨治文三人联合签署的宣言中，对该会的宗旨及作用作了如下阐述：“本会的宗旨，如同在成立会上通过的决议中指出的，是要鼓励在中国人中间行医，并将赐予我们的科学、病例调查和不断鼓舞我们的发明等有益的知识提供一部分给他们分享。……我们希望，我们的努力将有助于推倒偏见和长期以来所抱的民族情绪的隔墙，并以此教育中国人，他们所歧视的人们是有能力和愿意成为他们的恩人的。……我们称呼我们是一个传教会，因为我们确信它一定会推进传教事业。……利用这样的一个代理机构，就可铺更高处的道路，赢得中国人的信任和尊重，它有助于把我们同中国的贸易及其一切往来置于更想望得到的地位上，也可为输入科学和宗教打开通道。”[②] 这里，更明确了教会开办医院的目的和作用，传教医

① 李传斌：《基督教在华医疗事业与近代中国社会（1835—1937）》，博士学位论文，苏州大学，2001 年，第 20 页。

② 顾长声：《传教士与近代中国》，上海人民出版社 2004 年版，第 42—43 页。

师可以凭借医术“博取人民的信任”，由此为其逐渐接受基督教铺平道路。

基督教传教士这一时期活动的另一个重要方面就是他们直接或间接地参与了许多破坏中国主权、干涉中国内政的事情，特别是在鸦片战争爆发前的八九年间，他们中的许多人直接为西方列强侵略中国献计献策。较早来华的传教士郭实腊，在 1831—1838 年间，多次乘船沿中国海岸侦察，沿途探测航道，测绘海域图，刺探各个港口的防务、商业等情况，然后把这些情报向东印度公司和英国政府进行详细的汇报。美国传教士裨治文为了向西方人提供“有关中国及其邻近国家最可靠、最有价值的情报”，于 1832 年 5 月在广州创办了《中国丛报》，该刊辟有宗教新闻、文化情报、时闻等栏目，对中国的政治制度、政府机构、法律条例、朝廷要员、中外关系、内外贸易、山川海港、矿藏物产、军队武备、语言文字、文化教育、风俗习惯等方面，作了详尽的报道。[①] 同时，一些传教士还以此为阵地，鼓吹对中国政府采取强硬政策，煽动使用武力打开中国大门。1834 年 12 月 9 日，在广州的英国侨民联名向英国国王呈请增派兵舰和军队到中国来，以此为后盾，向清政府勒索特权。在华的英美基督教传教士对此表示完全支持：“我们对他们这样做找不出有什么错处，我们衷心希望他们能达到我们所提出的全部要求。”裨治文为此还作了补充说明：“中国这种态度，各国可以而且必须劝谏她，如果各国不能说服她，就强迫她走上一条与各国的权利和她的义务更为一致的路线上来。”[②] 类似的宣传还有很多，一直到鸦片战争前，传教士从未间断过对华进行战争的煽动。这些侵犯中国主权、干涉中国内政的做法已经远远超出了传教的范畴，背离了基督教传播的主旨。

基督教传教士早期在中国的这些活动，尽管在传教方面产生的直接影响并不是很明显，但这些活动却为后来基督教在华传播奠定了基础，特别是经实践探索出来的办学校、兴医院等辅助布道活动，不仅对基督教以后在华传播产生了重要影响，借此入华的西方文化，对近代中国社会的影响也是深远而持久的；而一些传教士所做的背离传教宗旨的事情，日后为一

---

① 王桧林、朱汉国主编：《中国报刊辞典（1815—1949）》，书海出版社 1992 年版，第 2 页。

② 顾长声：《传教士与近代中国》，上海人民出版社 2004 年版，第 32—33 页。

些教会所效仿，成为传教士干涉中国内政的先例，这成为基督教近代在华发展始终摆脱不掉的阴影，也是日后教案发生的主要原因之一。

二 不平等条约与基督教在华传播

1840年爆发的鸦片战争为教会势力大举进入中国打开了大门。西方资本主义列强通过军事侵略和外交讹诈，强迫清政府与之签订了一系列不平等条约。通过这些条约，外国教会势力取得了在通商口岸建立教堂进行传教的权利。1844年7月3日，中美签订《望厦条约》，美国传教士裨治文、伯驾都是使团的重要成员，在他们的直接策划下，美国不仅得到了比《南京条约》更进一步的重大商业利益，还从中取得了在通商口岸传教的权利。相关内容是："合众国民人在五港口贸易，或久居，或暂住，均准其租赁民房，或租地自行建楼，并设立医馆、礼拜堂及殡葬之处。"[①] "礼拜堂"三字，意味着美国传教士获得了在通商口岸进行宗教活动的自由，这是近代不平等条约中第一次出现与传教相关的条款。参加签约的伯驾为此沾沾自喜："美国几乎得到了他所要求的一切。其中一项重要成就，就是准许在广州、厦门、福州、宁波、上海建立医院和教堂的条款。"[②]

1844年10月24日，法国强迫清政府与之签订《黄埔条约》，法国人不仅取得了和英、美等国同等的权利，对传教事宜还作了更进一步的解释，法国人在五口居住，"无论人数多寡，听其租赁房屋及行栈贮货，或租地自行建屋、建行。佛兰西人亦一体可以建造礼拜堂、医人院、周急院、学房、坟地各项……倘有中国人将佛兰西礼拜堂、坟地触犯毁坏，地方官照例严拘重惩"。[③] 取得了这些传教保护权，教士们弹冠相庆。"大炮在天朝呼啸……城市在征服者面前一座接着一座陷落"，"时候已经到来，我们已沉默到今天，现在是可以到中国城市的大街上，提高我们的嗓门大喊大叫的日子了"。[④] 一位传教士以形象的语言描绘了基督教在中国面临的新局面。尽管条约为他们争取到的只是在五口传教，但他们却从中看到了美好的前景，毕竟，天朝紧闭的大门被打开了，进入这个广袤国土的腹地只是个时间的问题。

---

① 王铁崖编：《中外旧约章汇编》第一册，三联书店1957年版，第54页。

② 张力、刘鉴唐：《中国教案史》，四川省社会科学院出版社1987年版，第264—265页。

③ 王铁崖编：《中外旧约章汇编》第一册，三联书店1957年版，第62页。

④ 顾长声：《传教士与近代中国》，上海人民出版社2004年版，第46页。

不久，在第二次鸦片战争中，他们就实现了这个梦寐以求的愿望。在1858年签订的中法《天津条约》第十三款中，关于传教有如下规定：“天主教原以劝人行善为本，凡奉教之人，皆全获保佑身家，其会同礼拜诵经等事概听其便……备有盖印执照安然入内地传教之人，地方官务必厚待保护。凡中国人愿信崇天主教而循规蹈矩者，毫无查禁，皆免惩治。向来所有或写、或刻奉禁天主教各明文，无论何处，概行宽免。”① 这不仅保障了天主教在清帝国各地自由布道和从事宗教活动的自由，而且还正式废除了以前反对外国宗教的全部官方文件。1860年中法《续增条约》则更进一步，不仅重申了以前中国的诺言：把所有以前被没收的教会和慈善机构的设施全部归还天主教会。而且在签订时，由于法方的一位传教士翻译的帮助，在中文本中加进了法文本所没有的“并任法国传教士在各省租买田地，建造自便”② 的规定。虽然这个条约是对天主教而言，但根据最惠国待遇条款，基督教传教士也可以从这个新规定中获得同样的权益。这样，西方列强通过两次鸦片战争，为基督教在整个中国的大规模传播扫清了障碍，基督教在华传教事业由此进入了迅速发展的时期。

自《天津条约》签订后，西方各国教会在不平等条约的庇护下，以各通商口岸和原有的传教点为基地，长驱直入，深入内地，传教士的足迹遍及中国的城市和乡村，把触角伸向以前从未到过的更加边远的地区，以实现他们用基督的思想来征服中国的目的。据统计，到1900年，基督教各主要宗派都已经相继传入中国，传教区域除西藏外已遍及全国。在中国从事传教活动的基督教差会也增至61个，传教士达1500多名，他们在全国各地建立了498处差会总堂作为传教基地，并使教徒人数增至8.5万多人。③ 从1807—1842年的35年间，基督教在中国发展的信徒仅为6人，每年平均入会人数0.017强，在1842—1877年的35年间，基督教信徒增至1.3515万人，每年平均递增人数357强。④ 由此对比中更能清楚地看到，不平等条约中的保教权对于基督教在华发展有着不可替代的重要意义，尽管基督教此间在中国的发展不能全部归因于此，但不平等条约在推进基督教在华迅速发展过程中起到了相当重要的作用，却是不可否认的

① 王铁崖编：《中外旧约章汇编》第一册，三联书店1957年版，第107页。

② 同上书，第147页。

③ 王继武：《新教在中国的传播与发展》，《世界宗教研究》1990年第2期。

④ 谢扶雅：《基督教纲要》，中华书局1934年版，第118页。

事实。

第二节 基督教在东北的传播

一 营口开埠与资本主义势力渗入东北

鸦片战争以后，随着西方资本主义对中国侵略的加深，东北地区也成为其染指的主要目标。1858 年，在清政府与英国签订的《天津条约》第十一款中规定："广州、福州、厦门、宁波、上海五处，已有江宁条约旧准通商外，即在牛庄、登州、台湾、潮州、琼州等府城口。嗣后皆准英商亦可任意与无论何人买卖，船货随时往来。至于听便居住，赁房、买屋，租地起造礼拜堂、医院、坟茔等事，并另有取益防损诸节，悉照已通商五口无异。"① 据此，英国最先取得了在牛庄开埠通商的特权。

牛庄，位于营口东北 90 里，嘉庆、道光时，由南方渡海至辽东沿岸的闽浙等省船只，"皆由三岔河入港，至枭姬庙河口登陆，以牛庄为贸易市场，一时牛庄口岸名闻中外"。② 在铁路等近代交通工具尚未出现之前，中国各海口的货物运输主要依靠车马和水运。辽河航运在东北经济中占有重要地位，但因辽河上游源于蒙古沙地，滚滚而下的巨流挟带的大量泥沙，到下游沉积后常常淤塞河床，使大船难以通行，辽河口岸也常常因此发生变动。辽河港口最初在"营口上游三十海里之白华沟"，后又"移向下流十海里之田庄台"。不数年再推至兴隆台，到道光初年，"又进至今之营口"③，已是四迁其地。道光中叶以后，营口逐渐取代牛庄，成为辽河入海口新崛起的商业集散地。据资料记载，1839 年，停泊在营口的商船"已有八百五十九只"④。由此可以想见当年营口贸易繁华的盛况。

《天津条约》规定，牛庄于 1861 年 4 月正式开埠。5 月，英国第一任驻牛庄领事密迪乐，乘军舰到辽河口勘察，发现此时的牛庄已今非昔比，由于辽河下游泥沙淤积，河道变更，使得牛庄远离出海口，商贸地位远远不如营口，遂决定以营口代替牛庄。他以牛庄轮船出入不便为由与办理牛庄通商委员乌勒洪额、山海关监督福瑞、牛庄防守尉毓昌、海城县知县张

① 王铁崖编：《中外旧约章汇编》第一册，三联书店 1957 年版，第 98 页。

② 王树楠等：《奉天通志》卷 162，东北文史丛书编委会 1983 年影印本，第 3775 页下栏。

③ 同上书，第 3776 页上栏。

④ 王魁喜等：《近代东北史》，黑龙江人民出版社 1984 年版，第 60 页。

鼎镛等交涉，强行要求把位于牛庄下游的没沟营（今营口）辟为通商口岸，代替条约上的牛庄。[①] 清政府不敢违抗，被迫遵照执行。从此，营口成为东北三省第一个对外通商口岸。但因“条约文字不便改易之关系，故国际通称之名词仍曰牛庄”。[②] 这样，中国东北的南大门便在列强的炮口下被强行打开了，西方列强相继在营口派驻领事，开设洋行，它们的政治、经济势力从这里迅速向东北内地伸展开来。伴随着政治、经济势力的延伸，传教士们也纷至沓来，他们以营口为踏板，把自己的触角渐次伸入这片广袤的土地。

二　初抵东北的基督教士

据史料记载，第一位到达中国东北的基督教传教士是郭实腊，但关于他来中国东北活动的相关记载却迥然不同。有的资料对此事进行了这样的描述：“一八五二年，有德国教士郭实腊君，自暹罗乘鸦片船来满售书，北至锦州，继到营口，初来时当河口结冰，其船胶滞难行，冻死水夫一人，遂由盖州下船，地方官相待甚优，此为关东有福音种子之始也。”[③] 有的资料又有如此的记述：“（郭实腊）乘坐英国商人的船于同年（1832）10月12日第三次出发到中国沿海进行罪恶活动。这次他北上一直窜到东北奉天地区沿海一带，直到次年4月29日才折返澳门。”[④] 又有资料这样写道：“清咸丰二年（1852），德籍传教士郭实腊从暹罗（今泰国）乘鸦片船来东北出售《圣经》，先到锦州，继而到营口。因当时河口结冰，所乘船只胶滞难行，改由盖平县（盖县）下船，地方官予以优厚的接待。这样，东北才开始有了基督教的传播。”[⑤] 还有资料如此描述：“1852年（清咸丰二年）冬，德国人郭际烈由暹罗（泰国）乘船到盖平传播基督教，成立两个福音堂。它是东北最早的基督教堂。”[⑥] 同一事件竟有如此

---

① 营口市地方志编纂委员会办公室编：《营口市志》第1卷，中国书籍出版社1992年版，第26页。

② 王树楠等：《奉天通志》卷162，东北文史丛书编委会1983年影印本，第3775页上栏。

③ 满洲基督教联合会编：《满洲基督教年鉴》，满洲基督教联合会1938年版，第85页。

④ 顾长声：《传教士与近代中国》，上海人民出版社2004年版，第31页。

⑤ 辽宁省地方志编纂委员会办公室编：《辽宁省志·宗教志》，辽宁人民出版社2002年版，第170页。

⑥ 营口市地方志编纂委员会办公室编：《营口市志》第1卷，中国书籍出版社1992年版，第24页。

多种说法，且这些记载有重合，有矛盾，让人感到莫衷一是。

郭实腊，又译作郭士立、郭甲利、郭施拉、居茨拉夫等，德籍传教士。在华期间，他既传教，又充当间谍，走私鸦片，还直接参加了英国发动的侵华战争，是近代来华传教士中颇具争议的一个人物。他在中国沿海以传教为名，多次乘船到沿海城市侦察，刺探情报。《满洲基督教年鉴》所记郭实腊到东北的时间是 1852 年。但据关于郭实腊的一些传记资料记载，郭实腊于1851 年夏就已经于香港去世了。[①] 显然，他在 1852 年到达东北是不可能的。他来东北只能是在 1851 年以前的某个时期。那么，郭实腊是什么时间抵达东北的呢？这是我们首先要弄清楚的问题。

顾长声先生在《传教士与近代中国》中记载，郭实腊“从 1831 年到 1838 年期间，曾到中国沿海侦察至少有十次”。其中，在第三次沿海侦察时，他“北上一直窜到东北奉天地区沿海一带”。这次航行的时间是 1832 年 10 月 12 日至次年 4 月 29 日。[②] 据此推断，郭实腊在中国东北沿海一带活动的时间应在 1832 年 10 月 12 日至次年 4 月 29 日之间。

《清实录》道光十二年十月下甲子（农历十月二十二日，公历 1832 年 12 月 13 日）条记载：“盛京副都统国祥等奏，英吉利夷船驶至奉天海面，派员驱逐。”[③] 在随后所下谕旨中，对此事记述详细了许多，“盛京巡查夷船佐领徐士斌等，于十月初二日在隍城岛遥见夷船一只，当即驾船追逐，初十日尚未追至盖州”。[④] 这里交代了发现“夷船”的时间和地点，时间是道光十二年十月初二日，公历 1832 年 11 月 23 日，地点是旅顺口外的隍城岛。因当时清政府海禁未开，不准许外国船只在中国沿海任意航行。所以发现“夷船”后，佐领徐士斌等人“即驾船追逐”。但由于他们“稽延怠玩”，致使追逐了八天，初十日即 12 月 1 日时“尚未追至盖州”。

随后，发生了让清政府十分震怒的事情，这些夷人竟然在盖州“登岸入城”，海防的松弛和地方官员的疏漏，令皇帝恼怒异常，下旨对此进行了严厉惩处，守汛卡官骁骑校富明阿及领催兵等因“任意擅离汛守”

---

① 顾长声：《从马礼逊到司徒雷登——来华新教传教士评传》，上海书店出版社 1985 年版，第 61 页；中国社会科学院近代史研究所翻译室编：《近代来华外国人名辞典》，中国社会科学出版社 1981 年版，第 184 页。

② 顾长声：《传教士与近代中国》，上海人民出版社 2004 年版，第 29—31 页。

③ 《清实录》卷 224，中华书局 1986 年影印本，第 36 册，第 345 页上栏。

④ 同上书，第 346 页下栏。

而被分别“革职”和“革役”，盖州防守尉集成与“同城官兵擅离汛守，不能查出揭报”，盖平县知县张攀桂“扶同隐讳病毙夷人，及夷人入城，会报守汛兵役盘获，意存规避”，被“交部分别严加议处”。①

在进一步的调查中得知，此船“竖立三桅，载有炮械”，“该船有说华语之人”，此人“系前次胡夏米船内之夷夥甲利”。② 夥甲利乃“郭甲利”（郭实腊）音译不同而已。据上述记载可知，郭实腊所乘“英吉利夷船”于1832年11月23日在旅顺口外的隍城岛被盛京巡查夷船佐领徐士斌等人发现，12月初因有“病毙夷人”而在盖州“登岸人城”，12月13日被驱逐。时间和活动地点与顾长声先生所记郭实腊第三次在中国沿海侦察情况颇相吻合。由此可断定，郭实腊曾于1832年冬乘船在奉天海面活动，并于当年12月初在盖州登陆。《清实录》中关于夷船在盖州“登岸入城”时有“病毙夷人”的记载又和《满洲基督教年鉴》所记郭实腊“由盖州下船”时有“冻死水夫一人”的记述地点及情形相吻合。由此可知，《清实录》中上述相关记载与《满洲基督教年鉴》所载郭实腊到东北“售书”及顾长声先生所记郭实腊第三次在中国沿海侦察活动记述的是同一件事情，只是《满洲基督教年鉴》所记载的时间有误而已。

《满洲基督教年鉴》记载，郭实腊“来满售书”是自暹罗乘鸦片船而来，这和顾长声先生所记郭实腊从澳门乘船出发北上第三次赴中国沿海侦察是有出入的。③ 顾长声先生是根据郭实腊回忆录《中国沿海三次航行记》作如上记述的，应该比《满洲基督教年鉴》可信。而从前文论述中已知郭实腊来东北和顾长声先生所记郭实腊第三次在中国沿海侦察是同一事件，那么，郭实腊来东北的出发地点应该是澳门。郭实腊曾于1831年从暹罗来华，那是他从曼谷乘坐商船首次来到中国，随船到达天津，后南返广东，并未到达东北。④ 可见，《满洲基督教年鉴》所载此次出发地点是和郭实腊首次来华出发地点混为一谈了。

再来看一下《满洲基督教年鉴》记载的郭实腊北至锦州，继到营口，再到盖州的行程，这种含糊的记述也是不确切的。当时，清政府实行闭关

① 《清实录》卷225，中华书局1986年影印本，第36册，第363页上栏。

② 《清实录》卷226，第378页下栏。

③ 顾长声：《从马礼逊到司徒雷登——来华新教传教士评传》，上海书店出版社1985年版，第56页。

④ 顾长声：《传教士与近代中国》，上海人民出版社2004年版，第29页。

禁教政策，除了广州、澳门以外，洋人不能随意到中国沿海活动，这从当时清廷所下谕旨中可见一斑。当1832年9月初清廷得知“英吉利夷船”在山东沿海活动的情况后，即针对此事连下谕旨，在给军机大臣的谕旨中指出：英吉利夷船“前已驶至福建、浙江、江苏等省，叠被驱逐，尚敢乘风驶至山东，情殊可恶。降旨令驱逐出东境，不准容其进泊，并著飞咨江苏等省，派拨弁兵，于交界洋面寻访接护，一体押令南行”。同时，担心洋面辽阔，“稽察难周”，夷船“复乘风北驶，冀图向山海关等处海口停泊，销售货物”。又命令盛京将军奕颢等“严饬山海关税务监督翔凤及该处弁兵妥为防范，如该夷船向海口停泊，即行驱逐，毋任片刻停留”。如果处理不当，“致有别起衅端之处”，政府将对相关人员“从重治罪不贷”①。在随后所下谕旨中，又对各省“督抚提镇”发出警告：“各省设立水师，原以巡历洋面为重，将备卒伍等，平日操防果能得力，自可远涉波涛，认真巡哨，何至有外夷船只乘风驶入内洋之事?”说明“各省提镇，性耽安逸，并不亲身赴洋，以致本年英吉利夷船顺风扬帆，毫无阻隔，水师废弛，已可概见。嗣后该督抚提镇等，务当严饬所属，各按定期，巡洋会哨，并责成该管巡道，临时查察，取结具报，倘各镇不亲赴会哨，立即据实揭参，如敢扶同捏饰，查出一并参办”。督抚提镇等要对所属“各营弁兵”，严加训练，对沿海防务严加督查，如因监察不利，造成“操防疏懈”，“水师兵弁，虚靡粮饷”，一经发现，“定将该督抚提镇等从严惩处，断不能倖邀宽典也!”② 从这些犀利的措辞中可以看出清廷对“洋人”在沿海活动的防范是相当森严的，而对由于防范失误造成影响的人员处罚也是相当严厉的，这从上文朝廷对郭实腊等人盖州登陆事件的处理中可见一斑。对于朝廷的这种态度，地方官员是知悉的，“洋人”在沿海登陆，地方官员会立即上奏朝廷，以减轻自己的罪责。既然如此，郭实腊在东北沿海的活动，备受政府关注，如果他们“北至锦州，继到营口，再到盖州”的话，那么他们在锦州、营口等地的活动情况应该很快上报而不至于到盖州以后才被驱逐，由此可以推断，郭实腊等人并未到达锦州、营口等地。

郭实腊等人的行进路线我们可以从《清实录》的记载中勾画出大致

---

① 《清实录》卷218，中华书局1986年影印本，第36册，第245页上栏。

② 《清实录》卷219，第257页下栏。

的轮廓。他们乘船从澳门出发后，沿途经过“福建、浙江、江苏、山东等省外洋”，“驶至朝鲜国，被该国王驱逐，不与贸易”，“复由朝鲜驶至盛京”[①]。到盖州“登岸入城”后被驱逐而南返。于1833年4月29日回到澳门。

《满洲基督教年鉴》又载，郭实腊乘船到东北的目的是“来满售书”，[②]而顾长声先生说其来东北是为了“搜集情报”，[③]二者观点迥异，孰是孰非，我们只能从郭实腊在中国的实际活动中考求出更加客观的答案。

郭实腊是1831年从暹罗乘船来到中国的，他来中国的目的主要是传教，在船上，他以激动的心情表达了这一想法：“我心中长久以来就怀有这样的坚定信念，即在当今的日子里，上帝的荣光一定要在中国显现，龙要被废止，在这个辽阔的帝国里，基督将成为唯一的王和崇拜的对象。”[④]但当时清政府教禁未开，传教士只能在广州和澳门一带活动。为了实现他的既定目标，他随船对沿途的情况进行了详细的考察和记录。此举得到了伦敦会的支持，“赠给他一大箱《圣经》和福音书及一些药品”。商船1831年6月从曼谷启碇，途经海南岛、厦门、台湾、定海、宁波、上海，终到天津。一路上他详细记录了“航海路线和港口水域的情报，并利用向群众散发宗教书籍和治病的机会，接近中国人，了解各停靠口岸的民俗风情和经济情况”。[⑤]后又随船抵达澳门，受到了伦敦会传教士马礼逊的接待。

郭实腊在中国沿海首次成功航行及其带来的情报，引起了在澳门的英美商人的高度关注。东印度公司聘请他和公司的高级职员胡夏米等，乘坐该公司走私鸦片船到中国沿海作第二次侦察航行。此次目的更为明确：“探明中国沿海港口的航道，测绘较准确的海域图，侦察港口及沿海地带清政府的防务和兵力布置，调查各地出产、商业状况、风土人情及沿海走私鸦片的可能性。”[⑥]郭实腊带着这个任务及基督教宣传品、药物、测绘仪器等，于1832年2月从澳门出发，开始了第二次中国沿海之行。这次

① 《清实录》卷224，中华书局1986年影印本，第36册，第347页下栏。

② 满洲基督教联合会编：《满洲基督教年鉴》，满洲基督教联合会1938年版，第85页。

③ 顾长声：《传教士与近代中国》，上海人民出版社2004年版，第29页。

④ 同上。

⑤ 顾长声：《从马礼逊到司徒雷登——来华新教传教士评传》，上海书店出版社1985年版，第52页。

⑥ 同上书，第53—54页。

航行，用了7个月时间，于当年9月返回澳门，郭实腊向东印度公司和英国政府作了详细汇报。这次航行后，郭实腊在澳门成了轰动人物，许多鸦片商人都争着请他带路，到中国沿海去推销鸦片。英国大鸦片贩子查顿以最优厚的待遇雇用郭实腊，让他乘坐走私鸦片的飞剪船再次到中国沿海进行侦察和走私活动。这样，郭实腊又开始了第三次侦察航行。就是此次航行，郭实腊等人在中国东北奉天地区沿海一带活动，并从盖州“登岸入城”，情形如前所述，此不赘述。由此可见，郭实腊此次到东北的目的不仅仅是传教，而是侦察情况，尽管其“所到之处”，即“将书籍赠送”，[①]但这只是掩人耳目的障眼法而已。

综上所述，《满洲基督教年鉴》关于郭实腊到中国东北传教的记载讹误之处较多，郭实腊到达中国东北的正确时间应该是他在盖州“登岸入城”的时间，即1832年12月。此次航行，他是带着侦察如何在中国沿海扩大鸦片走私的任务于当年10月从澳门出发的，沿途经过福建、浙江、江苏、山东等省外洋，驶至朝鲜，被驱逐后折返到盛京洋面，在盖州登陆后被逐，于次年4月返回澳门。所到之处，他散发宣传基督教书籍掩盖刺探情报的真实意图。他是最早到达东北的基督教传教士，但他的活动却远远超出了传播宗教的范围，背离了一个真正传教士传播福音的宗旨。

基督教传教士再次踏上这片土地是在郭实腊东北之行30多年以后，这时，东北的大门已经在列强的炮口下被强行打开了，传教士以条约为护符，深入中国内地与边疆，积极扩展基督教在华势力与影响，被清廷视为“龙兴重地”的东北，也成为其传播福音的重要地区之一。揭开东北基督教传教序幕的是英国伦敦会传教士韦廉臣，他于1829年生于苏格兰，1855年来华后，在上海传教，两年后因病回国。1863年，他又代表苏格兰圣经会再度来华，在烟台传教。[②]他在山东的传教工作持续到1886年。在此期间，他一直从事基督教文献的翻译工作，直到离开这里去上海。1866—1868年间，他受苏格兰圣经会的派遣赴东北长途旅行考察，到达

① ［英］贾立言：《基督教史纲》，冯雪冰译，上海广学会1928年版，第421页。

② 中国社会科学院近代史研究所翻译室编：《近代来华外国人名辞典》，中国社会科学出版社1981年版，第515页。

了松花江边的三姓（今黑龙江依兰）。[①] 关于韦廉臣旅行传教的情况，在其他史料中有更进一步的记载，《满洲宗教志》曾载：1866年，英国圣经会传教士韦廉臣从牛庄登陆，到东北散发汉译《圣经》，三年时间内，在满洲各地传道旅行，足迹西起长城，东至朝鲜北海岸，北达扶余、阿城和松花江沿岸的三姓等地。其间，他用马车拉载《圣经》、传道小册子沿途售卖，或无偿赠送。[②] 在《吉林省志·宗教志》和《黑龙江省志·宗教志》中也有类似的记载，“清同治五年（1866）苏格兰圣经会宣教士韦廉臣从营口登陆，经盛京城出柳条边，进入吉林将军境内伯都讷（今扶余市）和吉林城，售卖经书和传教，曾远达三姓，但未久而返回”[③]。“1863年，英国基督教传教士韦廉臣受苏格兰‘圣经协会’派遣，第二次来华。1866年韦氏由芝罘（今山东省烟台市辖内）泛海，登陆牛庄，经伯都讷（今吉林省扶余县境内），先后到阿什河（今阿城市）、三姓（今依兰县）等地散发《圣经》，游行布道。”[④]《阿勒楚喀副都统衙门》档案中“阿勒楚喀副都统衙门右司为法国人入境活动事致吉林将军三姓副都统咨文呈稿”记载了此事的一个片断，现将原文照录如下：

阿勒楚喀副都统衙门右司为法国人入境活动事致吉林将军三姓副都统咨文呈稿

同治七年四月二十五日

右司案呈，为飞报事。

同治七年四月二十四日准双城堡总管衙门咨开，右司案呈，兹据管理查街处事务·蓝翎尽先即补骁骑校春德报称，据看守西门委官兵等报称，于四月二十二日未刻，突有洋人一名，跟随从人四名，坐载小车二辆进城，在永盛车店住宿，等语前来。当即饬派查街官巨常奎带领兵役赴店盘诘。据该洋人声称，系法国传教士韦廉臣，由伯都讷一带抵堡，持来第九条约执照。当即查验执照，内载特赴辽东各处游

① D. MacGillivray, *A Century of Protestant Missions in China (1807—1907)*, *Being the Centenary Conference Historical Volume*, Shanghai: Printed at the American Presbyterian Mission, 1907, p. 206.

② ［日］芝田研三：《满洲宗教志》，满铁社员会1940年版，第269—270页。

③ 吉林省地方志编纂委员会编：《吉林省志·宗教志》，吉林人民出版社2000年版，第307页。

④ 黑龙江省地方志编纂委员会编：《黑龙江省志·宗教志》，黑龙江人民出版社1999年版，第242页。

历、通商字样。该洋人即在街市售卖书籍，声称系耶稣修身之书。随将在市售卖四宗之书，追出四本送署。并该洋人于二十三日卯刻目视出城，奔赴阿勒楚喀去讫之处。除飞报将军衙门外，相应呈请，咨行贵副都统衙门，请烦查照可也。须至咨者，等因飞咨前来。当饬各该处，如有法国人到境，如何动作，刻即声报，等情札传去后。

旋据查街防御珠尔松阿报称，于四月二十四辰刻，有法国洋人韦廉臣一名，跟随民人四名，小车二辆进街。当即带领查街官兵等向法国洋人韦廉臣盘问，伊称声称，由双城堡前来此街上售卖书籍。至午刻该洋人出城奔往姓城去讫，等情呈报前来。据此，本衙门复查无异。合将该法国人由阿经过，奔往姓城去讫之处，先行备文飞咨三姓副都统衙门查照外，理合飞咨将军衙门，希为查核可也。右咨将军衙门暨三姓副都统衙门。①

从呈稿内容看，同治七年四月二十二日，即1868年5月14日未刻（约下午1—3时），韦廉臣率随从四人，乘小车两辆，抵达双城堡，自西门入城，住进永盛车店。总管衙门得到报告后，即派查街官巨常奎率兵役前往盘诘，韦氏声称系由伯都讷一带而来，并“持来第九条约执照”。所谓“第九条约”，即中英《天津条约》第九条。该条规定：“英国民人准听持照前往内地各处游历、通商，执照由领事官发给，由地方官盖印。经过地方，如饬交出执照，应可随时呈验，无讹放行；雇船、雇人，装运行李、货物，不得拦阻。如其无照，其中或有讹误，以及有不法情事，就近送交领事官惩办，沿途止可拘禁，不可凌虐。”② 因有执照在手，当地官员没有为难这位错被当成法国人的英国传教士，他随即在街市售卖宣传基督教的“四宗之书”，负责监视的官兵“追出四本送署”。次日卯刻（约早5—7时），韦廉臣一行人等出城，奔赴阿勒楚喀（今黑龙江省阿城）方向。双城堡总管衙门立即飞报吉林将军衙门、阿勒楚喀副都统衙门。韦氏一行于二十四日辰刻（约上午7—9时）进入阿勒楚喀城街，该处查街官兵立即前往盘查，韦廉臣声称“由双城堡前来此街上售卖书籍”，至午

① 东北师范大学明清史研究所、中国第一历史档案馆编：《清代东北阿城汉文档案选编》，中华书局1994年版，第40页。

② 王铁崖编：《中外旧约章汇编》第一册，三联书店1957年版，第97页。

刻（约中午 11 时至下午 1 时）出城奔往三姓而去。此片断翔实地记述了韦廉臣以“游历、通商”为名经伯都讷、双城堡、阿勒楚喀、三姓等地售卖圣经传教的情况，尽管当时没有固定的传教场所，但基督教向东北的传播却由此拉开了帷幕。

在韦廉臣东北旅行布道的次年，即 1867 年，英国长老会传教士宾维廉来到营口，在此驻足传教，开启了基督教在东北传播的新时代。宾维廉，1815 年 4 月生于苏格兰，父亲是个虔诚的基督徒，受家庭环境的熏陶，他自幼就对基督教产生了浓厚的兴趣。1839 年，他获得独立传道的资格，开始在苏格兰各地传教，获得了很大的成功。1847 年 4 月，英国长老会派遣他来中国传教，同年 11 月抵达香港，后相继到广东、厦门、上海、汕头、福州、北京等地。[①] 1867 年，他“发矜悯满洲之念”，遂“展转东来”，[②] 于当年 10 月 6 日从牛庄港（今营口）登陆。[③] 翌年，设立东西街两福音堂。当时有外地在营口的一些商人入教。同年 4 月 4 日，宾维廉因病去世，安葬于此地。尽管宾维廉在营口传教刚刚半年就因病身亡，但他在此期间所做的开拓性工作对以后基督教在东北的传播却产生了深远的影响，一是在此定居并成功建立教堂，为永久性的传教工作奠定了基础；二是他在营口布道期间，不断地向本国基督教会宣扬向中国东北传道的紧迫性，推动了教会发起的东北传教运动，点燃了基督教向东北传播的星星之火。[④]

据上可知，最早到东北活动的基督教传教士是郭实腊，最先拉开基督教在东北传教帷幕的是苏格兰圣经会的韦廉臣，而奠定基督教在东北传教基石的则是宾维廉。此后，西方传教差会不断派遣传教士到东北布道，基督教亦逐渐由沿海向东北腹地传播开来。

三 基督教传入东北及其发展

（一）基督教的传入与发展

基督教在东北的传播与发展可以大致划分为两个阶段，第一阶段，

---

① ［日］卫藤利夫：《满洲夜话》，吐风书房 1940 年版，第 94—95 页。

② 满洲基督教联合会编：《满洲基督教年鉴》，满洲基督教联合会 1938 年版，第 69 页。

③ D. MacGillivray, *A Century of Protestant Missions in China*（*1807—1907*）, *Being the Centenary Conference Historical Volume*, Shanghai: Printed at the American Presbyterian Mission, 1907, p. 207.

④ ［日］芝田研三：《满洲宗教志》，满铁社员会 1940 年版，第 270 页。

1866—1900 年，一些较大的基督教差会进入东北并获得初步发展；第二阶段，1900—1931 年，经过义和团运动的冲击，基督教在东北地区遭遇挫折，经过整顿以后，获得快速发展。

第一阶段，西方基督教差会从营口纷纷登陆，并以此为踏板，向东北腹地渗透。这一时期，来东北发展教务的基督教差会主要有苏格兰圣经会、大英圣书公会、爱尔兰长老会、苏格兰长老会、丹麦路德会和美以美会。其中，苏格兰圣经会只是派遣韦廉臣来此售书，并未建堂传教，大英圣书公会和美以美会势力较弱，苏格兰长老会、爱尔兰长老会和丹麦路德会经过努力，开拓了一些传教区域，为后来形成东北地区教务势力最强的教会组织奠定了基础。

苏格兰圣经会和大英圣书公会同属圣经会系统。圣经会是基督教专门从事《圣经》出版和发行的组织。1712 年由德国男爵康斯泰因创立。宗旨是为扩大《圣经》传播范围，出版和发行《圣经》，不加评论或注解。[①] 1780 年和 1792 年，在英国和法国也出现类似组织。19 世纪初，英国圣经会（即大英圣书公会）、苏格兰圣经会、美国圣经会等相继成立，均由基督教各宗派联合组成，它们除印行《圣经》外，还为减少售价而从事募款活动。[②] 现代《圣经》出版运动即由此起源。

在近代中国专门经营《圣经》的差会机构有三个，即大英圣书公会、大美国圣经会和苏格兰圣经会，“各会在中国同一以翻译、印刷、校勘、装订、发行、分售、播散圣书于中国各地为职务”。[③] 大英圣书公会 1836 年进入中国广东，1842 年后，活动中心移往香港并开始进入上海等地。1860 年，该会代表卫义廉以数年时间在华中、华南、华北各地作巡回传道，[④] 后该会工作得到内地会的帮助，遂大为扩展。到 1916 年，该会在中国出版的《圣经》达到 30 余种，还将其译为中国各地的方言和少数民族的文字出版，“对于闽粤各地，苗瑶各部，有土语，对于满蒙西藏，各有其本族文字之圣书以应之”。为了方便读者阅读和理解《圣经》内容，

① 《基督教词典》编写组：《基督教词典》，北京语言学院出版社 1994 年版，第 436—437 页。

② 卓新平主编：《基督教小辞典》，上海辞书出版社 2001 年版，第 75 页。

③ 柯向荣、张崇德：《大英圣书公会》，载中华续行委办会编《中华基督教会年鉴》第 3 期，商务印书馆 1916 年版，第委 104 页。

④ 郭卫东主编：《近代外国在华文化机构综录》，上海人民出版社 1993 年版，第 10 页。

还“将官话和合、文理和合、浅文理和合及广东土白之四福音书”，“均行加添二层眉注，略加诠释，俾读者易于考究”。[①]

1866—1868年，苏格兰圣经会派韦廉臣来东北售书布道，揭开了基督教向东北传播的序幕，情况前文已详，此不赘述。1881年，大英圣书公会派遣德儒博牧师来东北售卖《圣经》，同行者还有4名售经员。他们以营口为据点，逐渐把势力向北推进。[②] 1886年，德儒博在营口购买地基建造会所，成立了圣经公会，为上海分会。后到辽阳建立会所，辽阳圣书会结束后，又分别在吉林、奉天设立两处会所。吉林圣书公会后来分成长春与哈尔滨二会，后长春圣书公会与奉天合并，成立奉天基督教圣书公会东北总支会，德儒博牧师夫妇常驻奉天，负责主持工作。[③] 圣书公会在东北地区设有营口及哈尔滨两处支会。1921年，德儒博退休回国，由英国人韩德生接替，不久也归国。1929年，英国人罗培生任该会经理。1931年，中国人王凯牧师任该会售经布教指导干事，每年售卖经书最高纪录：《福音书》80余万册，《新旧约全书》2万部。[④]

爱尔兰长老会，又译称哀长老会，英国基督教宣教会。母会原称“Board of Foreign Missions of the Presbyterian Church in Ireland”，成立年代不详，本部爱尔兰贝尔法斯特。[⑤] 代表该差会最先来东北传教的是万特和很德，他们于1869年在营口登陆，开堂布道。[⑥] 1874年，教会又派盖雅各到营口，扩大传教区域。同年，盖雅各牧师到锦州售书布道。[⑦] 1880年，邵武斐牧师奉派来锦州，在城内南街租房设立福音堂，盖雅各亦常来此售书传道，教务渐开。1885年，先后有邓玉堂、高启隆、高起赫等受

---

① 柯向荣、张崇德：《大英圣书公会》，载中华续行委办会编《中华基督教会年鉴》第3期，商务印书馆1916年版，第委105页。

② 满洲基督教联合会编：《满洲基督教年鉴》，满洲基督教联合会1938年版，第186—187页。

③ 南满洲铁道株式会社：《满蒙全书》第1卷，满蒙文化协会1922年版，第971页。

④ 孙鹏翕、谷耀祖：《沈阳市基督教沿革》，载政协沈阳市委员会文史资料研究委员会编印《沈阳文史资料》第4辑，1983年版，第226页。

⑤ 黄光域：《近代来华新教差会综录（上）》，载中国社会科学院近代史研究所近代史资料编辑部《近代史资料》总80号，中国社会科学出版社1992年版，第94页。

⑥ D. MacGillivray, *A Century of Protestant Missions in China* (*1807—1907*), *Being the Centenary Conference Historical Volume*, Shanghai: Printed at the American Presbyterian Mission, 1907, p. 223.

⑦ 锦州市地方志编纂委员会办公室编：《锦州市志·综合卷》，中国统计出版社1994年版，第525页。

洗入教，遂于此正式建立教会。1884年，傅多玛牧师奉派来华，驻足营口。1886年，他差派白日新和曾继述在宽城子（今长春）创立教会。三年后，为首批信徒洗礼。1892年，教会又派遣纪礼备等来此“驻邑布教”。[①] 此为爱尔兰长老会在东北地区最早开辟的三处宣教师驻在地，他们以此为据点，逐渐把教务推进到周围地区。

紧随爱尔兰长老会之后来东北开教的是苏格兰长老会。苏格兰长老会，又译称苏革兰长老会，英国基督教教会，16世纪中叶诺克斯创立，西名原称“United Presbyterian Church Mission”，本部爱丁堡。1567年被定为苏格兰国教。[②] 1872年，该会派遣罗约翰来东北传教，他在营口登陆后购地建屋，以此为立足据点。[③] 翌年，为王静明、林万镒等人洗礼，[④] 此为东北第一批受洗教徒。该会主要目标是在奉天（今沈阳）开辟传教据点。为此，该会原来在山东潍县开展传教工作的马钦泰于1875年横渡渤海湾来到营口，协助罗约翰开展工作。[⑤] 鉴于当时定居奉天的条件尚不成熟，他们只能不时地从营口前往奉天。后来，罗约翰在奉天一个小客栈租了一个房间住了下来，在此居住了6个月，但遭到当地人的强烈反对，很多人向他扔泥巴，甚至有几次几乎酿成暴乱。[⑥] 1876年，罗约翰差派王静明从营口到奉天赁堂布教，尽管此时依然是“人多歧视，侮辱频仍”，但王静明忍辱负重，坚持下来，终于打开了局面。在3年时间内，罗约翰成功地为黄禄、刘全岳等数人洗礼入教，[⑦] 还在奉天郊区“小河沿”购买到一处带有住房的地产，实现了在此定居的梦想。1882年，司督阁奉派来华，在营口学习一段时间汉语后，于次年抵达奉天，创设医院，施医布道。其后，魏雅各等相继到达，奉天传教士驻在地就这样被开辟出来。

---

① 满洲基督教联合会编：《满洲基督教年鉴》，满洲基督教联合会1938年版，第81—82、89页。

② 黄光域：《近代来华新教差会综录（上）》，载中国社会科学院近代史研究所近代史资料编辑部《近代史资料》总80号，中国社会科学出版社1992年版，第96页。

③ 南满洲铁道株式会社：《满蒙全书》第1卷，满蒙文化协会1922年版，第939页。

④ 满洲基督教联合会编：《满洲基督教年鉴》，满洲基督教联合会1938年版，第85页。

⑤ D. MacGillivray, *A Century of Protestant Missions in China (1807—1907), Being the Centenary Conference Historical Volume*, Shanghai: Printed at the American Presbyterian Mission, 1907, p. 207.

⑥ ［英］杜格尔德·克里斯蒂：《奉天三十年（1883—1913）——杜格尔德·克里斯蒂的经历与回忆》，张士尊等译，湖北人民出版社2007年版，第19页。

⑦ 满洲基督教联合会编：《满洲基督教年鉴》，满洲基督教联合会1938年版，第76页。

苏格兰长老会较早开辟的另一处宣教师驻在地是辽阳。1881 年，罗约翰从国内休假回来不久，就赴辽阳开辟传教区。和初到奉天一样，在这里，传教工作也是非常艰难的。当 1882 年司督阁赴奉天途经此地时，就亲身体验了当地人对传教工作的强烈反对情绪。当时，司督阁和罗约翰一行到达辽阳城，在那里临时逗留了一天，亲眼目睹了传教士遭到反对的情景。“传教士们和中国的传道者到街上小礼拜堂，在那里每天都有公开的宣教和辩论”，“外国人的突然出现，吸引了很多中国人，特别是游手好闲的人和性情粗鲁的人，在这些人的煽动下，一些人起来制造麻烦并对讲话者大喊大叫。教堂的座位被砸碎，纸糊的窗户被撕毁，似乎这里曾经发生了一场暴乱”。[①] 后来，仍然是先派王静明在大街上讲道，等到局面打开后再开设教堂，经过努力，一个新的传教师驻在地最终被成功地开辟出来。

随着教务的发展，爱尔兰长老会和苏格兰长老会觉得有必要建立一个两派联合组织，携手合作，以推动基督教在东北地区的快速发展。为此，两会代表于 1891 年 4 月 16 日在奉天小河沿开会，达成了在东北地区统一传教行动的决议，并成立“关东长老会老会”。[②] 与会代表公推马钦泰为会正，拟定了公会章程、组织教会条规等文件，还就设立堂会名目、各教会选举执事、长老以协助牧师、教士完成会礼、襄办会务等具体问题达成共识。[③] 此次会议后，两派教会在东北携手发展势力，教务发展迅速。1895 年以后，两派信徒达 6000 人左右。[④]

较长老会稍晚来东北布道的是丹麦路德会，又称丹国路德会、关东基督教罗德会、关东基督教信义会等，母会原称“Danske Missionsselskab”。成立年代不详，本部哥本哈根海勒鲁普。属信义宗。[⑤] 该会于 1891 年派于承恩牧师来华传教，半年后因病回国。1893 年又派柏卫等到中国开教，驻汉口，拟于内地与同宗教会商得一隅之地为布道区，未取得任何进展。

---

① ［英］伊泽·英格利斯：《东北西医的传播者——杜格尔德·克里斯蒂》，张士尊译，辽海出版社 2005 年版，第 43 页。

② 庄振声：《关东大会》，载中华基督教会全国总会编印《中华基督教会全国总会第二届常会纪念册》，1930 年版，第 207 页。

③ 满洲基督教联合会编：《满洲基督教年鉴》，满洲基督教联合会 1938 年版，第 69 页。

④ ［日］芝田研三：《满洲宗教志》，满铁社员会 1940 年版，第 264 页。

⑤ 黄光域：《近代来华新教差会综录（下）》，载中国社会科学院近代史研究所近代史资料编辑部《近代史资料》总 82 号，中国社会科学出版社 1992 年版，第 76 页。

丹麦传教士最早抵达东北是在1894年，当时正值中日战争时期，传教士约翰·古以丹麦红十字会女护士身份到旅顺口，请求救护清朝受伤士兵，清廷官员以其为“洋人”而拒用。[①] 翌年，柏卫与外德劳一起再次来到东北，与长老会协商，划得沿海若干地区布道。1896年，在旅顺及大孤山设立教会，后又设教会于岫岩（1898年）和凤凰城（1899年）。[②] 1900年以前，丹麦路德会只在此四处设有教会，其中外德劳牧师驻在旅顺口，柏卫驻大孤山，古牧师驻岫岩，李牧师驻凤凰城，受洗教徒30人。[③]

美以美会，美国基督教宣教会，1819年成立，本部纽约市。属卫斯理宗。1844年南北分裂，北方袭用旧称。1847年9月，柯林及怀德夫妇奉派来华传教，初抵福州，后驻南台中州。其后，又有麦利、喜谷等传教士相继到达，遂于1856年8月于茶亭建成亚洲美以美会第一堂——“真神堂”。1877年，正式成立福州布道年议会，教务日兴。[④] 1891年前后，美以美会在宁远州（今辽宁兴城）中前所、前屯卫两处租赁民房，各设教堂1处，开展传教工作。[⑤] 1900年，义和团运动期间，前屯卫教堂被拆，“房间一切什物，尽被流民毁掠一空”，[⑥] 中前所教堂因被业主急速收回而未遭毁坏。义和团运动结束，美以美会向东北地方政府索取赔款后，将传教工作撤回关内。

第二阶段，1900—1931年，这个阶段初期，中国东北发生了两次大规模的动荡，首先是1900年的义和团运动，继之1904年又爆发了日俄两国争夺东北权益的掠夺战争，这些都给基督教在东北的传播带来了不利的影响。直到日俄战争结束后，东北社会逐渐恢复了平静，基督教才又在东北地区重新发展起来。这一阶段，经过短暂的挫折和调整，基督教在东北

① 王德良：《大连基督教》，载政协大连市西岗区委员会文史资料委员会编印《西岗文史资料》第2辑，1990年版，第66页。

② D. MacGillivray, *A Century of Protestant Missions in China* (*1807—1907*), *Being the Centenary Conference Historical Volume*, Shanghai: Printed at the American Presbyterian Mission, 1907, p. 526.

③ 满洲基督教联合会编：《满洲基督教年鉴》，满洲基督教联合会1938年版，第182页。

④ 黄光域：《近代来华新教差会综录（上）》，载中国社会科学院近代史研究所近代史资料编辑部《近代史资料》总80号，中国社会科学出版社1992年版，第84页。

⑤ 绥中县地方志编纂委员会编：《绥中县志》，辽宁人民出版社1988年版，第568页。

⑥ 《宁远州知州赵臣翼给增祺的禀文》，载辽宁省档案馆、辽宁社会科学院历史研究所编《东北义和团档案史料》，辽宁人民出版社1981年版，第174页。

不但重新确立了自己的地位，而且发展较快，成为其在东北发展最快的一个时期。率先传入东北的爱尔兰长老会和苏格兰长老会继续保持着发展的势头，丹麦路德会发展迅速，除此以外的其他宗派也开始向东北地区派遣传教士，各派都在适宜的地区建立了自己的据点，初步形成了各自的传教网络和布道范围。

苏格兰长老会与爱尔兰长老会

在1891年初步合作的基础上，为了加快教会在中国东北的发展，1907年，关东长老会在营口召开大会，决议“升老会为大会”，统摄本系统东北教会，为了方便管理和发展教务，将工作地划分为辽东、辽西和吉林3个区会，下面分划为16个教区。[①] 据1916年统计，苏格兰长老会传教区域主要分布于“奉天腹部及吉林南北边陲与黑龙江之南角”，跨辽东区会辖境的4/5和吉林区会辖境的1/4，此时，该会有外国牧师10人，中国牧师8人，长老60人，成丁教友1.0781万人，堂会32处，受洗儿童360人。[②] 教会主要分布于海城、辽阳、沈阳、本溪、辽中、铁岭、开原、清原、海龙、新宾的永陵、朝阳镇（今辉南）、磐石的烟筒山、阿城、呼兰、海伦等地。[③] 而以关东西北部为主要布道区域的爱尔兰长老会，经过发展，到1917年，该会拥有9总堂，15支堂，西教士33人，华传道408人，受餐信徒9188人，主日学校74所，小学校99所。[④] 教会主要分布在营口、盖县、盘山、锦州、锦西、兴城、绥中、北镇、黑山、台安、新民、法库、康平、长春、吉林、哈尔滨等地。[⑤] 据资料统计，1921年，苏格兰长老会72名宣教师中有40人驻于沈阳，而爱尔兰长老会宣教师则多数分驻于吉林省的各总堂。[⑥]

---

① 庄振声：《关东大会》，载中华基督教会全国总会编印《中华基督教会全国总会第二届常会纪念册》，1930年版，第207页。

② 庄振声：《关东东北部长老会》，载中华续行委办会编《中华基督教会年鉴》第3期，商务印书馆1916年版，第续21页。

③ 柳兆卿：《基督教传入辽阳》，载辽阳市政协文史资料研究委员会编印《辽阳文史资料》第5辑，1990年版，第125页。

④ 黄光域：《近代来华新教差会综录（上）》，载中国社会科学院近代史研究所近代史资料编辑部《近代史资料》总80号，中国社会科学出版社1992年版，第94页。

⑤ 柳兆卿：《基督教传入辽阳》，载辽阳市政协文史资料研究委员会编印《辽阳文史资料》第5辑，1990年版，第125页。

⑥ 中华续行委办会调查特委会编：《中华归主——中国基督教事业统计（一九〇一—一九二〇）》中卷，中国社科院世界宗教研究所译，中国社会科学出版社1987年版，第510页。

随着教务及形势的发展，1922 年，关东大会名称易为中华基督教会关东大会，[①] 后相继设立教务委办、常务委办等机构，并规定教士升迁标准章程，添设教区董事会，掌握、利用布道助款及本地捐款。1927 年，加入中华基督教会。1931 年，为了更有利于教会的发展，大会把原来的 3 个区会改为 8 个中会，皆冠以地名称之，即营锦中会、辽沈中会、新北中会、开法中会、兴海中会、吉延中会、长榆中会和呼阿中会。

丹麦路德会

这一时期，在原有四处教会的基础上，十年间，路德会相继于宽甸、桓仁、大连、绥化、哈尔滨等处建立教会。[②] 把传教区域由辽东沿海一带进一步扩大到奉天、吉林、黑龙江等地，在传教区内设立了 12 处总堂。1916 年，该会有西教士 47 人，华传道 109 人，受餐信徒 764 人，小学校 24 所，中学校 3 所。[③] 1915 年，为了便于发展教务，设立临时教务中心，作为各教会联络教务的机关。1923 年，在凤城县召开大会，制定《章程》，决议把会名改为满洲基督教信义会，大会为其最高领导机关，设在安东（今辽宁丹东）天后宫。1927 年加入中华基督教信义会总会，为团体会员之一。[④] 丹麦路德会主要布道地区集中分布于大连、旅顺、金县、新金（普兰店）、复县、岫岩、庄河、孤山镇、东沟、丹东、凤城、集安等地。[⑤]

加拿大长老会

该会成立于 1843 年，本部安大略省多伦多。属长老宗。1871 年，偕睿理（马偕）奉派来华开教，驻台湾淡水，开辟了台湾教区。1888 年，古约翰等奉派至河南开辟布道新区，以彰德为基地，开辟了豫北教区。1902 年，马牧师夫妇至澳门，1907 年转江门，合原台湾教区而成华南教

① 庄振声：《关东大会》，载中华基督教会全国总会编印《中华基督教会全国总会第二届常会纪念册》，1930 年版，第 207 页。

② 阎兴纪：《路德会》，载中华续行委办会编《中华基督教会年鉴》第 3 期，商务印书馆 1916 年版，第 64 页。

③ 黄光域：《近代来华新教差会综录（下）》，载中国社会科学院近代史研究所近代史资料编辑部《近代史资料》总 82 号，中国社会科学出版社 1992 年版，第 76—77 页。

④ 吉林省地方志编纂委员会编：《吉林省志・宗教志》，吉林人民出版社 2000 年版，第 326 页。

⑤ 柳兆卿：《基督教传入辽阳》，载辽阳市政协文史资料研究委员会编印《辽阳文史资料》第 5 辑，1990 年版，第 125 页。

区。1916年，与其他在华长老宗差会合组全国长老会总会。1917年有9总堂，西教士86人，华传道209人，受餐信徒3733人，主日学校36所，小学校79所。1925年，母会与卫斯理宗及公理宗数会合组为加拿大联合会，在华相关差会亦随之结合。加拿大长老会辖境成为加拿大联合会之河南教区及华南教区。嗣后两教区先后加入中华基督教会。[①] 加拿大长老会主要从两条路线进入东北地区，一条是从中国内地来东北开辟新教区，另一条路线是从朝鲜半岛开辟的教区来东北发展教务。从中国内地来的加拿大传教士主要在汉族中传教，而从朝鲜半岛来的传道人则主要在东北的朝鲜族民众中发展教徒。

率先来东北开教的加拿大长老会来自朝鲜半岛，1903年，加拿大长老会传教士巴克尔等人从朝鲜半岛进入珲春、龙井一带传教。1912年成立传教部，次年修建教堂和住宅，后相继有传教士克里申、福特、施考尔、马丁等往来该地，在周边发展朝鲜族信徒，创办施医院和教会学校。1921年，所属教会并入“间岛”长老会（1925年易名东满长老会）。[②]

在中国内地成功开辟教区以后，加拿大长老会总部于1927年2月派古约翰和瑞阿克两牧师从河南彰德赴梨树县四平街（今吉林四平），开辟四平街至洮南之间的传教区。到达四平街后，两人招募中国华北神学院毕业生苏泉亭、张永祥、何振东等人及一批经过短期培训的传道人员，派往四平街及其周边城镇开展传教工作。当年就成立了四平街教会，从信徒中选出张子寿、许点礼为执事，协助发展教务。1928年2月，四平街教会派姜乐亭牧师到洮南开辟新区，姜乐亭到洮南后，于康乐街租门市房一处，建立教会。同年6月，瑞阿克牧师由四平街来洮南经理教会，姜乐亭牧师协助会务，又于老马市街租房作为福音堂，请刘义忱主持工作。加拿大长老会便以四平街和洮南为中心向周边地区发展会务，相继建立了塔子城、鸶鹭树、公主岭、辽源鱼市街、泰来等处教会。[③]

1930年，加拿大海外传教本部决定，在中国东北地方分设南部教区

① 黄光域:《近代来华新教差会综录（上）》，载中国社会科学院近代史研究所近代史资料编辑部《近代史资料》总80号，中国社会科学出版社1992年版，第95页。

② 吉林省地方志编纂委员会编：《吉林省志·宗教志》，吉林人民出版社2000年版，第318页。

③ 满洲基督教联合会编：《满洲基督教年鉴》，满洲基督教联合会1938年版，第145—153页。

和北部教区。南部教区办事机关设在四平街北九条街12号教会内，负责人为古约翰和瑞阿克，高洪德牧师协助工作。教会主要分布于四平街至公主岭铁路沿线的双辽、梨树、怀德（今吉林公主岭）等地方。北部教区办事机关设在洮南县小北门里六经路三纬路513号教会内，负责人戴卫仁牧师，戴卫道（戴卫仁夫人）、葛玉英、郭维新等三位教士协助工作。北部教区在四平街至齐齐哈尔铁路沿线开展传教工作，教会主要分布在今吉林境内的有四平、双辽、白城、长岭、通榆、洮南、镇赉等市县，1933年两教区合并，称为平齐教区，古约翰牧师为总负责人。①

朝鲜基督教长老会

朝鲜基督教长老会是全球长老会中的一个分派，在朝鲜半岛传教过程中，有的隶属于加拿大海外传教本部，有的隶属于爱尔兰和苏格兰差会。1907年，在朝鲜半岛的4个长老会代表在平壤联合组建了朝鲜耶稣教长老会独老会，把“宣教部享有的所有教会权限移交新组织的独老会”，并分派牧师到朝鲜半岛以外传教。② 1912年9月，朝鲜半岛的7个长老会联合成立朝鲜耶稣教长老总会，这个总会将中国延吉周边地方的基督教会，先后划归咸镜长老会和平北长老会管辖。③ 中国东北的朝鲜族与朝鲜半岛有着族源与地缘的密切关系，自然成为这些传教团体发展教会势力的主要对象。

1902年，加拿大长老会传教士具礼善、洪淳国，在中国延边一带朝鲜族中发展教徒，于1906年建立龙井教会。④ 随着教务的发展，1921年，各教会代表在土城堡开会，决定与朝鲜的平北长老会分离，成立“间岛”长老会。1925年，又易名为东满长老会。办事机关设在龙井，教会主要分布于延吉、龙井、和龙、珲春、图们、舒兰、汪清等地。⑤

1910年，朝鲜平北长老会差派金振瑾和韩敬熙牧师在中国延吉一带朝鲜族中传教。1913年，金德善牧师来到奉天，建立西塔教会，这是辽

---

① 吉林省地方志编纂委员会编：《吉林省志·宗教志》，吉林人民出版社2000年版，第316—317页。

② 王春来：《基督教在近代韩国》，中国社会科学出版社2000年版，第76—77页。

③ 吉林省地方志编纂委员会编：《吉林省志·宗教志》，吉林人民出版社2000年版，第319页。

④ 金泽：《吉林朝鲜族》，吉林人民出版社1993年版，第426页。

⑤ 吉林省地方志编纂委员会编：《吉林省志·宗教志》，吉林人民出版社2000年版，第319—325页。

宁地区朝鲜族基督教最早的正式活动场所。其后，朝鲜族长老会中的义州、山西、龙川等老会也先后到辽宁传教。朝鲜族长老会在辽宁地区传布较广，主要分布于奉天、新民、大连、鞍山、海城、抚顺、清原、本溪、桓仁、安东（今丹东）、凤城、宽甸、锦州、营口、铁岭、开原、盘山等地。[①] 1917 年，该会教士曾到黑龙江省的穆棱、密山等地朝鲜族中发展教徒。

1914 年，朝鲜山西长老会传教士鞠谷致、玄大宣等人，在吉林通化、临江等地朝鲜族中传道。1920 年，这些教会宣布与朝鲜山西长老会分离，成立南满长老会，在海龙县（今梅河口市）教会设立办事机关。主要分布于海龙、桦甸、磐石、柳河、通化、辑安（今集安）、永吉等地。朝鲜耶稣教长老会也于 1930 年派遣牧师金昌德等人赴奉天、四平街等地朝鲜族中发展教徒。[②]

东亚基督教会

1889 年，加拿大传教士卞为益在朝鲜忠清南道传教，1905 年，创立大韩基督教。1906 年，韩泰永等人从朝鲜进入中国，在延边一带朝鲜族中布道。1912 年，相继在中国东北成立南满和北满两个教区，北满教区负责人是崔成业，辖吉林、延吉、珲春、汪清、和龙等 9 个教会，南满教区辖凤凰城、鞍山、临江、磐石等 6 个教会，负责人是李钟德。1921 年，日本帝国主义为了弱化朝鲜人民的民族意识，教会名称中不许带有“大韩”字样。大韩基督教遂更名为“东亚基督教”。[③] 主要分布于延吉、和龙、珲春、汪清、吉林、永吉、磐石、梅河口和临江等地。[④]

监理会

美国南方基督教卫斯理宗的教会之一，美国独立后，卫斯理派教徒脱离圣公会而组成独立的教会。英文名称为 Methodist Episcopal Church。初无汉译。1844 年该会南北分裂。南方于原名后加 South（意为“南方”）

① 辽宁省地方志编纂委员会办公室编：《辽宁省志·宗教志》，辽宁人民出版社 2002 年版，第 200 页。

② 吉林省地方志编纂委员会编：《吉林省志·宗教志》，吉林人民出版社 2000 年版，第 319—322 页。

③ 金泽：《吉林朝鲜族》，吉林人民出版社 1993 年版，第 432 页。

④ 吉林省地方志编纂委员会编：《吉林省志·宗教志》，吉林人民出版社 2000 年版，第 336 页。

一词，在中国一般译称“监理公会”。[①] 南监理教会正式成立于1846年，本部田纳西州纳什维尔。1848年，教会派遣戴医生及秦右夫妇来华开教，先后抵达上海。1852年后耿惠廉、林乐知等纷至沓来，布道活动渐次推广至苏州、嘉定、青浦一带。1861年，美国南北战争爆发，教会中断了派遣传教士来华。1875年，该会再次派遣潘慎文等来到苏州，兴办学校，设立医院，开展布道活动。1885年，成立中国年议会。到1917年，该会在华已经拥有上海、苏州、松江、常州、南京、湖州等诸总堂，37支堂，西教士108人，华传道706人；受餐信徒7899人，主日学校145所，小学校43所。[②]

1921年夏，美国南监理会总会蓝华德会督亲赴东三省考察，不久因病去世，临终前嘱托，一定要到东三省开展布道工作。为此，1922年3月，李仲覃、孙闻远、霍约翰等奉派再赴哈尔滨，进行工作调查，并于当年组成了东三省布道部，全权负责对东三省布道事宜。根据调查情况，教会拟定了在东北的布道计划，决定以哈尔滨为立足点，挑选华人牧师来此布道。1924年4月，霍约翰和竺规身两牧师从上海来到哈尔滨，在道里租房建堂，定名为“基督教卫斯理堂”。相继发展教徒70余人。1925年，该会与哈尔滨市信义会、浸信会、国内布道会东三省总协进部、哈尔滨基督教青年会等共同组织哈尔滨基督教联合会，筹备自立工作。1927年1月，教会正式由华人独办，改名为“哈尔滨道里中华基督教会”，经费由江浙监理会信徒负担。从1929年1月起，除教师俸金仍由布道部负担外，其余一切费用，均由哈尔滨市教徒自行负担。[③]

除此以外，在近代东北布道的还有来自朝鲜半岛的监理会传教士，他们主要在朝鲜族中发展信徒。1908年9月，美国南监理教会朝鲜宣教年会派遣李和春等到龙井一带朝鲜族中传教，在龙井村和附近地区先后建立了9所教会，发展信徒500多名。[④] 翌年8月，根据长老教派和监理教派协定，李和春将延边地区的监理教会移交给长老教派，返回朝鲜。1910

① 卓新平主编：《基督教小辞典》，上海辞书出版社2001年版，第61页。

② 黄光域：《近代来华新教差会综录（上）》，载中国社会科学院近代史研究所近代史资料编辑部《近代史资料》总80号，中国社会科学出版社1992年版，第86页。

③ 黑龙江省地方志编纂委员会编：《黑龙江省志·宗教志》，黑龙江人民出版社1999年版，第262页。

④ 金泽：《吉林朝鲜族》，吉林人民出版社1993年版，第430页。

年，美国北监理会朝鲜年会派裴亨湜进入中国，在图们一带传教，建立教会。[①] 1920 年 5 月，南监理教会再次派遣传教士进入延边地区传教。从此，监理教的两派在延边各地发展教势。1921 年 7 月，南监理教会在苏联的海参崴召开“西伯利亚满洲宣教年会”第一次年会，推动教务发展。1922—1925 年，南监理教会相继在龙井、汪清、局子街、珲春、百草沟等地建立了多处教会。监理教势力的急剧发展，引起当地长老会的强烈不满。为了解决两派争夺教徒的矛盾。1929 年 1 月，双方代表在奉天召开会议，就两个宗派在中国朝鲜族中传教范围问题达成协议，规定长春地区为监理教传教区域，延边地区为长老会的传教区域。但是，监理教派为保持教势，不顾协定，仍继续在延边地区传教。

浸信会

基督教浸礼宗教会之一，该宗传入美国后，在南北战争期间分裂为二。从美国南方传来中国的教会译称“浸信会”，以区别于北方各州的浸礼会。[②] 本部设在弗吉尼亚州里士满。浸信会一贯主张信徒受洗礼入教时，必须全身浸在水中，实施大水洗，反对点水洗。1845 年，咖笠顿（高立敦）及啤士夫妇奉派来华开教，驻广州。1847 年，晏马太夫妇抵达上海，修建老北门礼拜堂。1860 年，花雅各夫妇及海雅西赴烟台开拓山东教务。1904 年，陆德恩夫妇及施爱理至郑州传教。至此，浸信会四大教区初具规模。[③]

浸信会于 1910 年传入大连，逐渐发展到营口、奉天、哈尔滨等地。1910 年，姜和仁组织 18 名浸信会信徒，在大连南山附近成立聚会点。翌年，司提凡牧师主持修建教堂，建立了正式教会，归山东黄县华北议会直接领导。

1915 年，栾马丁牧师和夫人栾爱玲二人赴营口，于郊外黑英台筑堂传教，浸信会由此传入营口。1929 年，在营口市内惠安街置地建筑建堂，栾马丁和安牧师在此主堂布道。浸信会在奉天的活动是在大连、营口之后开展起来的。山东浸信会牧师穆锡三的儿子穆天德在奉天启东烟草公司做

---

① 吉林省地方志编纂委员会编：《吉林省志·宗教志》，吉林人民出版社 2000 年版，第 333 页。

② 卓新平主编：《基督教小辞典》，上海辞书出版社 2001 年版，第 59 页。

③ 黄光域：《近代来华新教差会综录（上）》，载中国社会科学院近代史研究所近代史资料编辑部《近代史资料》总 80 号，中国社会科学出版社 1992 年版，第 80 页。

职员，他随儿子来到奉天，租房成立浸信会。①

1920年，华北浸信会派遣杨美斋牧师抵达哈尔滨布道并创立教会，经费由华北议会布道部担任，后信徒日众，其经费由本地信徒捐助。1924年，美国南浸信会国外布道部委派栾马丁夫妇到哈尔滨协助开展布道工作，先后建立安达、密山、三江等教区，设立滨江、马桥河、珠河（今黑龙江尚志）、小绥芬等处教会。② 20年代以后，随着民族独立意识的增强，爱国的基督教徒觉悟提高，遂酝酿自立。1927年9月，哈尔滨道外浸信会改组为哈尔滨道外中华基督教会。“一切教务自理。西方退居客位，辅助传道”。改革以后，虽然“经济窘迫”，“精神却颇良好”。③

安息日会

为基督复临派和安息日派的综合性派别。19世纪40年代产生于美国。1855年在密执安州巴特尔克里克设立总部，成立“评论与先驱出版协会”。1860年正式采用此名。1903年，总部移至华盛顿。除宣传基督即将再次降临人间外，还主张遵守“第七日”（指星期六）为安息日的规定，故名。④ 1902年，该会来华开教，首抵香港，旋赴广州，翌年即至河南。1905年，设印刷厂于上蔡县，同年6月发刊《时兆月报》，刊载世界新闻及安息日会教义，读者甚众。嗣设亚属总会于上海，教务日兴。⑤

安息日会在东北开展工作，始于1914年⑥，是年春，丹麦人白德逊牧师奉派到达奉天，开展布道活动。翌年秋，给9位信徒施浸，成立第一个教会。⑦ 后又在奉天城郊相继建立北门里、北三马路、大辛屯、四方台等几处教会。随着传教工作的开展，教务逐渐向外扩展。1931年，奉天

① 辽宁省地方志编纂委员会办公室编：《辽宁省志·宗教志》，辽宁人民出版社2002年版，第196—197页。

② 满洲基督教联合会编：《满洲基督教年鉴》，满洲基督教联合会1938年版，第153—155页。

③ 黑龙江省地方志编纂委员会编：《黑龙江省志·宗教志》，黑龙江人民出版社1999年版，第260页。

④ 卓新平主编：《基督教小辞典》，上海辞书出版社2001年版，第63页。

⑤ 黄光域：《近代来华新教差会综录（下）》，载中国社会科学院近代史研究所近代史资料编辑部《近代史资料》总82号，中国社会科学出版社1992年版，第87页。

⑥ 孙鹏翕、谷耀祖所写《沈阳市基督教沿革》，文中认为白德逊于1909年到沈阳，在北市场皇寺路置地盖房，有教会礼拜堂及教士住宅。政协沈阳市委员会文史资料研究委员会编印：《沈阳文史资料》第4辑，1983年版，第221—222页。

⑦ 满洲基督教联合会编：《满洲基督教年鉴》，满洲基督教联合会1938年版，第196页。

地区共有教会11处，即沈河区教会、北市教会、新民县教会、大辛屯教会、四方台教会、北陵教会、铁岭教会、辽阳教会、海城教会、开原教会、营口教会，信徒250名。[①]

该会派人到黑龙江地区活动是在1914年，书报员杜恕人到哈尔滨市推销书报，传播基督复临安息日会的“末日福音”。1916年，杜恕人转赴湖南，冯成钧接替传道，行前杜恕人在双城县租房建立黑龙江地区第一个基督复临安息日会教会。其后又相继建立哈尔滨市教会和齐齐哈尔教会。[②] 1915年，基督复临安息日俄罗斯联合会牧师葛聂金奉派来到哈尔滨，主要在俄侨中布道。葛聂金于1919年回国，美国全球总会派加拿大籍俄国牧师保保夫，在南岗龙江街15号修建礼拜堂。[③]

1916年，美国人顾尔瑟奉派来到长春，在四马路租房创立教会，此为安息日会传入吉林之始。[④] 1917年4月，安息日会在延吉县头道沟建立教会。[⑤] 后又相继建立了龙井、和龙、延吉南沟、安定路和朝阳川等教会。[⑥]

救世军

1865年，英国牧师卜威廉创立，总部在伦敦。1878年，仿照军队编制，教徒称“军兵”，教士称“军官”，分将、校、尉、士诸等级，卜氏自任“大将”。1880年（或作1878年）正式定名为“救世军”。注重在下层民众中举办慈善事业，吸收教徒。[⑦] 1912年夏，卜威廉病重，统率职务交由其子担任，卜威廉临终前，对其子留下遗命，让其接管救世军后，“当树本军之旗帜于中国为第一要务”，“并深以未见中国有救世军为忧”。

---

① 辽宁省地方志编纂委员会办公室编：《辽宁省志·宗教志》，辽宁人民出版社2002年版，第192—193页。

② 黑龙江省地方志编纂委员会编：《黑龙江省志·宗教志》，黑龙江人民出版社1999年版，第258页。

③ 哈尔滨市南岗区地方志编纂委员会编：《南岗区志》，哈尔滨出版社1994年版，第620页。

④ 长春市地方志编纂委员会编：《长春市志·少数民族·宗教志》下卷，吉林人民出版社1998年版，第177页。

⑤ 金泽：《吉林朝鲜族》，吉林人民出版社1993年版，第433页。

⑥ 吉林省地方志编纂委员会编：《吉林省志·宗教志》，吉林人民出版社2000年版，第330页。

⑦ 黄光域：《近代来华新教差会综录（下）》，载中国社会科学院近代史研究所近代史资料编辑部《近代史资料》总82号，中国社会科学出版社1992年版，第108页。

1916 年，救世军第一队抵达北京，于此设立本部。第一批来华职员有 40 人，分别来自英国、美国、加拿大、苏格兰、芬兰、瑞典、瑞士、澳洲、新西兰等国。到达北京以后，救世军自设学校教授职员学习汉语，经过一年多的努力，职员已“能略操华语”，即在中国教友的帮助下，出外传道。随后任命叶英临为救世军驻华第一任总办。1918 年 2 月，叶英临抵达北京。经过努力，在十个月之内，除在北京、烟台设立分队外，又增设了天津、保定、烟台、石家庄、通州、正定府、大沽、张家口等处分队。[①] 相继开办语言学校、女子工艺所、男学校、培训中心、礼拜所及粥厂，出版中文会刊《救世报》等，事业迅速推广。1920 年 2 月，该会在奉天市二纬路 61 号设立救世军满洲区本部，总指挥施崇善，协理魏乐朴。[②] 1926 年 2 月，在大连市内设立南满大队本部，统辖大连两个小队及奉天、长春两个小队。[③]

圣洁会

“五旬节派”教会之一。五旬节派，基督教派别之一。产生于 19 世纪末 20 世纪初。主要流传于美国，加拿大、英国、丹麦、挪威和瑞典亦有传播。主张继承基督门徒在五旬节接受“圣灵”的传统，故名。认为信徒“成圣”是上帝恩宠所致，并称“成圣”与“因信称义”不同，人在“因信称义”以后才能“成圣”。[④]

1901 年，美国监理教牧师考曼和基尔伯恩跨洋来到日本东京，设立“东方传教会福音传道馆”，开始传教活动。随着信徒的增加，他们创立了“东方传教会圣洁教会”，主要在日本本土活动，[⑤] 1907 年，在朝鲜汉城建立传教据点。1921 年 9 月，易名“朝鲜耶稣教东洋宣教会圣洁教会”。1924 年，朝鲜圣洁教会信徒朴基来和朴章焕分别迁居龙井和图们，开始在附近朝鲜族中进行传教活动。随着教会势力的发展，1925 年 3 月，教会派遣李元根到龙井建立教会，随后，又派女传教士金庚洽、朴鲁姬来

① 叶英临：《救世军》，载中华续行委办会编《中华基督教会年鉴》第 5 期，商务印书馆 1918 年版，第 87—88 页。

② 吉林省地方志编纂委员会编：《吉林省志・宗教志》，吉林人民出版社 2000 年版，第 332 页。

③ 辽宁省地方志编纂委员会办公室编：《辽宁省志・宗教志》，辽宁人民出版社 2002 年版，第 201 页。

④ 卓新平主编：《基督教小辞典》，上海辞书出版社 2001 年版，第 64 页。

⑤ 王春来：《基督教在近代韩国》，中国社会科学出版社 2000 年版，第 84 页。

此，在附近朝鲜族妇女中开展布道活动。圣洁教会以龙井为中心，相继建立了天宝山支会、明月沟教会、朝阳川教会、延吉教会和图们教会。[①] 20世纪30年代以后，该会传入黑龙江地区。

神召会

“五旬节派”教会之一。此派包括在组织上互不统属的许多独立教会。诸如“神召会”、“使徒信心会”和“圣洁会”等。[②] 教会的主要活动项目有礼拜会、儿童会、妇女会、家庭会、施洗会、灵修会、布道会，以及圣诞、受难、复活、圣灵、感恩五个节期会。主要流传于美国，1914年于阿肯色州霍特斯普林斯成立总议会。

该会于1910年传入中国，当年，美国女教士倪歌胜来到宁波，开堂布道。1914年，在北京和太原亦建立教会。到1919年，有正定、北京、天津等会堂，西教士近50人。[③] 20世纪20年代末，神召会传入东北。1928年，白爱真同兰爱悦两教士来到营口成立神召会，相继有传道人白安真、魏约翰、白隆道等。1929年12月15日，挪威人匡马丁牧师奉美国神召会差会的派遣，由天津市来奉天组织神召会。当时由天津带来的传道人有刘桂廷、白隆道等，外籍传道士有库路得（女，美国人）、恩又美（女，瑞典人）。后势力逐渐发展到抚顺、辽阳、大连、铁岭、锦州等地。[④] 1930年，美国女传教士何安宁与中国信徒李子谦由北京神召会来到黑龙江省安达县建立教会，进行布道。[⑤] 1931年3月1日，在奉天小西关大街设立福音堂，逐渐形成东北神召会的中心。[⑥] 同年，俄国牧师伯以斯蒂把俄国神召会的新安埠分堂借给中国人建立了哈尔滨神召会。不久，教会派人到沈阳与匡马丁取得联系，以求指导，神召会东北差会派美籍牧师文克迪于1934年携眷到哈尔滨，当年在道外南勋小六道街租得民房，开

---

① 金泽：《吉林朝鲜族》，吉林人民出版社1993年版，第434页。

② 卓新平主编：《基督教小辞典》，上海辞书出版社2001年版，第64页。

③ 黄光域：《近代来华新教差会综录（下）》，载中国社会科学院近代史研究所近代史资料编辑部《近代史资料》总82号，中国社会科学出版社1992年版，第105页。

④ 辽宁省地方志编纂委员会办公室编：《辽宁省志·宗教志》，辽宁人民出版社2002年版，第195页。

⑤ 黑龙江省地方志编纂委员会编：《黑龙江省志·宗教志》，黑龙江人民出版社1999年版，第264页。

⑥ 满洲基督教联合会编：《满洲基督教年鉴》，满洲基督教联合会1938年版，第184页。

展教务，教会有所发展。①

约老会

美国基督教宣教会，1856年成立，本部宾夕法尼亚州费城。属长老宗。1895年，该会派遣梁多马和陈安德夫妇来华传教，始在广东德庆、罗定等地活动。1917年，有西教士24人，华传道36人，受餐信徒545人，主日学校9所，小学校11所。② 1930年，该会牧师魏司道等人来到齐齐哈尔等地进行传教活动。翌年，孔教士和魏牧师夫人也相继到达。“九·一八”事变后，“国联”派李顿调查团到东三省进行调查，约老会的教牧人员帮助中国爱国志士向李顿调查团递交揭露日军罪行的书信，以后亦曾对一些抗日爱国人士予以救援，为此受到日伪当局的敌视和迫害。该会在华势力较弱，仅在广东和黑龙江两省建有教堂。③

德国路德会

属信义宗，1914年，德国人阿斯多尼亚、里多瓦人一起在哈尔滨建立教会，参加活动者主要是当年在哈尔滨的德国侨民及各国领事中的一些教徒。首任牧师为里多瓦人，其后是贾乐天。1928年，贾乐天在马家沟雨阳街另开福音堂。马家沟房屋原是南岗路德教会传教牧师的住所，成立福音堂后与路德会分离。福音堂有德国、丹麦、荷兰、瑞典、瑞士并苏联200余教徒经常在此聚会。在北京设有分会，由贾乐天夫人负责，外侨教徒50人。④

以上为基督教在近代东北地区传播与发展之一斑。无论从领有宣教地还是发展信徒方面，爱尔兰长老会、苏格兰长老会和丹麦路德会都是这一地区势力最大的差会。统计资料表明，到1920年，三个差会的宣教地“占奉、吉二省面积一半以上”，而且丹麦路德会与苏格兰长老会还把势力扩展到黑龙江省内，“设立总堂两处，一所在北团林子（即绥化），属丹路德会，一所在呼兰，属苏长老会”。在发展信徒方面，这三个差会在

① 哈尔滨市地方志编纂委员会编：《哈尔滨市志·宗教·方言》，黑龙江人民出版社1998年版，第108页。

② 黄光域：《近代来华新教差会综录（下）》，载中国社会科学院近代史研究所近代史资料编辑部《近代史资料》总82号，中国社会科学出版社1992年版，第78页。

③ 黑龙江省地方志编纂委员会编：《黑龙江省志·宗教志》，黑龙江人民出版社1999年版，第263页。

④ 哈尔滨市地方志编纂委员会编：《哈尔滨市志·宗教·方言》，黑龙江人民出版社1998年版，第103页。

东北三省也是独占鳌头，在1920年之前，“奉天省各宗派受餐信徒所占比例如下：长老宗占91%，信义宗占7.6%，监理宗占1.2%，基督复临派占0.2%。吉林省则长老宗占95.5%，信义宗占4.2%，基督复临派占0.3%”。[①] 其中，尤以爱尔兰长老会和苏格兰长老会两差会势力最强，“受洗信徒人数约占东北三省信徒总数95%”。

表1—1　东北三省基督教势力范围中之基督教团体表（1920年前）[②]

宣教会	总数	信宗	监宗	长宗		余会		
		丹路德会	美以美会	爱长老会	苏长老会	复临安息	男青年会	女青年会
差会总堂	37	12	—	9	9	2	3	1
正式教堂	85	23	3	25	32	2	—	—
布道区	294	38	3	145	101	7	—	—
男受餐信徒	13898	850	132	6150	6729	37	—	—
女受餐信徒	6688	555	63	2874	3180	16	—	—
受餐信徒总数	20586	1405	195	9024	9909	53	—	—
教会全体总数	30575	2158	253	12023	15356	81	704	—
全体受餐信徒中男受餐信徒百分比	68%	61%	68%	68%	68%	70%	—	—
全体受餐信徒在五万人以上城市中之百分比	17%	39%	0%	11%	18%	60%	—	—
男受餐信徒识字者之百分比	52%	70%	—	50%	51%	100%	—	—
女受餐信徒识字者之百分比	39%	50%	—	30%	39%	98%	—	—
主日学校学生	6586	1222	160	1696	2880	97	531	—
每布道区受餐信徒平均数	70	37	65	62	98	7	—	—

① 中华续行委办会调查特委会编：《中华归主——中国基督教事业统计（一九〇一——一九二〇）》中卷，中国社科院世界宗教研究所译，中国社会科学出版社1987年版，第504、512—513页。

② 同上书，第515页。

（二）相对薄弱的东北教会事业

基督教传入中国东北地区较晚，和较早开辟传教工作的东南沿海等地相比，教会事业还有相当的差距。1920年之前，奉天省有宣教师驻在地19个，差会总堂26所；吉林省有宣教师驻在地7个，差会总堂9所；黑龙江省有宣教师驻在地2个，差会总堂2所。三省共有宣教师驻在地28个，差会总堂37所。[①] 而同一时期，山东省有39个宣教师驻在地，差会总堂66处。[②] 福建省有差会总堂63个，宣教师驻在地41处。[③] 此外，东北地区布道区数量也相对较少，到1920年时，"东北各已开辟之宣教地内共有布道区294个，多数在辽河平原及沿主要交通线一带"，"东部、北部则岭深林密，布道区极少"。[④] 而同期山东省有布道区1330个，[⑤] 福建省共有布道区1164个，平均每区有信徒33人。[⑥]

奉天、吉林二省共94县，在1920年前，其中16县无任何差会宣教工作，39县（约1/2）中尚无教会小学设施。黑龙江省内只有少数县区报告有基督教事业。[⑦] 而同期的福建省各县均有基督教宣教事业。1/3的县中都有一个以上的差会。全省只有6个县无正式教堂。每百万人口中受餐信徒平均不足100人者共20县。[⑧] 东北三省作为一个整体来看，其受餐信徒人数在全国各省中居前7名之内，每万人中受餐信徒之平均数也高于全国总平均数，但分省而论，则低于鲁、浙、闽、粤等省。[⑨] 奉天省有受餐信徒1.6万名，每一万居民中平均有信徒13人；吉林省有受餐信徒4500名，每一万居民中受餐信徒平均为8.2人；[⑩] 山东省有受餐信徒4.1821万人，每一万居民中平均有受餐信徒13.5人；福建有受餐信徒3.8584万人，每一万居民中平均有受餐信徒24人；广东省有受餐信徒6.1262万人，每一万居民中平均有受餐信徒17.4人。

---

① 中华续行委办会调查特委会编：《中华归主——中国基督教事业统计（一九〇一——一九二〇）》中卷，中国社科院世界宗教研究所译，中国社会科学出版社1987年版，第508页。

② 同上书，第411页。

③ 同上书，上卷，第168页。

④ 同上书，中卷，第509页。

⑤ 同上书，第412页。

⑥ 同上书，上卷，第168页。

⑦ 同上书，中卷，第502页。

⑧ 同上书，上卷，第164页。

⑨ 同上书，中卷，第513页。

⑩ 同上书，第515页。

东北三省中，以奉天省教会发展势头最好，1920 年前，奉天省的宣教师驻在地占东北地区宣教师驻在地总数的 68% 左右，而差会总堂占总数的 70%。次之为吉林省，宣教师驻在地占总数的 25%，差会总堂占总数的 24% 左右；黑龙江省势力最弱，宣教师驻和差会总堂分别为总数的 7% 和 6% 左右。[①] 从总体来看，基督教在东北地区的布道事业还是相当滞后的。形成东北地区基督教势力薄弱的原因，主要有以下几个方面：

首先，中外教职人员匮乏。传教士的工作是相当艰难与繁重的，尤其是在开辟一个新的传教区的时候，需要付出艰辛的努力。传教士要不停地讲经布道，同时还要兼及许多其他工作，如开设医院、办教会学校、赈济救灾等，通过这些活动扩大教会影响，发展教务事业。因此，传教事业的发展是需要充足的人力资源来保障的。而据一些调查资料显示，"东北幅员辽阔，人口众多，各差会中外职员不敷分配，致使宣教工作力不从心"。[②] 1920 年，除贵州省外，东北三省每一千受餐信徒中宣教师之平均数在全国各省中为最低。东北三省外国职员人数 172 人，与安徽省相等，但安徽信徒人数仅等于东北信徒的 1/4。广东省有外国传教士 730 名，福建省有外国传教士 454 名。东北三省只有 18 名按立中国职员，为数甚少。而直隶省受餐信徒人数仅较东北约多 2000 名，而按立中国牧师约为东北的 4 倍；据报告，皖、赣、鄂、蜀四省之受餐信徒人数少于东北，而各省按立中国职员人数反较东北多；湖北之按立中国职员则较东北多 2 倍。山东省有按立中国职员 124 名，约为东北地区的 7 倍。[③] 相比之下，基督教在东北地区的中外教职人员显然要薄弱得多，这严重制约着教会的发展。

其次，社会动荡。19 世纪末 20 世纪初，东北地区战乱频仍，灾荒不断。1894—1905 年，短短的十余年时间里，东北地区先后经历了中日甲午战争、义和团运动和日俄战争三次大规模的战乱。1910—1911 年间又有大鼠疫横扫东北。战乱和天灾，造成东北地区社会动乱。这些都对基督教在东北的传播产生了不利影响。

再次，地广人稀，交通不便。东北三省辽河沿岸中部大平原一带地势

---

① 中华续行委办会调查特委会编：《中华归主——中国基督教事业统计（一九〇一——一九二〇）》中卷，中国社科院世界宗教研究所译，中国社会科学出版社 1987 年版，第 508 页。

② 同上书，第 509 页。

③ 同上书，第 511、415 页。

平坦，人口稠密，是布道区和受餐信徒集中的地方，而北部和东部林深树密、人烟稀少，交通极为不便，开展传教活动十分困难。一个传道人记述了他 20 世纪 30 年代末在呼兰地区传教的艰苦经历，当时呼兰教区“许多堂点不通火车，每到一处要凭两条腿步行 50 多里路，如果机会好，搭上马车或汽车，那就非常知足了”。而去交通闭塞的东兴传道是“最令人头疼的差事”。“由呼兰出发走到巴彦，需要走一整天，第二天在木兰打个尖，第三天傍晚才能走到东兴。冬天去东兴就更有罪遭了，坐爬犁太冷，冰天雪地靠腿走，深一脚，浅一脚，走一会，坐一会爬犁。”① 由此可以想见，交通的不便给传教工作造成的困难也是很大的，因此，在东北的北部和东部偏远地区，有许多没有开展传教活动的空白地区。

最后，天主教在东北地区势力颇大，教徒人数众多，这对基督教的传播和发展也有一定的影响。据资料记载，1620 年，就曾有 1 名天主教神甫来东北访问，入清以后又有神甫多人先后来东北游历。可见，天主教传入东北已有数百年历史，较之基督教来说根基更为深厚，且其目标非常明确，即“把吸收教徒作为他们鞠躬尽瘁的目标和日常的主要任务”。② 它尤其注重在人口众多的农村一个家族一个家族、一个村庄一个村庄的争取教徒，这种努力由于传统的原因及教士们的热忱而卓有成效，在增加教徒人数及扩展教会规模方面，天主教会的工作效率远高于基督教会。1838 年，东北天主教会脱离北京大主教区成为巴黎外方宣教会之特别区，当时天主教友仅 3000 人。后来天主教事业大为发展。1898 年，教皇批准纪隆主教的请求，“以满洲分南北二境，以二主教掌之”。南境主教统理盛京全省教务，北以吉林省为界，南以鸭绿江及高丽为界。教友 1.75 万人，新守规者不在此数。全境住堂 26 处，总堂在盛京，会所 234 个，大堂 12 个，小堂 33 个，西教士 23 人，华教士 8 人，大修院 1 处；在盛京，小修院 1 处；在沙岭，院生 49 人，男学堂 78 所，男生 1233 人，女学堂 69 所，女生 1595 人，育婴堂 14 处，收养男女小孩 1576 人，农学堂 1 所，施药局 5 处，安老堂 4 所，西国修女 16 人，中国修女 32 人。满洲北境于 1898 年始设主教 1 员，其境南尽于奉天界，西尽于蒙古，北与东均限于

① 龚玉珊：《一个老牧师的自述》，载马维权《黑龙江宗教界忆往》，黑龙江人民出版社 1992 年版，第 206 页。

② ［美］费正清主编：《剑桥中国晚清史（1800—1911）》上卷，中国社会科学院历史研究所编译室译，中国社会科学出版社 1985 年版，第 613 页。

俄地。全境包吉林、齐齐哈尔两省，教友9000人，住堂14处，在吉林、宽城子、小八家子、四家子、伯都讷、宾州、巴彦苏苏等处。大堂6个，小堂21个。总堂在吉林，西教士10人，华教士3人。修院1处，在小八家子，院生20人。男女小学堂与育婴堂共60所，学生1570余人。圣母无玷会贞女30人，皆华人，其在家守贞者57人。[①] 1919年，奉天省有法国主教1人，外国神甫25人，中国神甫19人，教友约3万人；吉林省有法国主教1人，外国神甫19人，中国神甫17人，教友约2.6万人。两省教友总数共5万余人。[②] 而同一时期奉、吉两省的基督教受餐信徒仅有2.5万人左右，只有天主教徒的一半。同被视为“洋教”的天主教会，其发展、壮大过程对基督教的传播产生的不利影响也是造成基督教在本地区势力薄弱不容忽视的一个因素。

第三节　近代东北的自立教会

一　东北自立教会产生的背景

20世纪初到30年代，是东北自立教会的创办和发展时期。与当时国内其他地区相比，东北的自立教会出现稍晚。东北地区自立教会的产生与发展，是与近代东北社会形势的发展变化密切相关的。

营口开埠以后，西方资本主义势力逐渐侵入东北，伴随着外国势力入侵的加剧，东北人民反帝反侵略的斗争也逐渐尖锐起来。1900年的义和团运动，最初打击的主要对象就是西方教会。在此期间，东北地区的基督教会遭到了沉重的打击。据不完全统计，在整个义和团运动中，教会财产损失数以几十万两白银。经过义和团运动的冲击，东北地区的基督教徒由原来的1.9646万人锐减到9000多人，有1万多信徒脱离教会。[③] 这些人中，尽管有的教徒受惩罚是因平日仗教欺人，罪有应得，但更多的教徒则是受到了“洋教”的株连。民族斗争排山倒海的力量不仅使传教士们胆战心惊，也使中国信徒心灵受到了巨大的震撼。一些信徒在痛定思痛之

---

① （清）李杕：《拳祸记》下册，土山湾印书馆1909年版，第228—229、264页。

② 中华续行委办会调查特委会编：《中华归主——中国基督教事业统计（一九〇一——一九二〇）》中卷，中国社科院世界宗教研究所译，中国社会科学出版社1987年版，第507页。

③ 辽宁省地方志编纂委员会办公室编：《辽宁省志·宗教志》，辽宁人民出版社2002年版，第170页。

后，反思问题出现的根本原因在于“此事外人主持”，“民教两歧”，“各怀猜忌而起事端”。解决问题的关键在于以“本国自立”为基础，“免外人之主权”，“设立教会，团结民心”。① 为此，一些中国信徒希望通过建立中国人自己的教会，来寻求教会健康发展的道路。

从19世纪60年代到20世纪20年代，传教士来东北布道已有半个多世纪，尽管传教活动困难重重，但还是取得了一定的发展。在传教过程中，中国传道人员已经承担了相当部分的教务活动。据资料统计，到1920年时，东北三省已有受薪的中国职员893人，中外职员比例达到5:1，其中474人担任布道工作，从事教育工作的有321人，从事医疗工作的有98人。② 这表明，中国教徒实际上已成为布道活动的主要力量。同时，随着教会教育事业的发展，中国教徒的素质也在不断提高。据不完全统计，在1920年前，东北地区发展教务的六个主要差会建立了278所学校，其中初级小学校223所，高级小学校39所，中学校16所。东北三省教会初级小学共有学生6185人。每100名受餐信徒中平均有小学学生34.5人。③ 除此以外，基督教会还在东北地区建立专门培养传道人的神学院乃至大学，形成了从幼稚园、小学、中学、大学等不同层次和类别的颇为完整的教育体制。这些学校在东北地区培养了大批教育程度比较高的知识分子群体，其中有一部分是献身基督教事业的信徒，他们在组织教会活动、传播基督教教义等方面，视野更开阔，经验更丰富。这些宗教人才的成长，为教会的自立和发展做了人才上的准备。

基督教在近代东北地区传播与发展过程中，遭到当地民众强烈排斥的状况，使得西方差会不得不对自身的传教行为与策略进行反思，如何改变教会在人们心目中的“洋教”形象，使基督教的传播和发展能够平和地进行。在实践中，他们认识到，发挥中国信徒在教会管理、发展教务方面的作用，是个积极而有效的办法。爱尔兰长老会很早就已经开始了这方面的尝试，即使在一个为数不多的基督徒群体内，从一开始差会就鼓励他们选出自己的成员来管理自己的事务。尽管被选出来的人经常犯错误，有时

① 《王云阁呈请札饬阿城县保护耶稣教堂禀文及吉林分巡西北路兵备道批文》，1912年，吉林省档案馆藏，资料号：34—2118。

② 中华续行委办会调查特委会编：《中华归主——中国基督教事业统计（一九〇一——一九二〇）》中卷，中国社科院世界宗教研究所译，中国社会科学出版社1987年版，第511页。

③ 同上书，第515页。

还滥用职权，但一旦有人可以胜任领导的职位，差会就会鼓励信徒选举他们去担任公职。无论在大会上还是长老会上，当地的长老都要学会申明全部的权利和义务。从他们教会生活一开始，即便是很小的团体里，教会也从来不允许基督徒失去对传教情况、经济和管理状况的清醒认识，要求他们运用最大的能力去尽可能多地处理自己的事务。[①] 西方差会对教会管理方面的这些变化，为自立教会的发展和完善提供了较为宽松的外部条件。在一些自立条件较为成熟的教会，中国信徒逐渐走向前台，差会则退居幕后，东北地区的一些教会也开始了自立进程。

二 近代东北地区的自立教会

东北地区的自立教会主要包括本地信徒自主建立的教会和传入东北的内地自立教会。

（一）东北本土的自立教会

义和团运动以后，清政府和列强签订了丧权辱国的《辛丑条约》，中国蒙受了巨大的屈辱。社会上对基督教的看法很负面，视基督教为“洋教”，称外国传教士为“洋鬼子”，称中国的传教人为“二洋鬼子”。[②] 一些爱国的基督徒受到很大刺激，不少原属外国差会系统的教会纷纷宣布自立。但由于东北地区各地教会所处的社会环境、所属教派情况各不相同，自立教会在处理与原差会的关系上也是不同的。一部分教会停止了与差会的联系，完全脱离差会而自立。而另一些自立教会虽然也在组织上宣布脱离差会，但与原来所属的差会仍保持着较好的联系或从属关系。

爱尔兰长老会和苏格兰长老会是最早在东北地区发展教务的基督教差会，自立教会的萌芽也首先在这里发生。1907 年，海城教会请王主恩为本堂牧师，主持会务，维持学校。[③] 此为东北地区教会自立尝试的较早记载。其后，1909 年，辽阳教会封立王瀚忱为中堂会牧师，牧师薪金待遇

---

① D. MacGillivray, *A Century of Protestant Missions in China* (*1807—1907*), *Being the Centenary Conference Historical Volume*, Shanghai: Printed at the American Presbyterian Mission, 1907, p. 228.

② 苏赛光：《天路历程》，载侯铁、金名编著《宗教人士谈往录·长春文史资料》第 3 辑，1990 年版，第 103 页。

③ 满洲基督教联合会主编：《满洲基督教年鉴》，满洲基督教联合会 1938 年版，第 88 页。

由本地教会负责。辽阳教会也由此迈出自立的步伐。[①] 两长老会其他教区内的一些教会也纷纷聘请本地牧师，尝试自办教会。新民教区于1912年聘请张振成准试为全区干事，办理一切事宜，为养成教会自立计，教区内请立5位牧师，即新民教会聘赵子岗为牧师，大民屯教会聘王象辰为牧师，新立屯教会聘范子爱为牧师，卢家屯教会聘姜宗乐为牧师，彰武县教会聘杨志明为牧师。同时，教区内各堂会还纷纷封立长老，组织董事会，管理教务。1910年，沈阳东关教会聘请高启隆为本堂牧师，西关教会聘请王惠清为牧师，教会大有进步。[②]

与爱尔兰、苏格兰两长老会所属教会的自立活动相比，东北地区其他系统的基督教会自立活动相对要晚一些。哈尔滨浸信会在北伐革命高潮的影响下，于1927年改组为哈尔滨道外中华基督教会，“一切教务自理。西方退居客位，辅助传道”。[③] 哈尔滨监理会也于1927年走上自立之路。

在东北自立教会发展过程中，有些教会的自立行动受到外国传教士的阻挠，为了实现教会的彻底自立，摆脱控制，这些教会便毅然断绝了与差会的联系，完全脱离差会而自立。其中，最有影响的是哈尔滨信义会的自立活动。

哈尔滨信义会由丹麦信义会（即丹麦路德会）所建，1911年，该会牧师马德良来到黑龙江，建立了绥化教区。次年，马德良来到哈尔滨，开设福音堂。[④] 1914年2月，武百祥在哈尔滨加入马德良所办的基督教夜校学习英文、俄文和圣经。同年10月，他和赵禅唐一起，由马德良牧师施洗，正式加入哈尔滨信义会。此时，整个教会的实际权力由西方差会把持。因武百祥、赵禅唐是哈尔滨市工商界知名人士，所以被选为教会督会成员。领洗入教后，武百祥和赵禅唐献地给教会，要建一座教堂，但被差会牧师马德良占用改建为牧师住宅，武百祥为此与马德良发生争执，但在差会支持下，马德良的提议被督会通过，武百祥只好认可。后又因新建西门脸教堂产权问题双方再次发生争执，武百祥接连受骗，决心要创办中国

① 张振华：《辽阳市基督教简史》，载辽阳市政协文史资料研究委员会编印《辽阳文史资料》第3辑，1987年版，第64页。

② 满洲基督教联合会编：《满洲基督教年鉴》，满洲基督教联合会1938年版，第73、91页。

③ 黑龙江省地方志编纂委员会编：《黑龙江省志·宗教志》，黑龙江人民出版社1999年版，第260页。

④ 同上书，第257页。

人自己的教会。此时，正值“五四”运动后，中国南方各地教会的自立运动不断发生，在此鼓舞下，武百祥决心脱离丹麦传教士控制下的教会。1926年，武百祥等信徒组织了“哈尔滨中华基督教会促成会”。为解决教牧人员的来源问题，设立“储才委员会”，资助青年去神学院学习。1927年7月3日，武百祥等信徒建立了“哈尔滨西门脸中华基督教会”，立志要“自立、自养、自传”，武百祥担任执事长，李毓麟担任牧师。在教会聘请中国牧师时，马德良极力主张请求中会“照例资助”华牧薪金2/3，但哈尔滨市爱国信徒自始至终坚决拒绝这项建议，彻底贯彻自养精神，使差会企图以此左右教会的打算落空了。[①] 哈尔滨自立会的建立产生了很大影响，呼兰、北安、克东、齐齐哈尔等地教会纷纷效仿。哈尔滨市内其他宗派也有震动，道里卫斯里教会于同年改变名称为“道里中华基督教会”，宣称今后教会经济完全由华人自理；道外十三道街浸信会则于1930年完全脱离美差会，成立“自立浸信会”。[②] 1931年后，又联合上号、绥化、新甸、高力帽子、兴隆镇等处自立会共同组成“北满基督教联合会自立会”。[③]

除此以外，在东北其他地区也有一些教会完全自立，脱离外国差会控制。1930年，铁岭法库县教徒为摆脱倪德斐控制的教会，酝酿成立自主教会，得到长老会崇德中学校长廖国恩、纯贞女校校长刘遇真等人的支持。[④] 经筹备，传教士王育灵、执事商品一等人带领部分信徒于1931年脱离了法库基督教长老会，在西街自行成立了法库基督教自立会，按立华北神学院本科毕业生王育灵为牧师。[⑤]

加拿大长老会建立的四平教会，为了摆脱外国差会的控制，于1930年建立了长老、执事管理教会的制度，经信徒商议，聘请王源德为教会牧师，选出永生医院院长张子寿为长老，杨玉春、王恒春、王同德等人为执事，分别管理教会的各项事务。自此，一个独立自主的基督教会在四平道

---

① 志新：《武百祥创立基督教“自立会”的前前后后》，载政协黑龙江省哈尔滨市委员会文史资料研究委员会编印《哈尔滨文史资料》第3辑，1984年版，第111—113页。

② 哈尔滨市地方志编纂委员会编：《哈尔滨市志·宗教·方言》，黑龙江人民出版社1998年版，第103页。

③ 满洲基督教联合会编：《满洲基督教年鉴》，满洲基督教联合会1938年版，第155页。

④ 辽宁省地方志编纂委员会办公室编：《辽宁省志·宗教志》，辽宁人民出版社2002年版，第201页。

⑤ 法库县地方志编纂委员会编：《法库县志》，沈阳出版社1990年版，第517—518页。

东二马路产生了。[①] 1921年4月，边玉成在吉林市领导成立了朝鲜基督教会，主要在吉林市周边一带朝鲜族中发展教徒。[②]

（二）传入东北的内地自立教会

当中国基督教自立运动深入开展的时期，在基督教内又出现了一批土生土长的教派。这些教派的主要创立者都是中国信徒，在信仰上，他们往往既吸收国外某些新兴教派的信仰，还把基督教思想同中国民间信仰相结合，或以“医病赶鬼”、“神迹奇事”来吸引信徒，或强调“出世”，追求个人“属灵”，传教的重点在中国的农村及中下层劳动人民。其典型代表为真耶稣教会、基督徒聚会处、耶稣家庭三个教派。[③] 在1931年之前，传入中国东北地区的是真耶稣教会。

真耶稣教会原名“真耶稣教会更正万国教”。1917年由魏恩波创立。魏恩波，1877年出生于河北保定。1904年，在北京磁器口伦敦会礼拜堂受洗入教，旋即加入北京基督教自立会，后又被自立会开除。1915年，他遇见基督复临安息日会传教士施列民，接受了安息日会的信仰。次年因久病不愈，在使徒信心会又受了浸礼，并在自己开设的绸布庄内设立家庭聚会。1917年4月3日，魏恩波在北京郊区黄村禁食39天，自称耶稣向他显圣，他按听到的声音，去永定门外大红门河中，面向下再次受了浸礼，此后即改名魏保罗。[④] 同年5月1日，魏保罗宣称自己见到“异象”，得到“神召”，“大有更正能力”，开始宣传真耶稣教义。同年9月，魏保罗著《更正教辩论书三十六条》，后步行至天津传教，是年冬，始确定“真耶稣教会”名称。[⑤] 1918年2月，真耶稣教会在北京成立总会，魏保罗自任总监督，由华裔美国人劳整光任副总监督。1919年，出版《万国更正教报》，免费散发。同年魏保罗因肺病去世，由其子魏以撒继承。

真耶稣教会吸收了安息日会、使徒信心会、神召会等教派的某些教义教规，又创立了许多自己的教义教规。教会中取消牧师称呼，设长者、执

---

① 张子寿：《四平基督教会的沿革》，载政协四平市委员会文史资料研究委员会编印《四平文史资料》第1辑，1988年版，第109页。

② 吉林省地方志编纂委员会编：《吉林省志·宗教志》，吉林人民出版社2000年版，第340页。

③ 姚民权、罗伟虹：《中国基督教简史》，宗教文化出版社2000年版，第190页。

④ 同上书，第191页。

⑤ 黑龙江省地方志编纂委员会编：《黑龙江省志·宗教志》，黑龙江人民出版社1999年版，第267页。

事等。真耶稣教会注意在农民和城市贫民中发展信徒，发展很快，创立不到10年，几乎传遍全国，其信徒绝大多数分布在贫困地区和农村。[①]

1924年春，魏以撒、王彼得、牛子音等以“医病赶鬼”为手段，首先在双城创立真耶稣教会双城分会。[②] 同年秋，经王彼得等人传入哈尔滨。1925年7月，在梁金中、裴相臣等人的支持下，在道外北八道街租用民房建立哈尔滨市真耶稣教会。[③] 1925年5月，魏以撒等人在吉林延吉县城设堂立会。1931年5月，又于安图明月沟村成立教会。[④]

三 近代东北自立教会的特点

从总体上来看，完全独立、脱离外国差会控制的自立教会势力薄弱。和外国差会在东北地区建立的基督教会相比，无论是教会影响，还是教会发展规模，这些自立会都无法与外国差会控制下的基督教会相抗衡。东北地区影响最大的哈尔滨西门脸自立会，到1938年时，接受其领导或支持自立的教会只有38处，主要分布于呼兰、绥化、海伦、通北、北安、克山、克东、泰安，嫩江、讷河、黑河、龙江、孙吴、宾县、拜泉、逊河、德都、勃利等地。[⑤] 影响范围仅仅限于黑龙江地区，这和外国差会所属教会遍布东北三省的规模相比，是不可同日而语的。

和外国差会保持联系的自立教会，并没有完全消除差会的影响，有些教会仍然要受外国差会的操纵。这些教会在自立方面的主要表现是聘请中国牧师主持教会事务，这一方面反映了中国基督教会迅速发展与西方差会人手不足之间的矛盾日益突出；另一方面也反映了中国信徒在自身力量壮大以后，要求更多地参与教会事务的愿望。但由于经费困难等方面的原因，大多数尝试自立的教会尚难达到完全自给。辽阳教会自立后，所属差

---

① 姚民权、罗伟虹：《中国基督教简史》，宗教文化出版社2000年版，第191页。

② 黑龙江省地方志编纂委员会编：《黑龙江省志·宗教志》，黑龙江人民出版社1999年版，第267页。

③ 哈尔滨市地方志编纂委员会编：《哈尔滨市志·宗教·方言》，黑龙江人民出版社1998年版，第109页。

④ 吉林省地方志编纂委员会编：《吉林省志·宗教志》，吉林人民出版社2000年版，第339页。

⑤ 杨松山：《哈尔滨市基督教开展三自爱国运动的历史基础》，载马维权《黑龙江宗教界忆往》，黑龙江人民出版社1992年版，第226页。

会仍支持没封立牧师的传道人的薪金，差会牧师继续管理教区工作。[①] 哈尔滨监理会自立后，教师俸金仍由布道部负担。[②] 阿城教区的双城堂会，1915年以后相继立尚魁英、李继华等为牧师，脱离阿城自立。但数年后劳但理回任阿城，“双城教会念旧，仍回复如初”。[③] 其他一些自立教会也多有类似情况。正是由于教务发展的经费仍需外国差会的支持才能维持，所以这些教会只能在自治、自传方面进行一些努力，况且主持这些自立教会的牧师都是由差会培养出来的，这种特殊的关系也使得教会自立后仍与原来所属差会保持着千丝万缕的联系，要达到真正意义上的自立尚有很长的路要走。

总之，近代东北地区的自立教会，只是中国教徒要摆脱外国差会控制，寻求自立发展的一个尝试，在半殖民地、半封建社会的历史条件下，受时代局限和中国教会自身条件的限制，自立教会并没有也不可能实现真正意义上的自立，西方差会控制下的教会仍然是东北地区基督教会发展的强势群体。但是，由教会自立而激发出来的爱国主义和民族自主意识，以及在此过程中涌现出来的一些爱国爱教的教会领袖，都成为中国基督教宝贵的思想财富和人才资源，一直未被埋没，乃至成为新中国成立以后“三自”爱国运动的基础和前提。

① 张振华：《辽阳市基督教简史》，载辽阳市政协文史资料研究委员会编印《辽阳文史资料》第3辑，1987年版，第64页。

② 黑龙江省地方志编纂委员会编：《黑龙江省志·宗教志》，黑龙江人民出版社1999年版，第262页。

③ 满洲基督教联合会主编：《满洲基督教年鉴》，满洲基督教联合会1938年版，第84页。

第二章　东北的基督教会组织

近代中国东北的基督教会是由来自不同国家和地区的差会所创建，各差会在组织方面往往互不统属，各自为政。因此，东北地区的基督教会组织也因其所属差会的统系不同而有所差别。

第一节　长老会的教会组织

近代在东北地区发展教务的长老会主要包括爱尔兰长老会、苏格兰长老会、加拿大长老会和朝鲜族长老会等几个派系。其中，爱尔兰长老会和苏格兰长老会是最早来东北传教的基督教差会，在传教过程中，它们很早就联合起来，建立了非常紧密的合作关系，它们在东北的宣教事业，“实际上等于是一个宣教会”。[①] 为了对其在东北地区的组织情况有一个全面的了解，我们在这里把它们作为一个教会来考察。

一　爱尔兰长老会与苏格兰长老会的教会组织

教会组织的形成和发展是一个动态的过程，它往往随着教务开展情况的发展而有所变化。爱尔兰长老会与苏格兰长老会教会组织在东北由建立到逐步完善的过程也体现了这一点，由初期的分途布道到后来的分工合作，教会组织经历了由分散到逐渐严密的过程。为了对此问题有一个全面的了解，现将两个长老会的教会组织在东北地区建立和发展的情况分述

---

① 中华续行委办会调查特委会编：《中华归主——中国基督教事业统计（一九〇一—一九二〇）》中卷，中国社科院世界宗教研究所译，中国社会科学出版社 1987 年版，第 505 页。

如下:

（一）爱尔兰长老会与苏格兰长老会的教会组织沿革

两个长老会教会组织的发展大致分为三个阶段:

第一阶段，从19世纪60年代末到1907年，是两个长老会由各自为政到初步合作的时期。两个差会从19世纪60年代末开始，纷纷派遣传教士来东北传教，这时的传教工作都是在本差会总部的直接领导下进行的，教会组织相对简单。一般都是传教士先开辟一个传教地点作为立足点，然后再向周围地区扩展。这个宣教师独立工作的地点逐渐发展为后来的“堂会”。这个区域由一位负责牧师主管。在组织关系上，堂会接受差会的直接领导，堂会的活动经费、传教人员的安排等，都由本差会总部负责。而堂会的日常宗教活动则往往由主堂牧师管理。主堂牧师初期皆由外国传教士担任，后来随着教务的发展，外国传教士不够用，也选任一些中国牧师。

堂会之下是支会，它是教会最基层的组织，是教徒聚会的场所。在城市，支会一般都建有教堂。而在农村地区，多数支会没有建立正式教堂，有的设在简陋的临时教堂中，有的直接设在教徒家中。支会一般都有教会职员主持工作。由于外国传教士有限，主持支会日常宗教活动的一般多是中国教士，外国传教士每年定期或不定期地从堂会或附近的教堂来到支会，检查宗教活动、主持宗教仪式，或对支会的教徒和望道者进行布道等。

初期来东北布道的爱尔兰长老会与苏格兰长老会的传教士大都通过建立堂会、发展支会的手段，逐渐把教会势力渗透到东北各地。苏格兰长老会东北地区教务的开拓者罗约翰，从1872年在营口登陆，建立堂会开始传教，在30余年时间内，相继建立奉天、辽阳、兴京（今辽宁新宾）等处堂会，并以此为基础，派遣传道人分赴邻近地区开辟支会。[①] 为苏格兰长老会在东北地区的传播与发展作出了重要贡献。

在传教过程中，苏格兰长老会和爱尔兰长老会两个差会感觉分途布道不利于教务的开展，遂于1891年4月于奉天召开代表会议，商定合作发展事宜，决议在奉天设立关东基督教长老会，作为两个差会在东北地区的最高领导机关，统摄东北地区的基督教会。此次会议，奠定了两个差会在东北地区合作传教的基础。

① ［日］芝田研三:《满洲宗教志》，满铁社员会1940年版，第272页。

第二阶段，1907—1916 年，爱尔兰和苏格兰两长老会的组织体系日益完备。1900 年爆发的义和团运动，给东北地区的基督教以沉重打击。两个长老会的初期合作也被打断。义和团运动以后，基督教卷土重来，为了进一步推动教会事业的发展，1907 年，关东长老会在营口召开大会，决议“升老会为大会”，统摄本系统东北教会，为了方便管理和发展教务，将工作地划分为辽东、辽西和吉林 3 个区会，下面分划为 16 个教区，并就具体组织原则达成一致，两长老会由此在东北地区建立起了严密的组织体系，进一步推动了教务的发展。

第三阶段，1916—1931 年，是爱尔兰长老会与苏格兰长老会参与全国基督教会联合的时期。1901 年，来华传教的 12 个长老会代表齐集上海，酝酿合作事宜，与会代表公推甘路德为书记，宗旨是：“甚望将来凡在中华之基督教，咸能合而为一”，在此之前，“先行设法，使各长老会首先联合”，以后有机会，再谋求“与各基督教合而为一”。代表们就此问题取得初步一致意见后，1902 年 10 月 22 日在上海召开正式会议，草拟了合作规章，并分呈各长老会审阅。在征得本国母会同意后，1903 年 11 月 10 日，各会代表又集中于上海开会，议定将全中国各长老会合并为 6 个大会，即关东大会（东三省）、北中国大会（直隶、山东、河南）、中中国大会（江苏、浙江、安徽、湖南、湖北）、南福建大会（台湾附内）、东广东大会和西广东大会。在此基础上，又经多次聚议，1907 年 4 月 19 日，在上海成立了中华长老会联会，出席会议代表 21 人，“规定长老会合一之总纲数条”。1914 年 5 月，在山东济南府召开的长老会联会第三次会议上，有代表提议应该建立一个中国长老会总会，“以实行治理属下之各级议会”。经与会代表讨论后，议定总会简章 12 条，并将所定之简章通告各中会，征求各中会意见，为建立总会做准备。1915 年 5 月，第四次长老会联会在上海召开，出席代表 40 人，讨论设立总会之事，会上将各中会“对于组织成立总会之意见，列为一表，详细讨论”，“以定一总会之规则”。[①] 经过反复斟酌与讨论，1916 年，在华长老会各差会联合成立了全国长老会总会。爱尔兰长老会与苏格兰长老会为其中成员之一，其最高领导机关“关东大会”也成为总会的一个分支机构。

---

① 张葆初：《中华基督教长老会联会》，载中华续行委办会编《中华基督教会年鉴》第 3 期，商务印书馆 1916 年版，第续 44—45 页。

在全国长老会实现联合以后，为实现与国内其他教会的进一步合作，1922年，全国长老会、伦敦会、公理会合组中华基督教会临时总会，关东大会遂改称为中华基督教会关东大会。“同时两差会本部，及宣教士亦均表示愿在本大会治下服务，并听从支配。”1927年，在征得本部同意后，爱尔兰和苏格兰两长老会正式加入了中华基督教会。①

（二）爱尔兰长老会与苏格兰长老会的教会组织结构

1. 大会

大会是两个长老会在东北地区的最高领导机构，1907年营口大会时设立，按照大会组织法，大会由三个区会内各堂会依例所派代表及中西牧师、教士共同组织而成。设立会正、副会正各1人，书记2人。在大会之下，设立参事部和执委会，任用干事若干名，分别负责分配中西人才、经济和执行已决定事件、应付临时发生事件等。② 1925年以前，外国传教士

表2—1 1921—1931年间关东大会历任会长名单③

时间	届期	姓名	传道地点
1921年	第11届	孔雨生，字繁生	锦州教会
1922年	第12届	王正翔（翱），字瀚尘	沈阳东关教会
1923年	第13届	庄振声，字骏庭	海城教会
1924年	第14届	何恩生	开原教会
1925年	第15届	肖魁英	双城教会
1926年	第16届		
1927年	第17届	戴兴邦	苏格兰差会
1928年	第18届	谭文伦（纶）	苏格兰差会
1929年	第19届	刘文瑞	榆树县教会
1930年	第20届	王惠清，字向忱	沈阳西关教会
1931年	第21届	刘景文，字国华	沈阳西关教会

① 庄振声：《关东大会》，载中华基督教会全国总会编印《中华基督教会全国总会第二届常会纪念册》，1930年版，第207页。

② 同上书，第222页。

③ 龚玉珊：《一个老牧师的自述》，载马维权《黑龙江宗教界忆往》，黑龙江人民出版社1992年版，第197—198页。

在大会中占据多席，“五卅惨案”以后，在民族情绪日益高涨的情况下，教会改组了参事会，共设参事20人，中、西人士各半。西人参事由教会自行选举产生。华人10名参事，于每年夏季在沈阳举行全东北各地教会代表大会时选举产生，大会休会期间，由参事会执行大会决议。参事会主席由中西代表轮流担任，参事会设书记一人，由华人担任，具体执行大会及参事会决议。设司库一人，由英人担任，管理差会来款。①

表2—2　　关东大会职员名录（1930年）②

职务	姓名	所属教会
会正兼参事	胡成国	辽宁海龙县朝阳镇堂会
会副	邱富升	辽宁昌图县金家屯堂会
正史	董云亭	辽宁黑山县新立屯堂会
佐史	徐国盛	辽宁西丰县堂会
英文书记兼参事部长	文安德	吉林长春商埠五马路堂会
总干事兼执参两部	庄振声	辽宁沈阳大南关堂会
执行部长兼参事	刘志学	辽宁沈阳大东关叠道东神树胡同
执委兼参事	陶万德	辽宁沈阳大东关黄土坑
执委	谭文纶	辽宁沈阳商埠文会书院
执委	魏希圣	辽宁沈阳商埠文会书院
执委兼参事	王正翱	辽宁沈阳大东关堂会
执委	陈凤临	辽宁沈阳大北关西横街堂会
执委兼参事	齐向荣	吉林省城河南街堂会
执委	金殿文	辽宁海城县牛庄堂会
执委兼参事	刘景文	辽宁沈阳大西关堂会
执委	方立德	辽宁辽阳城东六道街堂会
执委	张士敦	辽宁北镇县堂会
参事	米峻德（德峻）	辽宁沈阳商埠一经路米宅
参事	英雅各	辽宁沈阳商埠一经路神学院

① 柳兆卿：《基督教传入辽阳》，载辽阳市政协文史资料研究委员会编印《辽阳文史资料》第5辑，1990年版，第130页。

② 中华基督教会全国总会编印：《中华基督教会全国总会第二届常会纪念册》，1930年版，第227页。

续表

职务	姓名	所属教会
参事	康慕恩	辽宁营口县运使署对门堂会
参事	金济生	辽宁锦县东关女校
参事	戴兴邦	辽宁海龙县堂会
参事	邱树基	辽宁兴县堂会
参事	梅慕贞	辽宁沈阳大西关堂会北胡同
参事	惠彰德	吉林省城东关堂会
参事	刘遇真	辽宁法库县女道学馆
参事	孔繁生	辽宁锦县东关堂会
参事	高文翰	辽宁沈阳小河沿盛京施医院
参事	尚魁英	哈尔滨中华国内布道会东三省总协进部

2. 区会

1907年营口大会上，为了方便管理和发展教务，关东大会将工作地划分为辽东、辽西和吉林3个区会。大会组织法规定：区会由指定各堂会所派代表组织而成，不分男女；中国牧师为当然会员。[①] 区会负责协调本区内各教区传教事宜，对大会负责。随着教务的发展，1931年，3个区会扩大为8个中会，即营锦中会、辽沈中会、新北中会、开法中会、兴海中会、吉延中会、长榆中会和呼阿中会。

3. 教区

区会之下是教区。关于爱尔兰和苏格兰两长老会教区的划分，相关资料记载有些出入，如《中华基督教会全国总会第二届常会纪念册》中记载如下：关东大会在3个区会之下，划分了16个教区，辽东区会下辖营口教区、辽海教区、沈北教区、沈西教区、新宾教区和开原教区；辽西区会下属锦县教区、北镇教区、新民教区和法库教区；吉林区会则包括吉林教区、海龙教区、长春教区、榆树教区、阿城教区和呼兰教区。[②]《满洲

① 庄振声：《关东大会》，载中华基督教会全国总会编印《中华基督教会全国总会第二届常会纪念册》，1930年版，第222页。

② 同上书，第207页。

基督教年鉴》所载与此记载大体一致，但略有差异。[①] 出现此等差异，概因教区划分与时间推移、教务发展变化紧密相关。教区一般由董事会来进行管理，根据大会组织法的规定，在每个教区设立董事会，执行分配该教区关于教务、学务、医务之人才及经济，每年提出该教区之预算案及决算案，对参事部负责。[②] 为了对爱尔兰和苏格兰两长老会在近代东北地区设立的教区有一个全面的了解，现据手头资料，对其分述如下：

（1）辽海教区

海城、辽阳是苏格兰长老会较早开辟的两个堂会。1875 年，马钦泰从山东来到营口，不时派遣王静明到海城、辽阳售书传教。1877 年，又分派王静明、李承恩在大石桥、海城设堂传教。1882 年，罗约翰派王静明到辽阳传教，次年设立教堂，经过努力，“得商人数家”信教。1886 年，马钦泰移驻海城，医士吴阿礼同来设立医院，并设城乡男女义塾，教务渐开，先后在牛庄、腾鳌堡、接官堡、耿庄子等地设立教会。1888 年，辽阳境内大水成灾，吴阿礼从海城到黄泥洼、小北河、唐马寨一带雇用帆船救人，载运熟食赈济饥民并免费医治伤病人员，深得人心，他乘机传教，入教者超千人。[③] 1890 年，李雅各教士至辽阳，医士吴阿礼亦将海城医院转到此处，“德教治教士亦由奉驻邑”，教务渐形发达，几年内，先后设立刘二堡、本溪湖、达子堡、大安平、鞍山、茨榆坨、沙河、黄堡等教会。[④] 1900 年，义和团运动兴起，境内教会均被焚毁，大部分传教士退居营口，运动平息后，各地教会重新恢复。海城堂会所属沙河、台安、富家庄、西佛牛录、腾鳌堡等地教会相继恢复活动。[⑤] 辽阳城东大安平、大屯子、达子堡、黄堡、东山堡，城北沟子沿、上岗子，城西南沙河、刘二堡、城昴堡、姜家坨子等处教会也纷纷建立。[⑥] 1907 年，为利于教务发

---

① 满洲基督教联合会编：《满洲基督教年鉴》，满洲基督教联合会 1938 年版，第 70—84、103—144 页。

② 庄振声：《关东大会》，载中华基督教会全国总会编印《中华基督教会全国总会第二届常会纪念册》，1930 年版，第 223 页。

③ 辽阳县志编纂委员会办公室编：《辽阳县志》，新华出版社 1994 年版，第 678 页。

④ 满洲基督教联合会编：《满洲基督教年鉴》，满洲基督教联合会 1938 年版，第 75—76 页。

⑤ 鞍山市人民政府地方志办公室编：《鞍山市志·社会卷》，沈阳出版社 1993 年版，第 157 页。

⑥ 白永真：《辽阳县志》全五册，成文出版社 1973 年版，第 934 页。

展，关东大会将辽阳、海城两处堂会合并为辽海教区，统辖所属教会。传教范围南至海城，西至辽中，北至十里河，东至本溪。教区牧师管理教区内宣教、学校、医院等事务。设有小北河、月牙泡、茨榆坨、辽中县城、刘二堡、沙河、鞍山、海城、析木城、牛庄、耿庄子、腾鳌堡、接官堡、腰乐屯、赵家沟、暖阳屯、炮手沟、大安平、达子堡、本溪、桥头、小市、碱厂、铧子沟、黄堡、大东山堡、西上岗子等处教会。①

辽海教区董事会由教会中西人员共同组成，各居其半。外国成员由牧师、教士、教会学校校长、医院院长、圣经学校院长等组成，中方成员由牧师、长老中选出的代表、教会学校、医院、圣经学校中的中国籍负责人等组成。每年圣诞节前后召开董事会。会议主要内容包括：研究传道人员工作情况，安排调动工作，选收学道人员，选送经考试入神学本科、预科学员，分发对各教会、区会的补助款，研究召开查经班、短期传道训练班等。教区经济由关东大会宣教部拨款，交由外国牧师主管，由中国秘书协助。②

（2）新民教区

爱尔兰长老会所设。1888 年春，傅多玛牧师常驻奉天省城，时来新民租房传教。次年 4 月，成立教会。1890 年，孟宗原牧师受教会委派来到新民，与傅多玛协力工作，教务“渐形发展”。③ 到 1895 年，相继于新民周边设立了三家子、新立屯、平安坨、哈尔套街、彰武县、朝北营子、白旗堡、柳河沟、黑岗子、安坨子、梅林坂、绥东县、阜新县、公主屯、方巾牛录、卢家屯、冷子堡、老达房、半拉门、木耳岗子、满都护、大民屯等 20 余处教会，地跨五县，“颇极一时之盛”。④ 1899 年，傅多玛回国，孟宗原继任牧师，英国传教医师李术仁亦来此创设医院，施医布道。⑤ 后又有魏希圣、宁约翰、莫尔敦等人先后在新民传教，并陆续创设福音堂，发展传教事业。民国年间，又在卢家屯、安坨子、黑岗子、柳河沟、红旗

① 柳兆卿：《基督教传入辽阳》，载辽阳市政协文史资料研究委员会编印《辽阳文史资料》第 5 辑，1990 年版，第 129 页。

② 张振华：《辽阳市基督教简史》，载辽阳市政协文史资料研究委员会编印《辽阳文史资料》第 3 辑，1987 年版，第 65 页。

③ 满洲基督教联合会编：《满洲基督教年鉴》，满洲基督教联合会 1938 年版，第 72 页。

④ 同上书，第 80 页。

⑤ 张博惠：《新民县志》全二册，成文出版社 1974 年版，第 282 页。

堡、大民屯、方巾牛录、五家子等地分设教堂，吸收教徒600多人。[①]

1924年，教区按大会规定，组织董事会，每年集中召开常会一次。同时，将全教区划为6个堂会，各聘牧师一人，即新民教会牧师赵凤鸣，大民屯教会牧师王惠清，卢家屯教会牧师姜德程，新立屯教会牧师范桂信，彰武县教会牧师杨名新，小三家子教会当时因未有合适人选，暂时空缺。至20世纪30年代，新民教区有教会21个，传道员34名，信徒1381人。[②]

（3）北镇教区

爱尔兰长老会在营口登陆后，逐渐把势力向东北腹地扩展。傅多玛旅行售书布道，首先到达北镇，随后盖雅各亦常来此巡回传道。1891年，很维礼派遣胡警非、高启隆等到北镇创设教会，先后发展齐清和、冯朝元为信徒。[③] 1894年，很维礼由锦州转来北镇，同行者有很维礼的妻子阿力斯、张教士及白大夫等。同年，在城内什字街建教堂及宿舍30余间，发展教徒数十人。[④] 其后，相继设立黑山、清河门、沟帮子等堂会及所属各教会。到20世纪30年代，北镇教区下辖北镇、沟帮子、清河门、黑山、石山镇5个堂会，设有北镇县、高山子、高台子、黑山县、大虎山、芳山镇、八道壕、沟帮子、石山站、闾阳、清河门、稍户营子、罗家屯、边门子、中安堡等支会。[⑤]

1925年以前，北镇教区一切事务皆由很维礼牧师一人操持。教会改组后，成立最高决策机关教区董事会，设会正2人，书记员、干事各1人。很维礼为首任会正。后张士敦牧师、谷玉如教士、冯仕敦牧师相继担任此职。[⑥]

（4）吉林教区

爱尔兰长老会创办，所辖教会一部分在今吉林市周边地区，另一部分在今延边朝鲜族自治州境内，但信徒皆为汉族。1891年，高积善医士由

---

① 新民县县志编纂办公室编：《新民县志》，沈阳出版社1992年版，第818页。

② 满洲基督教联合会编：《满洲基督教年鉴》，满洲基督教联合会1938年版，第80、99页。

③ 同上书，第81页。

④ 北镇满族自治县地方志编纂委员会编：《北镇县志》，辽宁人民出版社1990年版，第631页。

⑤ 满洲基督教联合会编：《满洲基督教年鉴》，满洲基督教联合会1938年版，第108—111页。

⑥ 同上书，第71页。

长春每月去吉林一次，借马姓碾房为施医布教之所，[①] 是为长老会在吉林传教之发轫。1893 年，高积善医好当地士绅宋存礼的顽疾，宋因此心存感激，高积善借机委托宋存礼代买地基，相继建立医院和教堂，教会遂得以成立。鉴于吉林地区教务渐开，1895 年，教会又派杜荣本牧师来吉林协助高积善布道。为了使基督教传教活动向周边地区扩展，由最早入教的宋存礼负责市内传教活动，杜荣本则负责到外县开展布道活动，不久，在永吉、磐石、蛟河、敦化等地先后建立了教会。其后几年时间内，又相继设立官街、烟筒山、岔路河、横道河、八道岭、珲春、延吉、铜佛寺、头道沟、六道沟、额穆县等地教会。至 20 世纪 30 年代，全教区有堂会 5 处，教会 13 个，传道员 19 名，信徒 1303 人。[②]

（5）沈东教区

1876 年，罗约翰牧师自营口差派王静明到奉天传教，兼去锦州、凤凰城、吉林等地调查，选择建立教会大本营相宜之地，最终觉得奉天位处要冲，遂于当年在小北关租屋设堂讲道，罗约翰携带家眷居住于此，但因“其地邻于臭水塘，气味恶浊，小孩触之而病，旋返营口”。1877 年，教堂迁至西华门外。相继发展黄禄、刘全岳等人受洗入教。1881 年，罗约翰迁居小河沿，“其地清旷适宜”，当年即购买钟北福音堂，为宣道兼礼拜之所。1882 年，魏雅各牧师来奉，襄助教会，司督阁医士来奉施医，教务始见发达。1884 年，爱尔兰长老会傅多玛牧师到达营口，常赴奉天、吉林旅行调查。1888 年春，傅多玛迁居奉天小河沿。当年七月，霪雨连绵，辽河泛滥成灾，教会委托马钦泰、魏雅各等到灾区施赈，“因之受感归教者颇不乏人”。是年，在大东门外购地，建造礼拜堂。1896 年，东关教会请刘全岳为牧师，为东北基督教长老会第一位本地牧师。此后，教务发展迅速，相继设立十里河、土台子、大潘建台、道义屯、鲍家岗子、老古峪、抚顺、白塔堡等处教会。[③] 随着教徒日益增长，礼拜堂已经不能容纳，乃于 1898 年在大西关另租民房，分堂集会。

义和团运动期间，教堂被焚毁。1907 年，在被焚礼拜堂之旧址，又重新修建礼拜堂，半年后建成投入使用。1910 年，东关教会请高启隆为

① ［日］千田万三：《满洲文化史・点描》，大阪屋号书店 1943 年版，第 127 页。

② 满洲基督教联合会编：《满洲基督教年鉴》，满洲基督教联合会 1938 年版，第 83—84 页。

③ 同上书，第 77、90 页。

本堂牧师，佐理教务，教会大有进步。1919 年，高启隆牧师年迈退任，请王正翱为牧师，长老刘志学、高庆恩、景福音等协助教务。1929 年，王正翱牧师退任后，刘怀义继任牧师之职，信徒日益增加。至 20 世纪 30 年代，全教区有堂会 1 处，教会 1 所，福音堂 3 个，男女传道 5 名，男女信徒 831 人。[①]

（6）沈西教区

1884 年，傅多玛教士先驻营口并游历各处，后徙居奉天，先与东关联合工作。至 1898 年，信徒日增，因教堂不能容纳，始分设西关教会礼拜处所，本地人许文明辅佐之，并在沈西分设车连泡、邱家屯、昂邦牛录、前辛台等处教会。1900 年，欲立许文明为牧师，义和团运动兴起，许文明及其子均在法库被杀。1907 年，西关教会在大于实堡设立分堂。1910 年，西关教会请王惠清为牧师，主理会政，教会大有进步。1914 年，在大西关建立神学校，傅多玛任校长，主理神学事务。1928 年，请刘景文为牧师，分设皇姑屯、揽军屯、小新民屯等各处教会。至 20 世纪 30 年代，全教区有堂会 1 处，教会 7 个，男女传道员 23 名，男女信徒 701 人。[②]

（7）沈北教区

北关基督教会与东关基督教会原属一个教会，随着北关信徒人数日众，乃于 1919 年和东关教会分开，于小北关租屋，暂为讲道拜神之所，由东关划拨 150 余人，自立一堂会，[③] 由西教士谭文纶、陶万德先后主持会务。相继在北关、抚顺、懿路、白塔堡、陈相屯、十里河、沙岭、土耳坨、土台子、长摊、潘家堡子等处设立教会。[④] 1924 年，传道员刘孝向辞职，请高光达任北关教会传道员，教会由小北关吉庆堂后院迁到大北关西横街五十号。牧师陶万德和高光达传道员生活费由苏格兰长老会差会供应，教会的常年经费由信徒捐助。1926 年春，由信徒捐献现大洋 1000 余元，建造礼拜堂。1929 年 7 月，高光达赴英国留学，由陈凤临继任北关教会传道员职务。1930 年 4 月，信徒发起自养运动，请陈凤临任牧师职，

---

① 满洲基督教联合会编：《满洲基督教年鉴》，满洲基督教联合会 1938 年版，第 77 页。

② 同上书，第 77—78、91 页。

③ 同上书，第 92 页。

④ 孙鹏翕、谷耀祖：《沈阳市基督教沿革》，载政协沈阳市委员会文史资料研究委员会编印《沈阳文史资料》第 4 辑，1983 年版，第 219 页。

生活费每月40元，完全由信徒捐助。1931车3月，北关教会以林子馨长老名义，又购买一处房舍，作为福音堂，用以对外布道。[①] 20世纪30年代，全教区有堂会7处，教会13个，信徒1011人，男女传道人30名。[②]

(8) 铁开教区

铁岭、开原先系分立，1920年始行合一。1880年，罗约翰牧师以开原已有信徒而未立会，始在教友家中为人施洗，迨至1883年，方在城中赁房数间，设堂传教。后魏雅各牧师常驻于此，仅有信徒五六人。魏雅各牧师逐渐推广教会，1889年，在县城内东街成立教堂，又相继于境内设开原站、威远堡、李家台、马家寨、夏家堡子、赵家沟、大台、新安堡、古城堡、庆云堡、六寨子、高丽屯等处教会。[③] 境外分立四平街、梨树县、昌图、西安、西丰县、八面城等处教会。魏雅各牧师离开原后，毕德治牧师继治教务。[④]

1889年，传道人张承权从开原赴铁岭传教，相继设立稍达沟、宿芽屯、柴河堡、牧养政、一面城、梨树沟、殷家屯、李千户屯、西营盘、夏家堡、大汎河、温池河洛等祈祷处。1894年，在南门里建教堂。[⑤] 1899年，张承权被封立为牧师，常驻铁岭。1900年，铁岭义和团兴起，烧毁了教堂，1901年又在旧址重新修复教堂，规模大于从前。1911年，教会请郁仁化为牧师，汪致和为执事，高兴洲为长老。教会日渐发达，最多时有信徒500余人同时参加礼拜。[⑥] 1917年，教徒更发展到1400余人。[⑦]

1916年，铁岭、开原两处教会于开原礼拜堂成立联合会，所属28个教会的40名代表莅会，议定由旧历正月二十起，每年集会三四日，讨论教会一年"应兴应革之要事"。1920年，开原教会请何恩生为牧师，会务日兴。1926年，成立联合会董事会，选举董事13人，经理各教会之财产并支配传道人员。到20世纪30年代，全教区有堂会5处，教会30个，

---

① 蒋明志：《原北关基督教会》，载政协沈阳市大东区委员会文史资料研究委员会编印《大东文史资料》第5辑，1991年版，第107—108页。

② 满洲基督教联合会编：《满洲基督教年鉴》，满洲基督教联合会1938年版，第77页。

③ 李毅：《开原县志》全四册，成文出版社1974年版，第801页。

④ 满洲基督教联合会：《满洲基督教年鉴》，满洲基督教联合会1938年版，第93页。

⑤ 张德林：《银州区志》，辽宁人民出版社1991年版，第294—295页。

⑥ 李润田：《铁岭基督教会》，载政协铁岭市银州区委员会文史资料委员会编印《银州文史资料》第2辑，1986年版，第114页。

⑦ 李流芳：《铁岭县志》，辽沈书社1993年版，第645页。

男女传道员32名，信徒1710人。[①]

（9）阿城教区

1886年，苏格兰长老会传教士劳但理来到奉天，熟悉语言和东三省地方情况。1894年，劳但理偕医士荣卫廉同往双城，[②] 施医传教，租用民房设立了福音堂和礼拜堂，建立了黑龙江地区第一座基督教堂。[③] 1897年，劳但理赴阿城传教，在县城内南门里设教会1处。当时，因牧师劳但理常驻双城，故委托纪德仁为阿城守堂人。1899年，劳但理常驻阿城主持教会工作，修建了礼拜堂和牧师住舍。

1900年，慕达慰携何兴周赴阿城开设医院，未及营业，义和团运动兴起，传教士等纷纷逃避，教会被毁。义和团运动失败后，传教士又卷土重来，恢复原有教会，并在周边地区分设教会。1906年，劳但理调任文会高中出任校长，毕德治由开原调驻阿城，继任牧师，又分立各处教会并设立学校，培养传道人员。民国年间，阿城县境有牧师4人，男女各2人，信徒360余人，成立教会中小学各1处，附设西医院1处。1929年，劳但理牧师回任阿城，教会发展迅速。[④] 后因教区地方辽阔，大有鞭长莫及之势。1936年，从阿城教区分立出丹绥教区。到20世纪30年代，两教区共有堂会10处，教会14个，传道员16名，信徒523人。[⑤]

（10）呼兰教区

1905年，苏格兰长老会派毕德治牧师赴呼兰传教，因当时地方官吏不肯卖地给外国人建教堂，毕德治租房建立教会。至1908年始购得宅地，建立教堂。教堂落成后，毕德治牧师回阿什河，孙文彬到呼兰教会继任牧师，[⑥] 聘任中国传道人王永海做助手，先后设立呼兰、巴彦、西集镇、木兰、四站、通河等多处教会，呼兰遂发展为教区。孙文彬转职离任后，由

---

① 满洲基督教联合会编：《满洲基督教年鉴》，满洲基督教联合会1938年版，第71、93、79页。

② 哈尔滨市地方志编纂委员会编：《哈尔滨市志·宗教·方言》，黑龙江人民出版社1998年版，第100页。

③ 黑龙江省地方志编纂委员会编：《黑龙江省志·宗教志》，黑龙江人民出版社1999年版，第255页。

④ 阿城县志编纂委员会办公室编：《阿城县志》，黑龙江人民出版社1988年版，第649页。

⑤ 满洲基督教联合会编：《满洲基督教年鉴》，满洲基督教联合会1938年版，第84页。

⑥ 黄维翰：《呼兰府志》，呼兰县志办公室1983年版，第195页。

英人路士德牧师接任。[①] 长老会在呼兰建立教堂之际，还先后开办了广育学校、基督教男、女医院等附属事业。[②] 到20世纪30年代，全教区有堂会1处，教会10个，传道员13名，信徒226人。[③]

（11）新宾教区

又称兴京教区。1893年，罗约翰牧师派田福志传道于新宾堡。田牧师寄居旅舍2年多，仅有18人受洗入教。到1900年义和团运动前夕，相继于永陵、旺清门、通化县、清原县黑牛、都督伙落、辑安县、花甸子、苇沙河等地设立教会。义和团运动时期，教会皆遭破坏。[④] 义和团运动平息以后，各处教会纷纷复立，至1910年境内基督教徒已有900余人。1918年，兴京教区有教堂3处，教会7所，牧师及神职人员18人。[⑤] 为了管理教区事务，1908年，区内所属教会传道人组织传道会，“讨论区内各会一切事工”。但因各会意见难以统一，决议无法实施。1918年秋，各会执事再次集会，将原来的传道会更名为联合会，每年定期召开会议，商讨教会发展事宜。1928年，联合会第十次集会时，决定成立董事会，“承议联合会难决事项，总揽全区所有事工”。次年，成立执行部，执行大会决议事项。[⑥] 1931年，因事工繁多，教区董事会下辖布道、财产、教育、经济4股，董事会也由7人增至15人，并兴办男、女学校、基督教施医院、粥厂等慈善事业。“九·一八”事变后，教务日衰，教区只剩新宾堡、永陵街、旺清门、都督4处教会，男、女教士8人，教徒198人。[⑦]

（12）法库教区

1885年，爱尔兰长老会傅多玛牧师由奉天遣人至法库售书布道，并设立临时教会。傅多玛每年巡视一二次，但因当时地方“人心固闭”，传道员又少训练，素质不高，教务发展缓慢。1887年，许文明奉派到法库任传道员，史载其人“擅辞令”，“亦博学士”，布道深受欢迎，“道日畅

---

① 哈尔滨市地方志编纂委员会编：《哈尔滨市志·宗教·方言》，黑龙江人民出版社1998年版，第101页。

② 黑龙江省地方志编纂委员会编：《黑龙江省志·宗教志》，黑龙江人民出版社1999年版，第255—256页。

③ 满洲基督教联合会编：《满洲基督教年鉴》，满洲基督教联合会1938年版，第85页。

④ 同上书，第83页。

⑤ 房守志主编：《新宾满族自治县志》，辽沈书社1993年版，第719页。

⑥ 满洲基督教联合会编：《满洲基督教年鉴》，满洲基督教联合会1938年版，第71页。

⑦ 房守志主编：《新宾满族自治县志》，辽沈书社1993年版，第719—720页。

达”。1897 年，倪斐德来法库任牧师之职，主持教务。“倪君性慈爱而活泼，有勇敢力，擅演讲才，尤注重社会事业，故都人士欢迎之”，[①] 教务发展迅速。教会选举许文明和商宝贤为长老，协助主持会务，在顾家房身、金家屯、大洼、通江口、辽源县、康平县等地先后设立教会。1900 年，义和团运动兴起，长老许文明等 5 人被杀，礼拜堂被焚，倪裴德牧师逃避，教徒解散，教会关闭。义和团运动以后，倪裴德牧师又重返法库，恢复教会，发展信徒。教会还先后设立施医院、崇德中学、纯贞小学、惠文书室、幼稚园和学道馆等社会事业辅助传教。1908 年，法库有基督教徒 864 人。次年，教会于法库小东门里路北修建了可容 800 余人的大礼堂。所属教会有团山子、麻子泡、方家屯、二牛所口、锁龙沟、望山堡、李祥窝棚、阿吉堡等处。1926 年，法库教会更名为中华基督教法库长老会，会内牧师有傅多玛、倪裴德、刘景文、尚景莲等，传教士有韩悦恩、汤沐恩及王恩文等 9 人，长老有商宝贤等 8 人，执事有常晓东等 25 人。在麻子泡、丁家房、五台子、大公主屯、柏家沟和团山子村设有 6 处支会，教徒 200 余人。全县最盛时期教徒达 1200 余人。[②]

（13）榆树教区

1890 年，盖雅各牧师偕刘文瑞到八家子传教，发展信徒 22 人。1891 年，于榆树县街设立教会。自 1898—1900 年间，先后于小山子镇、大新立屯镇、弓棚子、石头城、闵家屯、下洼子、土桥子、大八号、小城子、黑林子、四合城、水曲柳岗子、向阳山、冲河、罗圈沟等处设立教会。1913 年，成立榆树县教会，吉林牧师杜荣本主持基督圣礼仪式，由 7 名成员组成榆树县教会执事会，刘文瑞为第一任牧师。1915 年，在县城西门里建牧师住宅，原牧师住宅改为“妇女学道馆”。到 1917 年，教区所属五常县有 8 处教会，舒兰县有 5 处，扶余县有 2 处，榆树县有 9 处。[③] 1920 年，英国差会拨款，在牧师住宅后院建三栋砖木结构校舍，创办榆树县基督教私立文华学校。设小学班、高级班和中学班，以国家课本为教材，英籍教员米德竣教授中学班英文。闵家、五棵树、弓棚子、大八号、灰菜沟、下洼子、大新立屯、黑林子、土桥子、向阳泡、泗河城等地设有

① 满洲基督教联合会编：《满洲基督教年鉴》，满洲基督教联合会 1938 年版，第 95 页。

② 法库县地方志编纂委员会编：《法库县志》，沈阳出版社 1990 年版，第 517 页。

③ 满洲基督教联合会编：《满洲基督教年鉴》，满洲基督教联合会 1938 年版，第 82、100 页。

堂会，有教徒487人。[①] 到20世纪30年代，驻邑经理教区事务的西教士相继有孟宗原、纪礼备、杜荣本、米德峻、文安德、马心田等。全教区有堂会1处，教会13个，传道16名，信徒482人。[②]

（14）锦县教区

1874年，爱尔兰长老会牧师盖雅各从营口到锦州售书布道，曾在城内南街租房设立福音堂。[③] 其后盖雅各常来此售书传道，教务渐开。1885年，先后有邓福堂、高启隆、高起赫等受洗入教，遂于此正式建立教会。1891年，白多玛医师奉派来锦州设立医院，协助传教。自此到1900年前，相继创设兴城、绥中、义县、土城子、宽宏寺、沙后所、望海甸、高桥、锦西、新庄子、朝阳县等各教会，后将朝阳割归内地会。[④] 1900年，义和团焚毁了锦州教会和施医院。义和团运动平息后，教会重新建立。1905年，施医院重建后改名为妇婴医院。以后教会逐渐复兴并日益扩展。1907年，教会兴建礼拜堂，当时有信徒200多人。1910年，关东大会派爱尔兰人金济生来锦州管理育英女校。1914年，按立孔雨春为锦州堂会牧师，当时有信徒280多人、长老5人、执事8人。1916年，锦县教会选立华牧师1人，选举长老6人，城厢信教受洗者280人。福音堂旁设博览书社，为接待阅览书报处，院内附设育三两等小学校，并在东关双岔子设施医院。锦县境内时有4处支会，一在小凌河西太平街，有传教士11人，执事3人，受洗信徒20人；一在东荒地，有传教士1人，执事2人，受洗信徒30人；一在马家口子，有传教士1人，执事3人，受洗信徒25人；一在锦义交界之余积屯，有传教士1人，执事2人，受洗信徒27人。[⑤] 1928年，教区成立董事会，下设经济委员专理财政，后又组织学校理事会管理校务。1931年，关东大会又将3个中会扩大为8个中会，锦县教区辖属营锦中会。到20世纪30年代，全教区有堂会2处，教会19

---

① 榆树县志编纂委员会编：《榆树县志》，吉林文史出版社1993年版，第867页。

② 满洲基督教联合会编：《满洲基督教年鉴》，满洲基督教联合会1938年版，第83页。

③ 锦州市地方志编纂委员会办公室编：《锦州市志·综合卷》，中国统计出版社1994年版，第525页。

④ 满洲基督教联合会编：《满洲基督教年鉴》，满洲基督教联合会1938年版，第81、131页。

⑤ 陆善格：《锦县志》全三册，成文出版社1974年版，第1020页。

个，传道员 31 人，信徒 1299 人。[①]

（15）营口教区

营口为东北基督教发轫之地，苏、爱长老会的传教士都是由此登陆并逐渐深入东北腹地。这里是东北最早建立基督教堂的地区之一。1869 年，爱尔兰长老会最先在这里开展工作。1872 年，苏格兰长老会的传教士亦相继到达这里，购地筑室，驻足传教。1900 年以前，两会相继在这里建立了众多教会。1881 年，分设盖平县教会，有鞠廷玉、武殿魁、王国章相继于此传道。1883 年，分设田庄台、富家庄、新开河、台安县、博洛铺、达都牛录堡、西佛牛录、沙岭、复县、熊岳等教会。此后，原属北镇教区的盘山县、高升镇等地教会亦划归本区管辖。义和团运动期间，各地教会受害甚大。运动过后，各地方教会又相继重建。1911 年以后，教会日益兴盛，各地教会纷纷自请牧师，并分设支会。大石桥教会分设虎樟屯、平二房、汤池、板子屯等支会。复县亦分设复州湾、长兴岛、松树、万家岭等支会。营口分设东双台子、大高坎、万福庄等支会。到 20 世纪 30 年代，营口教区有堂会 5 处，教会 24 个，男女信徒 3145 人，男女传道员 45 人。[②]

（16）长春教区

1886 年，爱尔兰长老会傅多玛牧师差白日新、曾继述来长春创立教会。三年后，赵凤鸣等人受洗入教。1892 年，纪礼备教士、高积善医士驻长春施医布教。相继在城内南街、东三道街、西三道街、北门里等处建立会舍。并在教会地址修建牧师府，创办施医院。[③] 庚子前，伊通县、怀德县、农安县、朱家城子、赫尔苏等处教会亦次第设立。1900 年 7 月，长春兴起义和团运动，在长春的英国教牧人员撤往俄国，长春基督教会和教会医院的建筑物被毁。吉林地方庚子赔款后，英国传教人员返回长春，重整教会。1907 年，创立萃文学校。1908 年，伊通县堂会请庄振声为牧师，设二道河、夹信子两教会，并收火石岭教会。1920 年，何兴周任伊通县牧师。1922 年以后，长春亦相继请陈明善、史世良为牧师。到 20 世

---

① 满洲基督教联合会编：《满洲基督教年鉴》，满洲基督教联合会 1938 年版，第 70、81 页。

② 同上书，第 74—75 页。

③ 长春市地方志编纂委员会编：《长春市志·少数民族·宗教志》下卷，吉林人民出版社 1998 年版，第 167 页。

纪30年代，教区有堂会2处，教会12个，传道员24名，信徒785人。①

表2—3 长春地方基督教会分布（1886—1931）②

教区	名称	地址	创办人	创立年代
长春教区	区　会	长春西五马路	傅多玛（英）	1931
	长春教会	长春西五马路	傅多玛（英）	1886
	农安镇教会	农安县城南门外	张振汉	1921
	双城堡教会	农安县双城堡村		清代
	德惠镇教会	德惠县城内	张云阁	1925
	朱家城子教会	德惠县朱家城子村	李维华	1901

（17）海龙教区

苏格兰长老会传教士罗约翰在营口登陆以后，为了考察东北地区的传教环境，经常从营口出发，到东北腹地游行布道。期间，曾到海龙一带传教，是为基督教传教士最早到达海龙地区。1886年，魏雅各牧师由清河沟至海龙复至吉林传布福音。继有英雅各牧师，常往游历，兼以布道。而经常在本地布道的是盲人常森③，他为基督教在海龙地区的传播作出了突出贡献，资料记载，他“终身为本教区传道之健将，首次在得胜沟受罗约翰牧师之洗者，皆为常君所引之人”。④ 1893—1900年，苏格兰长老会先后在大坑、山城镇、朝阳镇、柳河县、海龙县、太平河、磐石县等地建立教会。1909年，谭文纶教士驻朝阳镇，两年后，戴兴邦教士接替，设立男女学校，雍维邻医士亦来此创立医院，教务日渐兴盛。1923年，西教士及医士迁居县城。到20世纪30年代，全教区有堂会4处，教会17

① 满洲基督教联合会编：《满洲基督教年鉴》，满洲基督教联合会1938年版，第82页。

② 长春市地方志编纂委员会编：《长春市志·少数民族·宗教志》下卷，吉林人民出版社1998年版，第163页。

③ 《满洲基督教年鉴》一书记载为常森《奉天三十年》一书译者根据音译为张臣、张琛，或常臣、常琛等，《满洲基督教年鉴》记载应更准确，故本书采用常森。满洲基督教联合会编：《满洲基督教年鉴》，满洲基督教联合会1938年版，第80、97页；［英］杜格尔德·克里斯蒂：《奉天三十年（1883—1913）——杜格尔德·克里斯蒂的经历与回忆》，张士尊等译，湖北人民出版社2007年版，第102页。

④ 满洲基督教联合会编：《满洲基督教年鉴》，满洲基督教联合会1938年版，第96页。

个，传道员 21 人，信徒 1103 人。[①]

2. 堂会和支会

教区之下是堂会，根据长老会大会组织法规定：堂会由若干支会所选派的代表组织而成，不分男女及长老非长老。[②] 负责管理所属支会教务。支会为教会最基层的组织，是教会所在地教徒聚会礼拜之所。据相关资料统计，1917 年，爱尔兰长老会在东北地区建立了营口、锦州、新民、奉天、广宁、法库及宽城子、吉林、榆树厅 9 处总堂，15 个支堂，苏格兰长老会则有奉天、海城、辽阳、永陵、开原、铁岭、朝阳、阿什河、三姓、呼兰 10 处总堂，33 个支堂。[③] 而据《中华归主——中国基督教事业统计（一九〇一——一九二〇）》记载，1920 年前，爱尔兰和苏格兰两个长老会在东北建立总堂数为 18 个。[④] 记述和前者略有出入。原来，在 1917—1920 年间，原属锦县教区的朝阳堂会后来"割归内地会"。[⑤] 这样，两个材料的统计就吻合了。随着教务的发展，在 20 世纪 30 年代前，爱尔兰长老会与苏格兰长老会在东北的堂会达到 69 处，支会 240 个。[⑥]

二　加拿大长老会的教会组织

加拿大长老会在中国东北地区的教会组织由教区和教会组成。教区是教会的领导机构，负责领导教区内所属教会的传教工作，由加拿大海外传教本部任命牧师主管教区工作。教会为传教的基层组织，由教区派遣传道人员负责组织教会的活动。从 20 世纪初至 30 年代，加拿大长老会在东北地区共开辟了两个教区，即平齐教区和龙井传教部。

1903 年，加拿大长老会传教士巴克尔等人从朝鲜半岛进入珲春、龙井一带传教。1912 年成立传教部，相继修建教堂、住宅、医院、学校等，

① 满洲基督教联合会编：《满洲基督教年鉴》，满洲基督教联合会 1938 年版，第 80 页。

② 庄振声：《关东大会》，载中华基督教会全国总会编印《中华基督教会全国总会第二届常会纪念册》，1930 年版，第 222 页。

③ 黄光域：《近代来华新教差会综录（上）》，载中国社会科学院近代史研究所近代史资料编辑部《近代史资料》总 80 号，中国社会科学出版社 1992 年版，第 94、96 页。

④ 中华续行委办会调查特委会编：《中华归主——中国基督教事业统计（一九〇一——一九二〇）》中卷，中国社科院世界宗教研究所译，中国社会科学出版社 1987 年版，第 639 页。

⑤ 满洲基督教联合会编：《满洲基督教年鉴》，满洲基督教联合会 1938 年版，第 81 页。

⑥ 庄振声：《关东大会》，载中华基督教会全国总会编印《中华基督教会全国总会第二届常会纪念册》，1930 年版，第 222 页。

在周边地区发展朝鲜族信徒。1921 年，所属教会并入“间岛”长老会(1925 年易名东满长老会)。①

1927 年 2 月，加拿大长老会总部差派古约翰和瑞阿克牧师从河南彰德到四平街开辟传教区。次年，瑞阿克牧师去洮南建立教会。② 加拿大长老会便以四平街和洮南为中心向周边地区发展会务。1930 年，加拿大海外传教本部决定，在中国东北地区分设南部教区和北部教区，办事机关分别设在四平街和洮南，负责人为古约翰和瑞阿克。1933 年，两教区合并，全称平齐教区，由古约翰牧师负总责。③

表 2—4 1931 年前加拿大长老会创设教会一览④

教会地名	创设年代	创办或发起人
四平街市	1927	古约翰
洮南	1928	姜乐亭
通辽中街	1928	顾恩
辽源鱼市街	1929	古约翰
开鲁	1929	未详
鹭鹭树	1929	葛玉英
洮安	1929	苏道生
泰来县	1930	唐君可
塔子城	1930	张殿甲
公主岭	1931	高载福

三 朝鲜族长老会的教会组织

朝鲜族长老会在东北地区的教会组织分为总会和分会两级。从 20 世纪初到 20 世纪 30 年代，朝鲜族长老会在东北地区建立了 3 个总会，即南满长老会、东满长老会和奉天长老会，分别领导所属分会。南满长老会成

① 吉林省地方志编纂委员会编：《吉林省志·宗教志》，吉林人民出版社 2000 年版，第 318 页。

② 满洲基督教联合会编：《满洲基督教年鉴》，满洲基督教联合会 1938 年版，第 145 页。

③ 吉林省地方志编纂委员会编：《吉林省志·宗教志》，吉林人民出版社 2000 年版，第 316—317 页。

④ 满洲基督教联合会编：《满洲基督教年鉴》，满洲基督教联合会 1938 年版，第 215 页。

立于1920年，办事机关设在海龙教会。东满长老会成立于1921年，初名“间岛”教会，后易名为东满长老会，办事机关设在龙井教会。奉天长老会成立于1935年，办事机关设在长春。[①]

表2—5　　解放前沈阳地区朝鲜（族）基督教会[②]

教会名称	创建时间	地址	创建人
吴家荒教会	1913	于洪区大兴乡沙岗子	白英基
公太保教会	1914	新民县胡台乡红旗村	李应华
高丽屯教会	1914	于洪区造化乡	李应华
西塔教会	1915	和平区市府大路33号	金善德
沙岭教会	1916	于洪区沙岭镇	李应华
板桥子教会	1917		尹永淳
北陵教会	1932	于洪区北陵乡	郑云鹤
满融屯教会	1932	东陵区浑河站乡	李应华
中央教会	1932	和平区北市	黄圣泽

表2—6　1931年前朝鲜族长老会南满长老会吉林境内教会统计情况[③]（单位：个）

教会名称	成立年代	传道人数	信徒人数
磐石县教会	1896		250
磐石县烟筒山教会		1	200
磐石县呼兰村教会		1	80
磐石县吉昌村教会			120
磐石县八棵树教会			50
通化县教会		1	350

① 吉林省地方志编纂委员会编：《吉林省志·宗教志》，吉林人民出版社2000年版，第319—320页。

② 沈阳市人民政府地方志编纂办公室编：《沈阳市志（十六）社区·人民生活·民政·少数民族·宗教·风俗·方言》，沈阳出版社1994年版，第349页。

③ 吉林省地方志编纂委员会编：《吉林省志·宗教志》，吉林人民出版社2000年版，第321—322页。

续表

教会名称	成立年代	传道人数	信徒人数
通化县金斗伙村教会		1	80
通化县砬峰村教会			80
通化县快大茂村教会			200
通化县江甸子教会	1909		200
通化县霸王朝村教会			150
柳河县教会	1931	1	120
柳河县三源浦教会	1914	1	350
柳河县五道沟教会		1	70
柳河县蓝山村教会			80
柳河县鱼亮子村教会			100
柳河县安口镇教会			40
东丰县横道河子教会	1914		70
永吉县取叶河教会			70
辉南县教会		1	80
海龙县教会	1920	1	195
海龙县朝阳镇教会	1931	1	60
海龙县永济村教会			80
海龙县山城镇教会	1922	1	572
海龙县大荒沟教会		1	120
海龙县文官巷教会		1	70
海龙县杨树河子教会			20
桦甸县教会		1	250
桦甸县集昌教会			110
辑安县花甸子村教会	1928		200
辑安县久财源教会			150
辑安县苇沙河教会		1	150
辑安县太阳岁教会			120
辑安县四平街教会			50

表 2—7　1931 年前朝鲜族长老会东满长老会吉林境内教会统计情况①　（单位：个）

教会名称	成立年代	传道人数	信徒人数
延吉县中央教会	1915	2	650
延吉县文化洞教会			40
延吉县帽儿山教会	1917		150
延吉县卧龙洞教会		1	145
延吉县八道沟教会	1925	1	125
延吉县舞凤村教会			95
延吉县桃源屯教会		1	40
延吉县太平洞教会			40
延吉县土山子教会			25
延吉县九龙坪教会		1	70
延吉县朝阳村教会			25
延吉县莲花洞教会			40
延吉县合成里教会		1	80
延吉县中兴村教会		1	60
延吉县古城子教会		1	15
延吉县福兴洞教会		1	70
龙井县中央教会	1905	1	905
龙井县东山教会	1920	1	850
龙井县土城堡教会	1920	1	350
龙井县龙井洞教会		1	120
龙井县合成利教会			80
龙井县铜佛寺教会	1917	1	60
龙井县老头沟教会			105
龙井县明东教会	1909	1	250
龙井县头道沟教会			180
龙井县中南沟教会	1927		25
龙井县藏恩坪教会	1912		125
龙井县北大地教会	1931		70

① 吉林省地方志编纂委员会编：《吉林省志·宗教志》，吉林人民出版社 2000 年版，第 322—325 页。

续表

教会名称	成立年代	传道人数	信徒人数
龙井县八家子教会	1923	1	150
和龙县东厂子教会		1	30
和龙县大砬子教会	1909	1	120
和龙县杨木亭教会	1906		30
和龙县下水永子教会			35
和龙县忠信场教会	1924	1	350
和龙县太阳洞教会			95
和龙县南阳坪教会	1925		60
和龙县满真基教会	1924		52
珲春县马滴达教会	1924	1	80
珲春县东兴镇教会	1930	1	200
珲春县金塘教会	1915		45
珲春县九沙坪教会	1915	1	80
珲春县玉泉洞教会	1915		40
珲春县五道沟教会		1	30
珲春县马家店教会			50
珲春县马川子教会			25
珲春县红旗河教会	1917	1	25
珲春县车大人沟教会	1913		15
珲春县春耕村教会		1	20
珲春县土门子教会		1	30
珲春县浦恩洞教会	1915		15
珲春县龙牧洞教会			50
珲春县西阿山教会	1921		30
珲春县中央教会	1912	1	520
珲春县哈达门教会		1	350
珲春县电线村教会	1912	1	120
珲春县新丰教会			15
永吉县乌拉街教会			40
永吉县大屯教会			10
安图县大沙河教会		1	35

续表

教会名称	成立年代	传道人数	信徒人数
安图县金化屯教会			30
安图县两江口教会			25
安图县明月沟教会	1918	1	650
安图县水东教会			130
安图县茶条沟教会			180
安图县柳树沟教会			65
安图县县城教会	1918	1	70
安图县十骑街教会		1	40
安图县大甸子教会			50
汪清县四道荒沟教会			95
汪清县芳草岭教会			30
汪清县百草沟教会	1924		190
汪清县大兴沟教会		1	200
汪清县县街教会	1928		120
汪清县蛤蟆塘教会	1911	1	250
汪清县鹿道教会			40
汪清县腰子沟教会			50
汪清县西粘仓沟教会			50
汪清县烟筒砬子教会	1912		40
汪清县北蛤蟆塘教会		1	60
汪清县红松沟教会			20
汪清县春耕村教会			50
舒兰县四家房教会		1	20
舒兰县山河屯教会			64
舒兰县龙头山教会		1	60
蛟河县车站教会		1	50
蛟河县杉松教会			80

续表

教会名称	成立年代	传道人数	信徒人数
蛟河县额穆赫教会	1921		140
扶余县新站教会			90
扶余县小城子教会			65
白城县平安站教会		1	210
通榆县福安屯教会			100
大安县两家站教会			70

第二节　其他统系的基督教会组织

一　丹麦路德会

（一）教会组织体系沿革

丹麦路德会在中国东北的教会组织机构也是随着教务的发展而逐渐完善起来的。鉴于传教区域的不断扩大，为了便于联系，1915 年，路德会设立临时教务中心，作为各教会的联络机关。1923 年，设立临时中会，筹备建立教会领导组织机构事宜。1923 年 9 月，在凤城召开正式大会。会议订立了大会简章，同时取消路德会的名称，改为信义会，称为基督教信义会。决议大会为本信义会高等机关，每两年召集一次，会员按信徒多少比例推选，无定额。职员 6 人，除会正、副会正外，皆系临时性质，至会散为止。大会之下设立中会，作为大会的常设执行机关，每年例会两次，聚集商酌各教区事宜。① 中会之下于各地设立教区，负责本区内教务。地方基督教会简称为督会，从当地牧师和信徒中选出 9—11 人组成执事会，协助牧师管理教会事务。②

（二）主要教区

据相关资料统计，在 20 世纪 30 年代之前，丹麦路德会在中国东北地区共设立了 15 个教区。详见下表：

① 满洲基督教联合会编：《满洲基督教年鉴》，满洲基督教联合会 1938 年版，第 181—182 页。

② 吉林省地方志编纂委员会编：《吉林省志 · 宗教志》，吉林人民出版社 2000 年版，第 326 页。

表 2—8　　东北基督教信义会教区统计情况（1931 年前）①

教区地名	创设年代	创立或发起人
旅顺	1896	贾恩高
大孤山	1896	陈乐实、聂乐信等
岫岩	1898	孙信爱
凤城	1899	安世恩
金州	1900	谢恩荣、金济生
安东（丹东）	1902	陈景升、邵若林
宽甸	1906	邢君选
桓仁	1909	王海山、王肇传等
大连	1910	张君选、王景堂等
绥化	1911	殷鸿基
滨江（哈尔滨）	1912	卫品三、克玉书
普兰店	1913	刘崇真、曲延逵
扶余	1917	尚得光、罗德亮
长春	1923	谭荣光、许世光
临江	1924	周湘泉、程占元

为了对丹麦路德会在近代东北地区建立的教区有一个全面的了解，现将各教区建立及发展情况分述如下：

1. 旅顺教区

1896 年 10 月 5 日，外德劳在旅顺口租用民房三间，设堂传教。以后，相继在水师营、土城子、胡家村、鸦鸬嘴等地设立教会。1914 年，在旅顺购买楼房一处，作为礼拜堂。1915—1932 年，在旅顺口任职的牧师有齐心志和于承恩，传道人有慕明星（女）、季天申、费墨林及温廉波（女）等人。在其他福音堂的传道人有解淑月（女）、袁毓善、阎贵荣、穆方策、刘用德、贾桂珍（女）、贾恩廷、胡德亮、刘用心、朱洪昌、王长永、曲珍光（女）、丁雅贞（女）等。②

① 满洲基督教联合会编：《满洲基督教年鉴》，满洲基督教联合会 1938 年版，第 211—212 页。

② 王德良：《旅顺基督教会追忆》，载政协辽宁省大连市旅顺口区委员会文史资料委员会编印《旅顺口文史资料》第 1 辑，1992 年版，第 13 页。

表 2—9 旅顺教区教堂一览①

教会名称	教堂地址	建立时间
旅顺口教会	旅顺黄河路	1896
鸦鸬嘴教会	鸦鸬嘴河北村	1927
胡家村福音堂	双岛乡胡家村	1917
水师营福音堂	水师营	1910
土城子福音堂	三涧堡镇	1912

2. 大孤山教区

1895 年，丹麦路德会牧师柏卫与陈乐实一起到大孤山传教。翌年，于此建立教会。② 1898 年，聂乐信女士抵达大孤山，在西街设立诊所，施医传教。每天问诊者少则二三十人，多则近百人，由于治愈者较多，影响甚大。教务日渐发展，教会便以孤山为中心，在周围设立了若干分会。民国初期，教会组成理事会，柏卫任理事兼牧师，聂乐信、卜士温、陈乐实 3 人任理事兼传教士，此外，理事会中还有夏德慧、宋占一、李海天 3 名中国理事。③

表 2—10 孤山基督教路德会分会统计情况④ （单位：个）

会址	驻会传教人	传教士	信徒人数
庄河县宫衙街	范桂成	2	156
庄河县青堆子镇	刘太和	2	121
庄河县王家沟	吴焕新		60
凤城县龙王庙街	姜成一	2	64
凤城县黄土坎镇	刘长相	2	60
凤城县马家岗夏家屯		1	20
庄河县孤山镇西关	柏卫		350
庄河县孤山镇东关	聂乐信		460

① 王德良：《旅顺基督教会追忆》，载政协辽宁省大连市旅顺口区委员会文史资料委员会编印《旅顺口文史资料》第 1 辑，1992 年版，第 15 页。

② 辽宁省地方志编纂委员会办公室编：《辽宁省志·宗教志》，辽宁人民出版社 2002 年版，第 190 页。

③ 许敬文主编：《东沟县志》，辽宁人民出版社 1996 年版，第 253 页。

④ 同上。

3. 岫岩教区

1898 年，吴乐信牧师奉丹麦路德会差遣抵达岫岩，在城内东小什字街租用民宅布教。1901 年，改租正街火神庙胡同口路西民宅四间作福音堂，后又在火神庙胡同中间南侧建立小楼两栋，作牧师府。1909 年，在火神庙胡同中段南侧购得地基一处，建立正式福音堂。1916 年，成立岫岩基督教信义会，隶属安东（今丹东）基督教信义会，下设尖山窑（大营子镇）、松贞村（哨子河乡）、徐家限子（庄河境内）3 个支会。① 后又相继建立礼拜堂、三育小学和教会医院。② 岫岩教会继吴乐信之后的丹麦牧师有罗德亮、袁喜播、韩设科，丹麦传教士马宝珍（女）、潘教士等，中国牧师洪玉成及传教士杜道生、姜善堂、侯玉贵（女）等。③

4. 凤城教区

1899 年，丹麦牧师李格非来到凤城，创办教会。1907—1911 年间，先后建立了 7 个乡村支会，即通远堡、草河口、边门、大堡、石城、周家堡、鸡冠山，各支会负责人分别是杨女英（女）、李有声、康淑杰（女）、郝贵新、何崇群、周淑清、由殿元。④

5. 金州教区

1900 年，外德劳与阎兴纲来金州传教，于城内东街成立教会，隶属大连教会。后来，丹麦女传教士金济生来到金州，主堂传教。1923 年，金州镇建立正式教堂。1929 年，金州教会独立，下设董家沟鹿圈子村和三十里堡两处分会。⑤

6. 安东教区

1900 年，于承恩牧师到安东传教，因没有固定场所，无人入教。1902 年，经当地士绅索景昌介绍，借得元宝山商会土地建房 5 间作为

---

① 辽宁省地方志编纂委员会办公室编：《辽宁省志·宗教志》，辽宁人民出版社 2002 年版，第 190 页。

② 岫岩县志编辑部编：《岫岩县志》，辽宁大学出版社 1989 年版，第 150 页。

③ 辽宁省地方志编纂委员会办公室编：《辽宁省志·宗教志》，辽宁人民出版社 2002 年版，第 191 页。

④ 同上。

⑤ 大连市金州区地方志编纂委员会办公室编：《金县志》，大连出版社 1989 年版，第 725 页。

"礼拜堂"，正式设堂传教。① 其后，教会又陆续创办医院、学校、育婴堂、劈柴沟神学院等，② 教务日益发达。1914 年，在元宝山前购得地基，建造了可容纳数百人的大礼拜堂。1921 年，又在金汤街设讲书堂。大东沟、九连城、六道沟等处先后设立教堂，每星期日有牧师宣讲教义。至 1931 年，安东县内基督教会及附属机构有：安东基督教会（附设三育小学、医院）、安东基督女教会（附设文化女学校、幼稚园、育婴堂、女医院）、福音堂、大东沟基督教堂、九连城基督教堂、六道沟基督教堂、安东基督教青年会等。③

7. 宽甸教区

1906 年，丹麦人颜深义、韩设科两牧师在宽甸县城设堂传教，时有讲堂 5 间，教员室 1 间，自修室 2 间，为基督教活动中心，县民入教 144 人。1912 年，韩设科、姜长福又在太平哨街设福音堂 1 处。④ 全境时有教徒 300 人，其中男 226 人，女 74 人。后殷深基和沙甭令牧师分别在长甸河口与小蒲石河街分设支会，王光俊、于天光等为宣教士。至 20 世纪 30 年代，全县有教会 3 个，男、女布教者 7 人，信徒 251 人。⑤

8. 桓仁教区

1909 年，宽甸教会牧师颜深义到桓仁立会传教，先后发展李才、朱志清、王复生及其家属入教，之后逐步发展信徒。后丹麦籍牧师贺光云到桓仁主持教务，在朝阳街购得 30 余间房屋，正式成立桓仁基督教会，并从宽甸调赵云斋、宫美德等教士来此相助，设教堂于县城东关。教会日渐昌盛，信徒广播，桓仁县城的四个街道，沙尖子、五里甸子、拐磨子、北甸子、业主沟、二户来等地的 16 个村都有信徒。⑥ 1915 年，成立桓仁基

① 《丹东基督教与礼拜堂》，载政协丹东市元宝区委员会文史资料委员会编印《元宝文史资料》第 1 辑，1989 年版，第 156 页。

② 辽宁省地方志编纂委员会办公室编：《辽宁省志・宗教志》，辽宁人民出版社 2002 年版，第 190 页。

③ 许敬文主编：《东沟县志》，辽宁人民出版社 1996 年版，第 253 页。

④ 辽宁省地方志编纂委员会办公室编：《辽宁省志・宗教志》，辽宁人民出版社 2002 年版，第 191 页。

⑤ 宽甸县志编纂委员会编：《宽甸县志》，辽宁科学技术出版社 1993 年版，第 739 页。

⑥ 初传庸：《基督教在桓仁的兴衰》，载政协辽宁省桓仁县委员会文史资料委员会编印《桓仁文史资料》第 2 辑，1987 年版，第 86—87 页。

督教沙尖子分会，先后由綦会国、肖锡山任会长。1916 年，丹麦人李格非任教会牧师，传教士有张志芳、齐玉信、佟春荣、侯全等人。1919 年，宽甸教会牧师袁喜播转任桓仁教会，王复生、张子芳、王允之、李规真任传教士。[①] 1929 年，桓仁县城教会有教徒 160 人，沙尖子分会有教徒 20 人。[②]

9. 大连教区

1896 年，外德劳牧师在旅顺口立足传教后，经常前往大连布道。1902 年，他在甘井子区设立聚会点，此为大连信义会之雏形。1910 年，外德劳由旅顺来大连定居，在斯大林路租房作为教堂，成立信义会，自任大连教会第一任牧师。1913 年，阎兴纪和侯执盛被封立为中国牧师，阎兴纲被立为传道人。[③] 同年，北京街礼拜堂兴工，1914 年秋落成，大连信义会迁入，称为大连西岗基督教信义会。后又相继设立寺儿沟、西岗菜市、大龙街及沙河口王阳街等处福音堂，此外，在小平岛、大连湾、侯家沟、甘井子等处设有聚会点。大连信义会时有中外教牧人员 4 人，即牧师外德劳、阎兴纪、侯执盛，传道员阎兴纲。[④] 1927 年前后，阎兴纪牧师到中革镇堡传教，发展教徒，并由教徒捐献民房三间作为教堂，成立革镇堡基督教会，由范某负责。在此前后，随着教徒的发展，又建立甘井子教堂，作为教徒宗教活动场所。[⑤]

10. 绥化教区

1911 年，丹麦信义会牧师马德良来到黑龙江，建立了绥化教区。[⑥] 1922 年，殷深基牧师来此主持教务，并在北三道街新建教堂 1 处，当时有教徒 200 余人。[⑦]

---

① 辽宁省地方志编纂委员会办公室编：《辽宁省志·宗教志》，辽宁人民出版社 2002 年版，第 192 页。

② 桓仁县地方志编纂委员会编：《桓仁县志》，方志出版社 1996 年版，第 779 页。

③ 王德良：《大连基督教》，载政协大连市西岗区委员会文史资料委员会编印《西岗文史资料》第 2 辑，1990 年版，第 67 页。

④ 辽宁省地方志编纂委员会办公室编：《辽宁省志·宗教志》，辽宁人民出版社 2002 年版，第 191 页。

⑤ 大连市甘井子区地方志编纂委员会编：《甘井子区志》，方志出版社 1995 年版，第 750 页。

⑥ 黑龙江省地方志编纂委员会编：《黑龙江省志·宗教志》，黑龙江人民出版社 1999 年版，第 257 页。

⑦ 黎成修：《绥化县志》，黑龙江人民出版社 1986 年版，第 433—434 页。

11. 滨江（哈尔滨）教区

1912 年，丹麦信义会马德良牧师来到哈尔滨，先在傅家甸同发头道街设祈祷处，后在卫品三医生帮助下，开设福音堂。随着教务发展，又相继设立了哈尔滨市许公路教会、香坊教会、道外保障街女福音堂、道外正阳街十六道街男福音堂、肇东、肇州、丰乐镇、望奎、庆安、铁力、四方台、兴隆镇、绥棱、海伦等处教会和福音堂，还在哈市道外保障街开办一所三育小学校。①

12. 普兰店教区

1913 年，丹麦路德会在普兰店街设立教会布道。1935 年，由丹麦基督教会捐款，在普兰店和平街建房 15 间，作为基督教堂，由教士主持教会活动。②

13. 扶余教区

民国初年，丹麦牧师颜深义来扶余县传教，1917 年，在东街设立教会。1940 年初，教区有教会 1 处，分会 1 处，福音堂 1 处，传道人 13 名，信徒 282 人。③

表 2—11　1931 年前中华基督教信义会扶余教区所属教会统计情况④

教区	教会名称	创立年代
扶余教区	扶余县东北营子教会	1917
	扶余县三清胡同女福音堂	
	大赉县礼全街教会	1915

14. 长春教区

1923 年 10 月 20 日，丹麦人雍立德牧师在长春日本“南满铁路附属地”富士町，创立信义会临时教会，相继向德惠、九台一带发展信徒。1924 年 5 月 1 日，在长春东三道街 217 号租赁房屋 6 间，创立长春福音

① 黑龙江省地方志编纂委员编会：《黑龙江省志·宗教志》，黑龙江人民出版社 1999 年版，第 257 页。

② 新金县地方志编纂委员会办公室编：《新金县志》，大连出版社 1993 年版，第 642 页。

③ 吉林省地方志编纂委员会编：《吉林省志·宗教志》，吉林人民出版社 2000 年版，第 327—328 页。

④ 同上书，第 328 页。

堂，信徒111人。1925年2月14日，在长春商埠地的长通路86号租赁地基，1927年秋建房17间，做为信义会长春教区和长春教会会所，临时教会关闭，改为福音堂。[①] 在1931年前，教区辖有长春长通路、宽城子、三道街3处教会和福音堂、德惠县四道街、城子街2处教会和九台县义路街1处教会。

表2—12 1931年前中华基督教信义会长春教区所属教会统计情况[②]

教区	教会名称	创立年代
长春教区	长春长通路教会	1927
	长春宽城子福音堂	1923
	长春东三道街福音堂	1924
	德惠县四道街教会	1925
	德惠县城子街教会	1931
	九台县义路街教会	1929

15. 临江教区

1925年8月，柏卫和路德惠牧师来到临江，在当地传道人赵恒多的协助下设立福音堂，立会布道。其后，又相继修建教堂、牧师府和钟楼。1931年前，教区辖有临江县文成街和长白县西市街2处教会。

表2—13 1931年前中华基督教信义会临江教区所属教会统计情况[③]

教区	教会名称	创立年代
临江教区	临江县文成街教会	1925
	长白县西市街教会	1927

二 监理会

在组织制度上，监理会由各教会和教职者共同选举总负责人，再由总

① 长春市地方志编纂委员会编：《长春市志·少数民族·宗教志》下卷，吉林人民出版社1998年版，第175页。

② 吉林省地方志编纂委员会编：《吉林省志·宗教志》，吉林人民出版社2000年版，第328页。

③ 同上。

负责人任命各教会的牧师，并指定传教区域。同时，组织“年会”指导宗教活动。[①] 监理会来东北布道的传教士分别来自美国南、北监理教会朝鲜宣教年会和美国南监理会上海堂会，所以他们在东北的传教活动分别归属各自的教会，组织并不统一。

20 世纪初开始，美国南、北监理教会朝鲜宣教年会相继从朝鲜半岛进入东北的延边、图们一带，在朝鲜族中发展信徒。1920 年，南监理教会成立中国东北地区美国监理公会“间岛”地方宣教年会，梁柱三和奇义男两位牧师分别管理总务与教务。

1930 年 12 月，在朝鲜的美国北监理会朝鲜年会与南监理会朝鲜年会合并，统称为基督教朝鲜监理会，本部称总理院，驻汉城，梁柱三为首任总院师（第三次总会时改称监理），决定将中国东北地区的美国北监理会满洲地方年会与南监理会“间岛”地方年会合并，称为监理教会满洲宣教年会，领导机关设在长春。1931 年 12 月，在龙井召开的监理教会满洲宣教年会第一次会议上，选举梁柱三为年会会长，并成立教育、农村两个委员会。[②]

表 2—14 1931 年前基督教朝鲜监理会满洲宣教年会在吉林地区教会统计情况[③]

教会名称	成立年代
蛟河县新站教会	1920
长春市教会	1921
吉林市教会	1921
龙井县教会	1922
延吉县河东屯教会	1922
延吉县头道沟教会	1922
延吉县二道沟教会	1922
安图县明月沟教会	1922
安图县小明月教会	1923
珲春县东兴镇教会	1923
延吉县大和路教会	1924

① 金泽：《吉林朝鲜族》，吉林人民出版社 1993 年版，第 430 页。

② 吉林省地方志编纂委员会编：《吉林省志·宗教志》，吉林人民出版社 2000 年版，第 333 页。

③ 同上书，第 334—335 页。

续表

教会名称	成立年代
珲春县九沙坪教会	1924
珲春县草坪教会	1924
汪清县百草沟教会	1924
汪清县大肚川教会	1924
汪清县石岘教会	1924
四平街北二条教会	1925
珲春县六道沟教会	1930
珲春县教会	1930
伊通县孤榆树教会	1931
图们街延吉路教会	1931

从上海堂会来东北传教的美国南监理教会传教士主要在哈尔滨一带活动。1924 年，霍约翰和竺规身牧师抵达哈尔滨建堂立会，[①] 不满两年，发展教徒 70 余人。[②] 1930 年，向外发展布道工作，在顾乡屯与中东铁路南线的苇沙河与北线的海拉尔等地共新建 3 处分会。[③]

三　浸信会

浸信会自 19 世纪 30 年代入华，到 20 世纪初期，相继开辟了以广州为中心的华南教区、以上海为中心的华中教区、以山东为中心的华北教区和以郑州为中心的华内教区。

由于地域毗邻，华北教区的传教士逐渐把教务扩展到东北地区。随着教务的发展，浸信会以长春为界把东北地区划分为南满浸会和北满浸会。[④] 南满浸会以大连为中心，包括营口、奉天等教会。北满浸会以哈尔滨为中心，相继在安达、密山、三江等地创设教区，在各地创立教会和福

① 满洲基督教联合会编：《满洲基督教年鉴》，满洲基督教联合会 1938 年版，第 176 页。

② 黑龙江省地方志编纂委员会编：《黑龙江省志·宗教志》，黑龙江人民出版社 1999 年版，第 262 页。

③ 哈尔滨市地方志编纂委员会编：《哈尔滨市志·宗教·方言》，黑龙江人民出版社 1998 年版，第 106 页。

④ 辽宁省地方志编纂委员会办公室编：《辽宁省志·宗教志》，辽宁人民出版社 2002 年版，第 196 页。

音堂20余处，传道人50余名，信徒2140人。①

浸信会各处教会均为独立性质，在组织上并无统属关系。为了互相提携、推进传教事业及灵修事宜，由各教会和福音堂选举代表组成议会，办理相互协作事宜。议会系一种联合关系之机关，“并无统制管理任何教会或福音堂之权”，所以浸信会内没有督会、堂会、总会、支会的区别。各教会自选执事办理会中庶务，并可由本会信徒中选举“有牧师恩赐者”，按立为牧师或传道员，负责教会传教事宜。20世纪30年代初之前，东北各地浸信会教会和福音堂，统属于浸信会华北议会。

表2—15　　1931年前北满基督教浸信会区内教会一览情况②

教会地名别	创设年代	创设或发起人
哈尔滨	1920	杨美斋
安达站	1927	栾马丁、甄素芝
珠河县	1927	栾马丁
马桥河	1927	栾马丁、于焕章
昂昂溪	1929	未详
密山	1929	栾马丁、李荫馥
佳木斯	1929	栾马丁、宫希临
小绥芬	1930	潘文斋、杨美斋
青岗县	1931	甄素芝、寇绶卿

四　安息日会

安息日会全球大总会设在美国，在世界各国设总会，总会以下设地区的联合会。20世纪初，安息日会传入中国后，于上海设立中华总会。③ 中华总会内部有会长、总干事、副总干事、布道部、宗教自由部、安息日学部、教会布道部、青年部、教育部、文字布道部、医药部、事务处、传道

① 长春市地方志编纂委员会编：《长春市志·少数民族·宗教志》下卷，吉林人民出版社1998年版，第179页。

② 满洲基督教联合会编：《满洲基督教年鉴》，满洲基督教联合会1938年版，第213页。

③ 沈阳市人民政府地方志编纂办公室编：《沈阳市志（十六）社区·人民生活·民政·少数民族·宗教·风俗·方言》，沈阳出版社1994年版，第343页。

协会等部门。在总会下面有学校、报馆、广播部、医院等附属事业。[①]

1914年，丹麦籍传教士白德逊受上海安息日会中华总会派遣，到奉天传教并建立教会。以后成立了东北联合会，白德逊自任会长，下设奉天、吉林、黑龙江3个区会。[②] 区会管理所属各教会。在1931年前，区会会长皆由外国传教士担任。

第三节　教会组织的特点及作用

一　教会组织的主要特点

和在信仰上源于一宗的天主教相比，东北地区的基督教会组织有着与其不同的鲜明特点：

（一）受本系统差会总部的领导或操纵

为了监督和协调全世界各修会和教派的活动，天主教于17世纪在梵蒂冈设立了一个专门机构——教廷传信部。在中国，传信部通过称为教皇代牧区的行政区进行活动，每个行政区由教皇代牧领导，他在教阶体制中属于主教一级。一般来说，教皇代牧区以省为单位，每区委托给一个修会负责。[③] 19世纪中叶以后，东北地区天主教会的活动统由巴黎外方传教会负责，接受教廷传信部的领导。与其相比，东北各地基督教会分属于不同的外国差会，在组织关系上分别接受本差会的领导，“大多数差会由国内董事会进行指导”，董事会还负责“制定政策”、“筹款、征募和考核新的候选人，等等”。[④] 各差会总部通过控制差会实现对本系统教会组织和活动的领导或操纵。1927年，苏格兰和爱尔兰两差会在加入中华基督教会时，呈请两会本部同意后，才得成所愿。[⑤] 近代东北地区著名的盛京施医院，是由英国传教医生司督阁在苏格兰长老会国外宣道总部的支持下创办

---

① 徐棠清：《荣神益人的历程》，载侯铁、金名编著《宗教人士谈往录·长春文史资料》第3辑，1990年版，第86页。

② 辽宁省地方志编纂委员会办公室编：《辽宁省志·宗教志》，辽宁人民出版社2002年版，第192页。

③ ［美］费正清主编：《剑桥中国晚清史（1800—1911）》上卷，中国社会科学院历史研究所编译室译，中国社会科学出版社1985年版，第611页。

④ 同上书，第612页。

⑤ 庄振声：《关东大会》，载中华基督教会全国总会编印《中华基督教会全国总会第二届常会纪念册》，1930年版，第207页。

起来的，因而，“该院的经费筹集、财产所有权以及经营管理权等，也完全由苏格兰教会国外宣道总部负总的责任”。对于一般院务的处理，由医院委员会负责。但遇到重大问题，则必须提请苏格兰教会国外宣道总部批准才能施行。[①] 可见，差会总部对东北各地教会的控制或操纵是宏观性的，至于教会内部的一些具体事宜，则由教会自己决定，教会也拥有一些自主权。

（二）经费来源多渠道化

近代在中国活动的天主教会和基督教会的经费来源存在着很大的差异。在华天主教会的经费最初“大部分来自教廷传信部和其他欧洲来源”，后来“开始越来越少依靠欧洲的资助”，更多地依靠它们在华拥有的地产；而在华的基督教会所需经费最初则主要由“各个教派的差会由国内各自的教友募捐来接济”，[②] 随着教务的发展，中国信徒的捐献也逐渐成为教会经费的一个重要来源。

东北地区基督教会的经费来源主要由所属差会本国教会的财政资助、本国教友的捐助和中国信徒捐款等几方面构成。当基督教差会初入东北的时候，本国教会的财政资助是各教会经费来源的主体。依靠这些资金，教会在东北地区发展教务。随着教会事业的发展，仅仅依靠这些资助开展传教事业就显得力不从心了，各差会开始寻求其他方面的财政来源。但各国差会本部支付给各教会的资助资金仍然在传教工作中发挥着重要作用。1920 年，英国差会拨款给榆树教会，在牧师住宅后院建三栋砖木结构校舍，开办私立文华学校。[③] 1940 年时，辽海教区全体传道人工资仍是由英国教会拨款。[④] 这些稳定的资金是东北各地教会发展的一个重要因素。

除此以外，来东北布道的基督教差会得到本国教友的捐款，也是各教会组织经费的重要来源之一。这些捐款，有的是在东北传教的教士向国内教友劝募的，有的则是教徒为了支援教会在中国东北地区发展教务而直接捐献的。在辽阳传教的英国传教士，经常利用回国休假的机会，到各教堂

---

① 刘仲明：《盛京施医院创立纪实》，载政协辽宁省暨沈阳市委员会文史资料研究委员会编《文史资料选辑》第 1 辑，辽宁人民出版社 1962 年版，第 94 页。

② ［美］费正清主编：《剑桥中国晚清史（1800—1911）》上卷，中国社会科学院历史研究所编译室译，中国社会科学出版社 1985 年版，第 611—612 页。

③ 榆树县志编纂委员会编：《榆树县志》，吉林文史出版社 1993 年版，第 867 页。

④ 柳兆卿：《基督教传入辽阳》，载辽阳市政协文史资料研究委员会编印《辽阳文史资料》第 5 辑，1990 年版，第 132 页。

作报告，动员信徒捐款，支援教务发展。[①] 苏格兰长老会传教医师司督阁为了筹集盛京施医院建院资金，于1909年10月向国内寄送了4000份呼吁书，在不到一年的时间内，就募集到4889英镑，为施医院的建立奠定了基础。[②] 此外，也有教徒直接捐款给东北地区的传教差会，充当传教经费。1892年，一位英国老太太希望借助教会之手为中国妇女儿童在辽阳建立一所医院。辽阳教会就在原有施医院的西侧建立一所女医院。为纪念这位捐款的老太太，将女医院命名为"仁母院"，设妇产骨科和儿科，解决了当时社会需要，培养了不少助产士和护理员。[③] 类似的事例还有很多，这些捐款，也在一定程度上推动了东北地区教会事业的发展。

中国教徒向教会捐款，是随着基督教传教工作在东北地区的发展而逐渐开始的。中国教徒的捐助，有的是房产等实物，有的是资金，形式不一。1908年，大连郊外阎家屯教徒阎兴刚献出房屋给教会，作为福音堂，成立阎家屯基督教会。1927年前后，大连市基督教会牧师阎某到中革镇堡传教，发展教徒，并由教徒捐献民房三间作为教堂，成立革镇堡基督教会，由范某负责。[④] 至于教徒捐献资金的情况，由于手头资料有限，尚无具体统计，但从一些零星记载，仍可看出这些资金在发展教务中的作用。1909年，辽阳教会封立王瀚忱为中堂会牧师。牧师薪金待遇由本地教会负责。[⑤] 1911年，铁岭教会请邴仁化为牧师，汪致和为执事，高兴洲为长老，由信徒捐资，购买南门里房产一所，为福音堂。[⑥] 沈阳东关教会，到20世纪20年代，教会已达到自筹工薪、无须差会供给的程度。[⑦] 营口教会在庚子后，各地方教会也是相继自置宅舍，"或出完全自捐，或间半受

---

① 柳兆卿：《基督教传入辽阳》，载辽阳市政协文史资料研究委员会编印《辽阳文史资料》第5辑，1990年版，第133页。

② ［英］杜格尔德·克里斯蒂：《奉天三十年（1883—1913）——杜格尔德·克里斯蒂的经历与回忆》，张士尊等译，湖北人民出版社2007年版，第194页。

③ 张振华：《辽阳市基督教简史》，载辽阳市政协文史资料研究委员会编印《辽阳文史资料》第3辑，1987年版，第59页。

④ 大连市甘井子区地方志编纂委员会编：《甘井子区志》，方志出版社1995年版，第750页。

⑤ 张振华：《辽阳市基督教简史》，载辽阳市政协文史资料研究委员会编印《辽阳文史资料》第3辑，1987年版，第64页。

⑥ 李润田：《铁岭基督教会》，载政协铁岭市银州区委员会文史资料委员会编印《银州文史资料》第2辑，1986年版，第114页。

⑦ 孙鹏翕、谷耀祖：《沈阳市基督教沿革》，载政协沈阳市委员会文史资料研究委员会编印《沈阳文史资料》第4辑，1983年版，第218页。

帮助”。[1] 由此可以看出，基督教会随着在近代东北的发展，其组织经费已由原来单纯依靠差会本部供给发展到多种渠道获取资金，这些经费在教务发展中都发挥了重要的作用。

（三）各级教会组织之间关系比较松散

天主教各修会在华传教，都信仰和宣讲同样的教义，承认和实行同样的圣礼，遵守同样的戒律，服从同一个权威。因此，即使各修会之间没有多少合作，但是整个天主教徒的努力无形中有某种一体化的特点。[2] 与其相比，东北地区的基督教会因其分属于不同的差会，相互之间没有统属关系，即便是同一系统内部，教会组织之间的关系也不像天主教会那样上级对下级有着较强的控制力，而是比较宽松和自由。当然，不同的差会也往往因其情况不同而有所差别。浸信会各处教会在组织上并无统属关系。议会组织“由各浸信会及福音堂选举代议员，办理互相提携之事工”，“并无统制管理任何教会或福音堂之权”。[3] 爱尔兰长老会与苏格兰长老会采用代表会议制度，堂会由若干支会所选派的代表组织而成，不分男女及长老非长老。区会由指定各堂会所派代表组织而成，不分男女；中国牧师为当然会员。大会是三个区会内各堂会依例所派代表及中西牧师、教师共同组织而成。在大会之下，设立参事部和执委会，分别负责分配中西人才、经济和执行已决定事件、应付临时发生事件等。在区会之下，堂会之上，于每一教区，设立董事会，执行分配该教区教务、学务、医务人才及经济，每年提出该教区之预算案及决算案，对参事部负责。[4] 上级组织对下级组织只是拥有指导的权利，并不具有绝对的控制权。

二　教会组织的作用

近代东北的基督教会组织是特殊历史条件下的产物，尽管具有某些殖民主义色彩，但它在协调教会关系、发展教会事务方面，发挥了一定的积极作用。

---

① 满洲基督教联合会编：《满洲基督教年鉴》，满洲基督教联合会1938年版，第74页。

② ［美］费正清主编：《剑桥中国晚清史（1800—1911）》上卷，中国社会科学院历史研究所编译室译，中国社会科学出版社1985年版，第612页。

③ 满洲基督教联合会编：《满洲基督教年鉴》，满洲基督教联合会1938年版，第153页。

④ 庄振声：《关东大会》，载中华基督教会全国总会编印《中华基督教会全国总会第二届常会纪念册》，1930年版，第222—223页。

（一）协调教会内部关系，推动教务发展

教会要发展，内部关系的组织与协调是个关键因素。为了发展教务，基督教会在东北开展了包括布道、医疗、办学、慈善等多方面活动，要使这些工作高效、有序的运行，必须依靠一定的组织来协调。教会组织就是在教会发展过程中，随着教务发展的需要而产生和逐渐完善的。当基督教初入东北时，由于传教局面尚未打开，教务活动依靠差会本部派遣的传教士个人负责就可以了，等到传教局面打开以后，教会逐渐发展、壮大，仅仅依靠几个传教士来管理教务就有些力不从心，教会组织便应运而生了。爱尔兰长老会与苏格兰长老会教会组织的诞生与发展就是一个典型的事例。在 19 世纪 90 年代以前，两个长老会在东北相继开辟了牛庄、沈阳、辽阳、锦州和宽城子 5 个宣教师驻在地。[①] 教务由主堂牧师负责。但随着教务的发展，两个差会觉得有必要建立一个联合组织，携手合作。遂于 1891 年 4 月在奉天成立了“关东长老会老会”。后又于 1907 年营口大会时，“升老会为大会”，并将工作地进行划分，初步形成了大会、区会、教区的组织管理模式。[②] 制定规章，协调事工。这些举措，使得教会工作分工明确，关系顺畅，有力地推动了长老会在东北地区的发展。1895 年以后，两派信徒达 6000 人左右。[③] 到 1919 年，两派受餐信徒增至 2. 0586 万人，教会学校学生达 7599 人。[④] 在东北传教的其他教会组织也有类似的发展过程，这些教会组织协调了本会工作，使各项事业有序进行，有力地促进了教务的发展。

（二）协调不同教会间的关系

基督教在近代东北传播的过程中，由于分属于不同的系统，教会之间有时因为传教区域的划分、发展信徒等问题发生争端。教会组织在此期间可以代表本教会出面，解决矛盾，化解纠纷，保证教务的顺畅发展。1895 年，丹麦路德会的柏卫与外德劳牧师到达东北开教，为了获得传教区域，代表本会与先期在此布道的爱尔兰长老会与苏格兰长老会协商，最后达成

---

① 中华续行委办会调查特委会编：《中华归主——中国基督教事业统计（一九〇一——一九二〇）》中卷，中国社科院世界宗教研究所译，中国社会科学出版社 1987 年版，第 507 页。

② 庄振声：《关东大会》，载中华基督教会全国总会编印《中华基督教会全国总会第二届常会纪念册》，1930 年版，第 207 页。

③ ［日］芝田研三：《满洲宗教志》，满铁社员会 1940 年版，第 264 页。

④ 中华续行委办会调查特委会编：《中华归主——中国基督教事业统计（一九〇一——一九二〇）》中卷，中国社科院世界宗教研究所译，中国社会科学出版社 1987 年版，第 507 页。

协定，划得辽东半岛东南沿海一带为本会传教区域，遂相继在旅顺、大连、大孤山、安东等地开始传教工作。[①] 后来两派教会在东北地区协作发展了许多合作事业，推动了基督教在东北地区的传播。1922—1925 年，美国南监理教会相继在龙井、汪清、局子街、珲春、百草沟等地建立了多处教会，势力急剧膨胀，引起在此传教的朝鲜族长老会的强烈不满。为了解决两派争夺教徒的矛盾，1929 年 1 月，双方教会组织派代表在奉天会议协商，最终确定了两派在中国朝鲜族中的传教范围，划定长春地区为监理教传教区域，延边地区为长老会传教区域。[②] 教会组织的这种协调作用，有利于近代东北基督教会之间的和谐相处，为教务的稳定发展创造了便利条件。

（三）组织本会慈善活动，树立教会在社会上的良好形象，为教会发展创造和谐的社会氛围

基督教在东北发展过程中，为了树立教会的良好形象，扩大教会影响，还开展了许多慈善性工作。在此过程中，教会组织发挥了积极的组织、协调作用，对教务发展起到了有力的推动作用。1886 年春天，辽宁境内大水成灾，教会筹集大宗款项，委托马钦泰、魏雅各牧师赈济灾民。[③] 1888 年，辽东大水为灾，官家赈济不足，爱尔兰长老会牧师傅多玛由本国劝募巨款施放，“藉之传道，颇资得力”。[④] 同年，辽阳城遭受太子河特大洪水，在此传教的吴阿礼大夫雇船载运食物放赈灾民，同时诊治病人。民众对吴大夫产生好感，称赞其“慈心大”。[⑤] 1894 年，中日战争期间，司督阁携眷从沈阳来营口，见营口有大批伤员，便同在营口的其他外国医生一起组建起红十字会，并租赁两座店房作为红十字会临时医院，收容中国伤兵，到中日战争结束，共收容千余人。[⑥] 这些慈善活动，扩大了

① ［日］芝田研三：《满洲宗教志》，满铁社员会 1940 年版，第 264 页。

② 吉林省地方志编纂委员会编：《吉林省志·宗教志》，吉林人民出版社 2000 年版，第 333 页。

③ 辽宁省地方志编纂委员会办公室编：《辽宁省志·宗教志》，辽宁人民出版社 2002 年版，第 171 页。

④ 满洲基督教联合会编：《满洲基督教年鉴》，满洲基督教联合会 1938 年版，第 97 页。

⑤ 柳兆卿：《基督教传入辽阳》，载辽阳市政协文史资料研究委员会编印《辽阳文史资料》第 5 辑，1990 年版，第 127 页。

⑥ 营口市地方志编纂委员会办公室编：《营口市志》第 5 卷，远方出版社 1999 年版，第 429 页。

基督教在社会上的正面影响，对教务的发展起到了积极的促进作用。而这些活动，单靠个人力量是难以做到的，教会的协调与组织在期间发挥了重要作用。

第三章　基督教在东北的布道活动

布道活动，在基督教传播过程中占据着十分重要的地位。关于其概念的界定，有的学者将其限定在“用口舌宣传的一方面”；[①] 有的学者将其概括为教会“传布基督教教义的各种工作”，并进一步将其形式细化为“文字布道”和“口头布道”。[②] 相对于前者，后者的区划方法显得更为全面一些，故本章主要采用后者的划分方式，将基督教在近代东北地区的布道活动做一勾画。

第一节　布道活动的主要方式

一　口头布道

传教士和教会布道人员在一定场合，向教徒或普通民众口头宣讲基督教教义，是基督教布道活动的主要方式之一。传教士初来东北之时，基督教对于广大民众来说还是一个新生事物，对基督教的教义闻所未闻，要使基督教深入民众之中，口头布道是个理想的方式之一。口头布道直接面对听众，不受布道对象文化水平的限制，传教士和布道员可以当面解答听众对于基督教教义的各种疑惑，且可以借助语言、表情等个性魅力来增强布道内容的感染力，进而取得良好的效果。

传教士进入东北之后，常常走街串巷，深入城市和乡村，在人群聚集

---

① 王治心：《中国基督教史纲》，上海古籍出版社2004年版，第242页。

② 陶飞亚、刘天路：《基督教会与近代山东社会》，山东大学出版社1995年版，第38—40页。

的地方宣讲基督教知识，以扩大影响，引人入教。但初期的宣传效果并不是很理想，基督教的一些思想和礼仪与中国传统的思想道德相去甚远，再加上近代资本主义对中国侵略造成的恶劣影响，国人对源于西方的基督教的排斥情绪可想而知。这使得传教士和布道人员在传播基督教的时候遭遇了很大的困难。在口头布道过程中，传教士和布道员常常遭遇无人理睬的尴尬境地，有时甚至是激烈的对抗。1878 年前后，马钦泰从营口派遣王静明等人在海城周边一带布道，时人“多以洋教目之”，更有人“投孩尸于堂，谓候耶稣令之复活”，而教堂门口悬挂的匾额，也是“被毁者再”。[①] 1882 年，在辽阳布道的传教士和布道者，在街上小礼拜堂布道时，每天都要和反对者进行辩论。[②]

在传教局面打开后，布道环境相对于初期时有所改善，口头布道的活动场所也日渐多样，或在教堂，或在聚会点，或在城市街道，或在乡村市镇，不一而足，布道时间也是灵活多样。大连基督教于阴历正月初六日召集男女教徒若干，手持白旗、洋鼓、洋号，游行街市，每到什字街口，必演说道德数分钟，沿街轮转，最后在小岗子礼拜堂施舍小洋帐，每人一册，皆劝世人醒悟知觉之道，至晚十一时始行散会。[③] 1927 年 2 月，绥化基督教会为发展教务，从 7 日起每天下午 5 时开布道会一次，“均系有资格之人在会讲演，专事宣传上帝救世方针”。[④] 1928 年，北镇教会邀请李女士由北京至北镇，开展布道活动，于东门里礼拜堂演讲基督道理。“该女士学问纯粹”，所到之处，备受欢迎。[⑤] 此时的口头布道，教会多请教内名家主讲，场面隆重，影响颇广。

二 文字布道

教会采取的另一种传教方式是文字布道。教会的各种机构针对不同层次的布道对象，编写、印刷并出版了大批程度不等的宗教书籍、刊物和小册子，通过各种途径，向未入教的平民和已入教的教徒散发，来宣传基督

---

① 满洲基督教联合会编：《满洲基督教年鉴》，满洲基督教联合会 1938 年版，第 87 页。

② ［英］伊泽·英格利斯：《东北西医的传播者——杜格尔德·克里斯蒂》，张士尊译，辽海出版社 2005 年版，第 43 页。

③ 《大连·教徒讲道》，《盛京时报》1922 年 2 月 8 日第 5 版。

④ 《绥化·基督教开布道会》，《盛京时报》1927 年 2 月 15 日第 4 版。

⑤ 《北镇·女士布道》，《盛京时报》1928 年 5 月 13 日第 5 版。

教的教义教理，介绍基督教有关的各种知识，扩大教会的影响力，吸引人们加入教会。最早抵达东北的郭实腊，即随船装载很多《圣经》，所到之处，即“将书籍赠送”。[①] 而后，到东北内地旅行传教的韦廉臣，也是用马车拉载宣传福音的“四宗之书”沿途售卖。[②] 其后，更有大英圣书公会的德儒博牧师来东北建立会所，专门售卖《圣经》。浸信会栾马丁牧师在黑龙江传教时，经常旅行布道，西到海拉尔，东到密山，北到富锦，这些地方都留下了他的足迹。期间，他除了调查情况，创建教堂，施行洗礼，还散发宗教书刊。仅1931年春，他就“在哈尔滨北面和西面的八个城镇进行了一次为期八个月的旅行，最远到过海拉尔……分发了两千本宗教小册子”。[③] 可见，文字布道也是传教士常用的传教方式之一。

由于笔者手头资料有限，至今尚未发现东北地区有专门从事教会出版发行事业的机构，东北地区基督教会文字布道所使用的各种布道书籍，都是从外地基督教会的专门出版机构购买的。书籍的类型主要有两类：一是汉译本《圣经》等基督教经典；一是宗教小册子及定期刊物，这类书籍内容以宗教宣传为主，同时还穿插一些其他知识。哈尔滨信义会的文字布道书籍，都是从上海广学会、武汉圣教书会、信义书局、北京新药库书局、圣书公会、烟台查经处、广西梧州书局等处购买的，包括劝世文、宗教小册子及定期刊物（《通向报》、《青年进步》、《布道杂志》、《明灯》等）。这些文字资料，“不仅讲圣经，也传播新知识、科学、故事、名人传记等等”。[④] 此外，为了使文字资料更吸引中国民众，有些刊物还做了一些中国化的处理。如基督复临安息日会创办的《时兆月报》，是当时教会在中国销售量最大的一种刊物，最多时达到每月销售10万册，仅东北地区就有2万册。稿件大部分来自美国华盛顿的大总会或转载自美国的期刊杂志。为了使刊物更受中国民众的欢迎，安息日会东北联合会时兆分所还特别印刷一种精美的彩色大型画片，由表示“孝、悌、忠、信、礼、义、廉、耻”的8个图案组成，叫“八德图”。这也是《时兆月报》扩大

① ［英］贾立言：《基督教史纲》，冯雪冰译，上海广学会1930年版，第421页。

② 东北师范大学明清史研究所、中国第一历史档案馆编：《清代东北阿城汉文档案选编》，中华书局1994年版，第40页。

③ 黑龙江省地方志编纂委员会编：《黑龙江省志·宗教志》，黑龙江人民出版社1999年版，第260页。

④ 顾绍堂：《基督教哈尔滨市信义会散记》，载马维权《黑龙江宗教界忆往》，黑龙江人民出版社1992年版，第221页。

销售，适应中国社会民情的一个手段。[①] 文字布道可以不受传教士人数、布道场所和布道时间的限制，从而大大扩展了基督教教义的传播范围。正如教内人士所说："基督教二千年来，能保持圣道不失其真，宣传福音无远弗届，文字之力实居其半。……我国自圣教传入以来，百有余年，渐渐推广，殆遍通国，其赖文字之助力，正亦不少。"[②]

第二节　布道活动的开展情况

基督教会进入东北以后，传教士和中国教牧人员开展了多种布道活动发展教务，通过这些活动，最终把基督教传入东北。基督教会在东北地区的布道活动可谓五花八门，现撮要介绍如下：

一　教堂布道

教堂布道是以教堂为布道中心的传教活动，主要针对基督教信徒来进行。各地教会在教堂内进行的布道活动往往因情况不同而有所差别，在时间安排上，有的在礼拜日进行，每逢礼拜日，教徒及望道者便来到教堂唱诗、祈祷、读经，听传教士布道。有的利用基督教节日教徒聚会庆祝之机开展布道，有的则利用闲暇时间进行布道。布道内容多以宣扬基督教意旨为主。义县基督教会在耶稣复活节时，"或清晨举行圣餐礼，或组织特别诗歌班唱复活诗歌赞美主"，纪念耶稣的复活，届时，"召开灵修大会，宣传耶稣一生言行、受难、复活的事迹，勉励信徒，加强信仰和改进言行"。[③] 哈尔滨基督教会"每届旧历新年，各界闲暇无事，必开布道大会七日。白昼游行街市演讲，晚间在教堂内悬灯结彩，请同胞听讲该教真理，与社会、国家均有关系"。届时，教中信徒，"皆到会助讲，以襄盛典"。[④] 教会以教堂为中心，把教徒定期聚集起来，通过各种方式的宗教活动来不断加强信徒的信念。

---

① 徐棠清：《荣神益人的历程》，载侯铁、金名编著《宗教人士谈往录·长春文史资料》第3辑，1990年版，第83—85页。

② 陶飞亚、刘天路：《基督教会与近代山东社会》，山东大学出版社1995年版，第40页。

③ 胡宝生：《义县基督教》，载政协义县委员会文史资料委员会编印《义县文史资料》第5辑，1988年版，第148页。

④ 《哈尔滨·基督教布道大会》，《盛京时报》1919年2月11日第4版。

同时，教会还常常利用教堂开展奋兴布道，振奋人们的宗教热忱，扩大教会影响力。奋兴布道是基督教奋兴运动的产物，主要指基督教某些教派内重振宗教热忱并发展新信徒的运动。经过义和团运动的冲击，基督教在东北地区的传播也遭受了很大的挫折。为了振兴教务，东北地区的一些基督教差会纷纷发起奋兴布道。东北奋兴布道的直接推动者是加拿大长老会传教士古约翰，1907 年，他陪同加拿大长老会海外传教委员会代表麦凯从天津乘船去朝鲜进行 3 周的巡视，在返回的路上应爱尔兰和苏格兰长老会在东北地区差会的邀请，主持了为期 10 天的宗教奋兴运动。他把“依靠神灵，不依靠力量”作为自己的口号，以其雄辩的口才和演讲魅力，极大地感染了听众。据载，这些地方的人们听了古约翰的演讲后，“大喊大叫，已往的罪恶在脸显露出来”，“有的则痛哭流涕，乞求上帝的神灵不要离开自己，许多外表坚强的人也在众人面前痛哭”。[①] 古约翰的奋兴讲演，点燃了东北教会奋兴运动的星星之火，在东北各地教会迅速形成了燎原之势。正如后来有人总结的那样，古约翰牧师奋兴大会以后，“灵风所被，全会皆春，风起云涌，各会同然，大有五旬节后之新象焉”。[②]

此后，东北各地教会不断地联合召开奋兴布道会，请教会内外著名人士主讲，讲演内容不仅局限于布道，也有科普知识，并备有科技仪器，深受群众欢迎。1922 年，阿城基督教会毕德治牧师夫人邀请美国全国禁烟酒会总干事丁玲女士赴会讲演，丁玲到达阿城当晚，“即假坐礼拜堂讲演一小时，对于烟酒之害痛切陈词，颇动众听”。后又在礼拜堂讲演，“许各界人士往听”，到场者有八百余人。反响很大，“讲演毕，听者均云，今而后方知烟酒之所以为害云”。[③] 绥化基督教福音堂开会讲演时，某牧师为了增强效果，“携有创世形色电影机片数端”，“在教会开演并宣讲道教旨义，函请各界纷纷前往，约有一千余人，颇集一时之盛”。[④] 这种奋兴布道，通过大规模集会讲演的方式对教会内外人士宣扬基督教，讲演者大多为社会名流，且讲演前教会通过传单、广告等方式向社会广泛宣传，

① 李巍：《基督教福音的忠实传播者古约翰》，载宋家珩《加拿大传教士在中国》，东方出版社 1995 年版，第 234—235 页。

② 满洲基督教联合会编：《满洲基督教年鉴》，满洲基督教联合会 1938 年版，第 91 页。

③ 《阿什河 · 讲演志闻》，《盛京时报》1922 年 4 月 28 日第 5 版。

④ 《绥化 · 牧师布道盛况》，《盛京时报》1922 年 3 月 4 日第 4 版。

故产生的社会影响更大，对教会的发展也能产生积极的推动作用。

除此以外，教会为了扩大影响，也在教堂内组织一些面向社会的布道活动，这些活动也主要是围绕着宣传基督教展开的。柳河基督教会每年定期布道，放映幻灯、无声电影及散发宣传教义的小册子、各种画片，颇受一般人欢迎。[①] 奉天基督教会组织布道大会时，“特请宗教家演说宗教关系、社会风俗、辅助人民道德各题目，任人随便莅听”。[②] 哈尔滨市信义会福音堂对外布道多半在傍晚，也有在上午与晚上两次开门布道的。有人敲钟，招人进堂听道，有人弹风琴伴奏，有人领唱，门外有人往里请客，手撒布道传单，内容多是讲些简明教义，形式多样，引人注目。[③] 这种面向社会的布道活动，形式灵活，听者自愿参加，除教徒积极参加外，也吸引了不少社会中人士，无形中扩大了基督教在社会上的影响。

二 堂外布道

教会为了开辟新的布道区域或扩大影响，往往要组织教士走出教堂，在农村、市镇、街道等人多的地方，开展布道工作。传教士每到一处，则选择人群集中之处，进行布道演说，宣讲基督教的一般知识，传扬博爱、服务精神，或介绍科普知识，讲述时事，并散发传教书籍，以此发展教务。这种堂外布道的方式灵活多样，主要如下：

庙会布道

清末民初，东北各地有赶庙会的习俗，届时游人往来，络绎不绝。基督教会也往往乘机布道。在 1908 年东北奋兴运动期间，奉天的女教徒们受大会鼓舞，建议在每年一度的庙会上，在妇女活动最多的地方搭建帐篷，进行布道。在一位女牧师的指导下，一些妇女组织起来，约有 12 位教徒轮流进行布道，从上午 6 点钟开始，到黄昏结束，连续坚持 6 天。在后来举行的两个庙会上，搞了同样的活动。庙会的组织者非常热心地支持她们的行动，一方面，为她们提供空闲场所；另一方面不收帐篷的占地租金。在他们看来，这些妇女布道活动是一个“积德之事”，而且可能给庙

---

① 孙树仁：《柳河的基督教》，载政协吉林省柳河县委员会文史资料研究委员会编印《柳河文史资料》第 2 辑，1987 年版，第 81 页。

② 《奉天·基督教开会布道》，《盛京时报》1919 年 2 月 13 日第 4 版。

③ 顾绍堂：《基督教哈尔滨市信义会散记》，载马维权《黑龙江宗教界忆往》，黑龙江人民出版社 1992 年版，第 220 页。

会带来新的吸引力。[①] 清原县基督教会在庙会期间，于市场上最繁华的地方搭建福音台，每天用6小时对外传道。[②] 吉林东关基督教会为了在北山药王庙会时进行传道，在庙会举办之前就“假定北山上关帝庙后东小院房舍为布道所”，以备届时请中西牧师、长老、教友等讲道，“藉收教友”。[③]

个人布道

这里说的“个人布道”是指没有组织的、自发的个人布道，不少传教士、中国布道人及平信徒出于宗教信仰热忱，甘愿风餐露宿，跋山涉水，忍受饥寒与危险，个人旅行布道，对福音的传播作出了重要贡献。基督教的传播往往是从个人布道开始的，不论是担任圣职的教牧人员还是平信徒，都把宣扬福音当作自己应尽的本分。早期来东北开教的传教士都是从个人布道开始工作的，前文所述的韦廉臣、宾维廉、罗约翰、马钦泰等，都是通过个人布道，开辟了基督教在东北传播的通道。浸信会栾马丁牧师在黑龙江布道时，经常采用“临江聚会”和“新年聚会”的形式传教，每年春、夏、秋三季，栾马丁租一幢临江的房子，每天下午向上下船的旅客传教。活动颇见效果，仅在1931年新年活动期间，就有400人签名要求研究《圣经》或决定信奉基督。[④] 除此以外，一些本土布道人员也投身于基督教的宣传工作，在基督教向东北内地发展的过程中发挥了突出的作用。在东北地区传教达30余年的司督阁在他的回忆录《奉天三十年》一书中，记载了一个普通信徒个人布道的事例，此人名叫常森，是个盲人，接受了基督教的信仰后，回到自己的家乡太平沟传教，开始时，“人人都嘲笑他，或认为他疯了，对他表示怜悯”。但他不顾人们的议论，也不管什么时候，仍然不停地布道，“每天唱着从奉天学会的赞美诗，然后踏上征程，拄着棍子，在黑暗中摸索前行，去向人们讲述上帝儿子耶稣的故事”。经过努力，这里开始有许多人热心询问基督教的教义，并且有

① ［英］杜格尔德·克里斯蒂：《奉天三十年（1883—1913）——杜格尔德·克里斯蒂的经历与回忆》，张士尊等译，湖北人民出版社2007年版，第178—179页。

② 龚玉珊：《一个老牧师的自述》，载马维权《黑龙江宗教界忆往》，黑龙江人民出版社1992年版，第202页。

③ 《吉林·基督教定期布道》，《盛京时报》1919年5月27日第4版。

④ 黑龙江省地方志编纂委员会编：《黑龙江省志·宗教志》，黑龙江人民出版社1999年版，第261页。

几个人完全信仰基督教，希望成为一名基督徒。[①] 类似的布道者还有很多，正是这些信念坚定的布道者不懈的努力，才使基督教得以深入东北的城市和乡村。

家庭布道

家庭布道也是基督教经常采用的传教方式之一。当传教士开辟一个新的传教地点，尚未建立教堂时，往往要在信徒家中开展布道活动，发展教务，等时机成熟以后，便正式建立教会。1880 年，鉴于开原已有信徒而教会未立，罗约翰牧师就在教友家中为人施洗，直到 1883 年，方在城中赁房数间，设堂传教。1896 年，盘山县的郭满山信奉基督教后，请传道人齐清太至家，“讲道数日，引人归主，教会因以设立”。[②] 1896 年，丹麦路德会的外德劳牧师于旅顺口立足传教后，为了向大连发展教务，他先在大连周水子阎家陀子的阎世潭家传教。阎的全家于 1898 年先后受洗入教，并把自家地产一半献出做为礼拜资助，还在其家面街处建立高塔号召人入教。在此期间，外德劳仍然居住在旅顺教堂内。直到 1910 年，外德劳才在“见浦通”（现斯大林路）租三间板房，建立大连教会并成立圣经学习班，学员中后来成为教会传道人的有阎兴纲、阎兴纪和侯执盛等人。[③] 1903 年，英籍传教士富士贲和朝鲜族基督教宣教师到珲春、大砬子一带传教。初时亦在珲春城内私人家里设堂传教。直到 1912 年，才正式组织了长老会珲春支会。[④]

同时，为了方便信徒礼拜，教会也经常派人到条件较为困难的地区进行家庭布道。沈阳东关教会为了解决远处信徒到教堂聚会不便的问题，就在东陵信徒家中设立“祈祷处”，每周由东关教会指派传道人去领礼拜。[⑤] 哈尔滨市信义会教牧人员定期到教徒家庭走访，在适合条件下进行家庭礼拜，便于老弱病残者听道。同时请来邻里亲友，借机散发讲道传单和福音

---

① ［英］杜格尔德·克里斯蒂：《奉天三十年（1883—1913）——杜格尔德·克里斯蒂的经历与回忆》，张士尊等译，湖北人民出版社 2007 年版，第 100 页。

② 满洲基督教联合会编：《满洲基督教年鉴》，满洲基督教联合会 1938 年版，第 86、92 页。

③ 王德良：《旅顺基督教会追忆》，载政协辽宁省大连市旅顺口区委员会文史资料委员会编印《旅顺口文史资料》第 1 辑，1992 年版，第 11 页。

④ 珲春市地方志编纂委员会编：《珲春市志》，吉林人民出版社 2000 年版，第 161 页。

⑤ 孙鹏翕、谷耀祖：《沈阳市基督教沿革》，载政协沈阳市委员会文史资料研究委员会编印《沈阳文史资料》第 4 辑，1983 年版，第 219 页。

书等，引人入教。[①] 敦化基督教会也是时常派人到信徒家探望患病或有事的信徒，为患难的信徒祈祷。[②] 这种家庭布道，灵活地解决了一些信徒无布道场所聚会的困难，对教务发展发挥了积极的作用。

监狱布道

监狱布道是针对犯人这个特殊群体而进行的传教活动，宗旨是通过布道唤醒犯人的良知，使之接受福音，诚心悔改，出狱后洗心革面，重新做人，即使是死囚，也要给他一个灵魂得救的机会。1911 年，营口教会请朱灵堂为牧师，开展监狱布道，热诚信徒与牧师同工合作，效果颇佳。[③] 哈尔滨信义会经常与地方法院联系，教牧人员定期到监狱向犯人讲经讲道，劝导他们悔改认罪，痛改前非，重新做人，争取早日宽大释放。对死刑重犯，劝导其彻底认罪，死后灵魂可以升入天堂，得到永生。[④] 这些工作，有利于监狱对犯人的改造和监管，在很多地方得到实施，并取得一定效果，得到当局的肯定。

乡村布道

农闲时节，往往是乡村布道的好机会。教会常常在此期间派人下乡传教，发展信徒。哈尔滨市信义会教牧人员在农闲季节，经常到农村信徒家庭开会讲道，收到一定效果。[⑤] 丹麦路德会也是每逢夏令，“传道者分赴乡间，宣福音于晚间乘凉之时”，并称“此法最易集人”。取得不错的效果，“传道者回报，言到处欢迎，间有不肯接待者，已不数数觏矣”。[⑥]

边疆布道

黑龙江省地处边陲，自然条件艰苦，基督教虽然已经传入东北将近半个世纪，但到 20 世纪初时，这里的教务发展仍然非常缓慢。为了打开传教局面，关东长老会决定封立华人牧师赴此传教。在 1907 年营口大会上，

① 顾绍堂：《基督教哈尔滨市信义会散记》，载马维权《黑龙江宗教界忆往》，黑龙江人民出版社 1992 年版，第 221 页。

② 刘志来：《敦化早期基督教会概况》，载敦化市政协文史资料研究委员会编印《敦化文史资料》第 5 辑，1988 年版，第 40 页。

③ 满洲基督教联合会编：《满洲基督教年鉴》，满洲基督教联合会 1938 年版，第 86 页。

④ 顾绍堂：《基督教哈尔滨市信义会散记》，载马维权《黑龙江宗教界忆往》，黑龙江人民出版社 1992 年版，第 222 页。

⑤ 同上书，第 221 页。

⑥ 阎兴纪：《路德会》，载中华续行委办会编《中华基督教会年鉴》第 3 期，商务印书馆 1916 年版，第续 64 页。

封立李绩华、李子真二人为牧师，组织“黑龙江布道会”，赴黑龙江省传教。二人在大会结束后即抵达省城卜魁（今齐齐哈尔市），面对这里“设堂布道良非易事”的情况，他们就“在街市人众之处，讲解真道”。次年，李子真牧师赴海伦布道，李绩华则驻省城传教。经过努力，李绩华发展了17名信徒，[①] 后因其年迈，大会于1911年委派佟庆善“至省垣更替”，资料记载“佟君为人老成持重，以谨慎勤劳作事”，在热心信徒的协助策划下，采取星期街市布道、福音堂布道、监狱中布道、公园中布道、乡镇中布道等多种方式发展教务，相继于胡家屯、吉星河等处设立教会，佟庆善每年“必躬自游历各会，考道施洗”，教会获得很大发展，“人民日增，事务繁盛”。[②]

李子真牧师赴海伦后，即在该地设立教会一处，经过五年工作，收信徒84人，后李子真调回南方，1912年，教会又派张成仁到海伦继任牧师之职，到任后，他“审察民情风俗……与各界联络交谊，敦睦盛情”，使得“教务甚称得手，日渐发达”，先后在拜泉、克山、北安等处设立支会。20世纪20年代初，龙江布道会在黑龙江省的传道区域共有七县，佟庆善驻卜魁，兼领林甸、景星二县，张成仁驻通肯，兼领拜泉、克山、龙镇三县。1921年，黑龙江布道会加入“中华基督教国内布道会”。时有牧师2人，男传道人5人，女传道人2人，教会8处，教徒404人。[③]

1921年冬，依照中华基督教布道会规章，“中华基督教布道会东三省总协进部”在哈尔滨组织成立，总干事为尚魁英牧师，韩秀忱牧师为游行布道干事。[④] 至1927年，黑龙江布道会共有8处布道地，即：大黑河（今黑河市），史世良牧师负责，有教友79人；北安镇（今北安市），朱辑五负责，有教友76人；克山县，张成仁牧师负责，在城东又分设支堂，有教友69人；拜泉，负责人是金秉权，有教友109人，望友294人；海伦县，王仁甫牧师负责，教友104人；卜魁，于作霖牧师负责，有教友93人；嫩江县，由信徒自行组织布道团，并组织基督徒新村，定为职业

① 佟庆善：《黑龙江省华人布道会》，载中华续行委办会编《中华基督教会年鉴》第5期，商务印书馆1918年版，第83页。

② 王正翱：《黑省布道会最近的情形》，载中华续行委办会编《中华基督教会年鉴》第6期，中华续行委办会1921年版，第77—78页。

③ 黑龙江省地方志编纂委员会编：《黑龙江省志·宗教志》，黑龙江人民出版社1999年版，第288页。

④ 同上书，第291页。

布道区；海拉尔（今属内蒙古自治区），有教友 14 人。[①]

这是基督教在近代东北地区布道的主要活动情况，其他还有开设学校、医院等社会事业辅助布道，将在后文有专章论述，这里暂不详论。通过这些活动，基督教在东北地区逐渐站稳脚跟并获得了长足的发展。

第三节 本土布道人员的培养

基督教传教士进入中国东北后，吸收当地教民作布道员，这些本土布道人员在基督教传播以及处理民教关系方面，均占有特殊的地位。本土布道人员的使用，是基督教在近代特殊历史条件下进入东北传教而采取的一个很有效的措施，在传教过程中，他们发挥了重要作用。

一 培养本土布道人员的必要性

基督教在近代东北传播的过程中，除了外国传教士进行布道活动外，还有大量的本土布道人员投身其中，这是由当时的历史条件及教会自身的一些因素决定的。

首先，本土布道人员可以发挥自身优势，为基督教的传播开辟道路。本土布道人员熟悉当地的语言、风俗习惯等，可以在布道过程中采取更加适合的方法，使基督教为人们所理解和接受。更为重要的是，基督教在近代列强侵华的背景下进入东北，再加上中西间文化的差异，当地民众不可避免地会对西方传教士存有抵触和仇视的情绪，并由此对他们传播的基督教产生排拒心理。这从到东北布道的传教士经历中可见一斑。早期到达东北布道的著名传教士罗约翰、马钦泰等，刚到东北时，由于无法深入内地而被迫长期定居营口，只能不时地从营口前往沈阳，住在客栈里，在那里和“愤慨的文人们进行公开辩论”，不得不“把很多日常工作交给一位中国传道者。”[②] 他们的遭遇只是众多传教士在东北地区布道的一个缩影，这种情况一直持续了很多年。要在这种情形下进行有成效的传教工作是很困难的。而本土布道人员往往在这种情况下却可以发挥自身优势，化解矛盾，

---

① 王治心：《中国基督教史纲》，上海古籍出版社 2004 年版，第 249 页。

② ［英］伊泽·英格利斯：《东北西医的传播者——杜格尔德·克里斯蒂》，张士尊译，辽海出版社 2005 年版，第 39 页。

使布道工作进行下去。1882年，在辽阳的一次传教活动中，由于外国传教士的出现，险些酿成冲突，当时，“教堂的座位被砸碎，纸糊的窗户被撕毁”。利用喧闹暂停的间隙，一个本土布道人员机智地从中国古代经典中引用一段“有朋自远方来，不亦乐乎”的教诲，号召人们要优雅礼貌地对待远方的客人，从而平息了人们的情绪和喧嚣。[①] 正是这些本土布道人员的努力，才使得基督教在东北地区的传教工作成功开辟并获得发展。

其次，本土布道人员可以弥补外国传教人员数量的不足，在一定程度上保证传教工作的顺利进行。尽管西方传教士在初来中国布道时曾经雄心勃勃地提出：“上帝的荣光一定要在中国显现，龙要被废止，在这个辽阔的帝国里，基督将成为唯一的王和崇拜的对象。”[②] 但当他们逐渐在中国站稳脚跟并取得一定的发展以后，发现要做到这一点并非易事，仅就布道人员的数量就感觉捉襟见肘。有关资料记载，在1920年前，东北地区外国职员总计只有172人，其中，男职员73名，女职员99名。而此时东北三省人口总数约为1999.8989万人。[③] 传教人员和东北地区人口的比例

表3—1　爱尔兰长老会和苏格兰长老会1889—1920年间中外职员情况[④]

（单位：个）

宣教会	报告时间	外国职员总数	中国职员总数	受餐信徒总数
爱长老会	1889	9	20	130
	1905	27	224	6443
	1915	45	342	9440
	1920	25	353	9052
苏长老会	1889	16	14	1000
	1905	35	181	6960
	1915	63	468	10032
	1920	79	350	9870

① ［英］伊泽·英格利斯：《东北西医的传播者——杜格尔德·克里斯蒂》，张士尊译，辽海出版社2005年版，第43页。

② 顾长声：《传教士与近代中国》，上海人民出版社2004年版，第29页。

③ 中华续行委办会调查特委会编：《中华归主——中国基督教事业统计（一九〇一——一九二〇）》中卷，中国社科院世界宗教研究所译，中国社会科学出版社1987年版，第579、502页。

④ 同上书，第669页。

是相当悬殊的，要解决这个矛盾，只依靠西方差会派遣布道人员是远远不够的，培养和使用本土布道人员便成为一条可行的途径。事实上，基督教会进入东北以后不久，在传教过程中就已经开始使用本土布道人员了。以后，随着教务的发展，本土布道人员数量也在不断增加，远远超过了外国布道人员。表3—1是爱尔兰长老会和苏格兰长老会从1889—1920年中外职员情况汇总：

从表中我们可以看到，爱尔兰和苏格兰长老会在此30余年间，外国职员增长幅度不大，中国职员却大幅度攀升。正是这些中国职员，补充了外国布道人员的不足，保证了传教工作的顺利进行。

最后，本土布道人员的培养和使用，也是基督教最终根植于当地的必由之路。传教士们不远万里来中国布道，目的就是要使基督的福音在这里生根发芽。而要完成这一任务，仅仅依靠外国传教士的努力是远远不够的，还必须有大量的中国本土布道人员参与，才能实现基督教和中国传统文化的双向契合，也才能使基督教最终在这里生根、发芽和结果。历史上，外来宗教如佛教、伊斯兰教等，在传入中国的过程中，都经历了和本土文化融合的过程，才最终被接受，成为中国社会文化的一部分。早期来东北传教的爱尔兰长老会不但让本土布道人员从事传教活动，还鼓励他们选举代表来参与教会事务的管理。① 其后，东北一些教会纷纷组织董事会，不乏本土布道人员参与其中，其意当在于此。

二　本土布道人员的培养方式

基督教会在近代东北培养本土布道人员的途径主要有三：一是从信徒中挑选德能兼备者，加以宣教知识的培养，委任其担负起布道的任务；二是通过教会学校教育，选拔学习优秀、志愿献身传教事业的学员充任布道员；三是在专业的神学院校中，培养专职的传道人员。

在传教士踏上东北大地之后，随着教务工作的开展，一些传教士便开始选任一些诚实笃信的信徒分担布道工作，推进传教事业的发展。早在1872年，苏格兰长老会牧师罗约翰到达营口后，“购地筑室”，发展王静

---

① D. MacGillivray, *A Century of Protestant Missions in China (1807—1907), Being the Centenary Conference Historical Volume*, Shanghai: Printed at the American Presbyterian Mission, 1907, p. 228.

明、林万镒等人入教。为了把教务推向东北腹地，罗约翰先后派遣王静明到奉天、辽阳、海城等地布道，为这些地区基督教会的建立奠定了基础。1880 年，邵武斐牧师奉爱尔兰长老会派遣来到锦州，在城内南街租房设立福音堂，相继为邓玉堂、高启隆、高起赫等人施洗入教。[①] 后邓玉堂、高起赫等奉教会差遣常住中后所（今辽宁绥中），“设讲堂宣讲教义”。[②] 为绥中基督教布道之先声。邓玉堂又到兴城传教，发展信徒若干人，于 1893 年 6 月在此正式成立教会。又以此为中心，在周边的沙后所、望海、二台子等地建立教会。[③] 其他来东北传教的基督教差会也多采用此法培养布道人员，这些本土布道人员在开辟传教区域、发展教会事业方面作出了突出的贡献。

通过教会学校培养布道人员，也是基督教在近代东北地区选任布道员的方法之一。教会设立学校，目的明确，“其志亦并不在教育人才以促教育之进步，乃欲以学校为一种补助之物，以助其宣传福音之业”。[④] 为此，教会学校在办学宗旨、课程设置及教学内容安排等方面，都优先考虑如何有利于培养宣传基督教的人才。在课程设置和教学内容安排上，许多教会学校都把《圣经》设为必修课程，如加拿大传教士创办的明信女子学校，除了语文、习作、算术等基础课程外，每周还开设 2 小时的圣经课。[⑤] 除此以外，教会学校还通过组织各种带有宗教气息的课间活动，对学生进行潜移默化的影响。教会学校通过这些方式来教育、感染学生，引导学生信仰基督教，尽管最终的教育结果并不如教会预想的那么理想，但确实也有不少学生因此走上了信仰基督的道路，一些德能兼备的学生也由此被教会任用，分赴各地布道，推动教会事业的发展。

设立神学院校培养布道人才，是随着基督教事业的发展而逐渐开展起来的。早在 19 世纪末，来东北的基督教会即开始集中培训专职传道人员，以提高布道员的素质和能力。丹麦路德会在东北开展布道工作不久，外德

---

① 满洲基督教联合会编：《满洲基督教年鉴》，满洲基督教联合会 1938 年版，第 74、99、131 页。

② 绥中县地方志编纂委员会编：《绥中县志》，辽宁人民出版社 1988 年版，第 568 页。

③ 安德才主编：《兴城县志》，辽宁大学出版社 1990 年版，第 635—636 页。

④ 《中国基督教教育调查会记基督教教育事业》，载朱有瓛、高时良主编《中国近代学制史料》第 4 辑，华东师范大学出版社 1993 年版，第 157 页。

⑤ ［加］弗朗西斯·邦威克：《明信女子学校简史》，载延边政协文史资料委员会编印《延边文史资料》第 5 辑，1988 年版，第 155 页。

劳牧师即在大连设立短期学校，“于传道工作之余，教授几位信徒，开始训导”。[①] 1895 年，爱尔兰长老会伊约翰牧师同其妻邸回春教士到达锦州教会，主持教务。邸教士鉴于当时“蒙学”只收男生，不招收女生，便开办了一个妇女“学道馆”，招收不同年龄的妇女，除教识字启蒙课外，也教《圣经》课程。[②] 此为基督教会在东北地区培养专职布道人员的先声。

20 世纪以后，随着教务形势的发展，对传道人员的需求日益增多，各种形式的神学院校也应运而生。著名的有东北神学院、东北信义女子神学院、吉林神学校、营口圣经学院、龙井圣经学院、四平经学院、吉林妇女学道馆以及长春学道馆等，这些学校都以培养直接为传教服务的传道人员为办学宗旨，在学员的选择、课程的设置以及毕业后学员的去向等方面都有着严格的规定。

东北神学院是苏格兰、爱尔兰两长老会在奉天合办的培养专职传教人才的一所神学院校，发轫于 1895 年，当时，为了应时之需，“招集各处传道人员，按时分班听讲，每次月余，授以圣经课程及相当知识”。1898 年，两会决议设立正式神学院。入学资格按成绩和品德两方面考核，在初级班听讲四次以上，考试及格者即视为成绩合格；品德方面，须得“信仰坚诚、传道得力……品性纯良、嗜学殷勤、慕道心切”，经堂会、区会保荐，即可入学修业。[③] 学制四年，期满考试合格即可封立为“准试”，取得被聘为牧师的资格。1922 年，学院增设预科，学制两年，招收初中毕业或同等学力者。1927 年起招收女生。[④] 东北神学院的办学宗旨是：为东北地区培养中国基督教的传道人及牧师。这在其招生简章中写得非常明确，设立神学院，“为造就男女传道员及教师、牧师并宗教教育合宜之人”。该校设有全部神学院课程。学院的师资力量由英国和中国的讲师组成，学院的院长、干事等，均由外国人担任。从学院创建到 20 世纪 30 年

---

① 满洲基督教联合会编：《满洲基督教年鉴》，满洲基督教联合会 1938 年版，第 235 页。

② 锦州市地方志编纂委员会办公室编：《锦州市志 · 综合卷》，中国统计出版社 1994 年版，第 531 页。

③ 满洲基督教联合会编：《满洲基督教年鉴》，满洲基督教联合会 1938 年版，第 233 页。

④ 沈阳市人民政府地方志编纂办公室编：《沈阳市志（十六）社区 · 人民生活 · 民政 · 少数民族 · 宗教 · 风俗 · 方言》，沈阳出版社 1994 年版，第 351 页。

代初，共培养了200余名毕业生。[①]

其他神学院校与此大致相同，如吉林妇女学道馆的办学宗旨是“培养女性传道人”，学制三年，设置圣经、识字、社会与自然常识、算术等课程。从1920年创办到1941年停办的20年间，共招收学员100人左右，学员毕业后，选择优异者做传道人。加拿大海外联合宣教会创办的龙井圣经学院，招收学员皆是朝鲜族，具备小学以上文化程度，学制三年，毕业后充当农村传道人。[②] 这些神学院校，因其培养目标明确，课程设置专一，学员志向坚定，故培养的传道人具有更高的业务素养，他们毕业后，被输送到东北各地教会中，逐渐成为教会传道的中坚力量。

三　本土布道人员的地位和作用

本土布道人员在基督教向东北传播的过程中发挥了重要作用，但在近代特殊的历史背景下，他们在社会上以及教会中的地位却因其身份的原因而有所差异。

（一）本土布道人员的地位

本土布道人员的地位可大致从其在社会上和教会中的地位两方面来考察，由于目前关于东北地区本土布道人员的详细资料尚未发现，现仅据掌握的一些资料对其在社会及教会中的地位做一简要勾画。

传教士在初入东北时，就已经开始培养和使用本土布道人员，但本土布道人员在社会上的处境却是相当困难的，在布道过程中常常遭遇非难。辽阳教会初立之时，刘全岳主堂传教，“时有疯人张某，及旗署弁兵，驳辩笑骂，侮辱层出”。[③] 李承恩在海城布道时，也经常遭遇当地民众的排斥，其中“卜士角子阳扰害尤甚”，“尝唆人投孩尸于堂，谓候耶稣令之复活，而堂门匾额，被毁者再”。[④] 从中可以看出本土布道人员在传教过程中的艰难，也从一个侧面反映了当时本土布道人员的社会地位。

除此以外，本土布道人员还有来自地方官府的压力。一些地方官员由

---

① 辽宁省地方志编纂委员会办公室编：《辽宁省志·宗教志》，辽宁人民出版社2002年版，第220—221页。

② 吉林省地方志编纂委员会编：《吉林省志·宗教志》，吉林人民出版社2000年版，第341—342页。

③ 满洲基督教联合会编：《满洲基督教年鉴》，满洲基督教联合会1938年版，第93页。

④ 同上书，第87页。

于条约保护条款的原因，有时不敢直接针对传教士采取反对行动，但对本土布道人员却可以直接进行打击。高积善在吉林城委托宋存礼购买地基建教堂一事，便突出反映了本土布道人员在地方政府压力下的艰难处境。1893 年，高积善欲在吉林城内购买地基建教堂，但当时无人愿意把房产卖给外国人，以免引起不必要的纠纷。高积善便借给当地士绅宋存礼治愈疾患的机会，委托他出面代买，然后再转售给教会。宋存礼对高积善治愈疾患心存感激，便慨然应允。遂用银三千两购下东关朝阳街民居一处。翌年，售与教会。高积善便拿着房契到官府缴税，地方官不敢得罪洋人，所以，当面答允高积善，但随后便把宋存礼找去，“面斥不准卖与洋人，否则科以重罪”，高积善屡次与府署交涉，但官府“迫宋日急”，无奈，高积善携宋存礼远避营口，路经长春时，宋存礼接受纪礼备牧师洗礼，成为教徒。8 月，高、宋两人一同返回吉林，官府欲以勾引洋人入境罪严治宋存礼，“宋执条约辩，官怒，重笞之，肉绽血流，释而命之归”。但事情到此并未完结，又风传将军长顺欲杀宋存礼，高积善为此“电呈北京政府，事乃解”。[①]

义和团运动以后，特别是中华民国成立后，民众信仰自由的权利得到确认，基督教会在社会上的处境有所改变，基督教徒和传道人摆脱了当初遭受歧视的尴尬境地，开始在社会上占有一席之地。据 1920 年相关资料统计，当时，东北地区教会男信徒中约 30% 为农民，拥有田产多少不等；手艺人占 10%；其他劳动者占 10%；小贩占 10%；巨商大贾占 6%；其余为小商人。[②] 从该统计资料可以看出，当时东北地区信徒多属于中下层民众，在社会上并未有太显赫的地位。

本土布道人员在传教过程中发挥了很大作用，但在教会中的实际地位却不高。据资料统计，1920 年，东北三省外国职员人数共 172 人，其中，苏格兰、爱尔兰长老会与丹麦路德会三差会之宣教师人数共 160 人。而同一时期，东北三省只有 18 名按立中国职员。[③] 中外牧师和受薪职员比例相去甚远。即使在一个教会内部，有时中外职员之间的待遇也是有差别的。如辽阳基督教会，一名英国牧师月薪 25 镑，年计 300 镑，合银元

① 满洲基督教联合会编：《满洲基督教年鉴》，满洲基督教联合会 1938 年版，第 102 页。

② 中华续行委办会调查特委会编：《中华归主——中国基督教事业统计（一九〇一——一九二〇）》中卷，中国社科院世界宗教研究所译，中国社会科学出版社 1987 年版，第 514 页。

③ 同上书，第 510—511 页。

5100 元。已婚牧师每人另加 150 镑，合银元 2550 元。每一个小孩年加 50 镑，合银元 850 元。每家分配工人 2 名，发银元 420 元。冬季取暖煤 4 吨，46 元。夏季去北戴河避暑 200 元。英国女教士月薪 15 镑，年计 180 镑，合银元 3060 元。工人 1 名，240 元。冬季煤数不详，去北戴河疗养，费用 200 元。英国医生待遇高于牧师，年合银元 6000 元，其他待遇和牧师相同。除此以外，英国人每工作 5 年，回国度假 1 年，往返乘船享受二等船票待遇，用钱最多。教会中工作的中国人工资为，一般传道人，月薪 12—20 元。中国牧师，月薪 30—50 元。一般传道人和牧师住房、水、灯油、柴油由所在教会负担。[①] 由此可见，教会中本土布道人员和外国布道人员之间的地位差距还是很悬殊的。尽管后来随着教会自立趋势的加强，一些教会组织了董事会，由中外信徒共同管理教会事务，在一定程度上提高了本土布道人员的地位，但这种改变是非常有限的，董事会中的重要职位大都由外国人来充任，外国教士掌控教会的局面始终未得到彻底改变。

（二）本土布道人员的作用

本土布道人员由于自身的一些优势，在推进基督教工作方面发挥了积极的作用，特别是一些优秀的本土布道人员，如王静明、刘全岳、常森等，他们以顽强的毅力和坚定的信念，开辟了一个又一个传教区域，为基督教的发展作出了突出贡献。正如一些传教士所说："本地助手是我们的眼睛，我们的舌头，我们的手，我们的脚。他们帮助填平一个穿西装来自西方文明的西方基督徒与穿中服具有他们自己文明特点的中国朋友之间的鸿沟。"[②] 王静明是罗约翰在营口发展的第一批教徒中的佼佼者，为苏格兰长老会在东北立足和发展立下了汗马功劳，协助罗约翰等相继开辟了奉天、辽阳等传教基地。其传教工作情况参见第一、二章相关部分。

刘全岳（1852—1940），东北地区第一位中国籍牧师。1878 年，他在奉天东关基督教长老会受罗约翰洗入教。逾二年，任传道职，资料记载，他在传教过程中"勤于主工，不畏艰苦，创建之功，多利赖之"。因此，1896 年，他被任命为奉天教会牧师，成为东北地区第一位中国籍牧师。1897 年，是英国统一基督教长老会的庆贺之年，届时，每一个传道区，

---

① 柳兆卿：《基督教传入辽阳》，载辽阳市政协文史资料研究委员会编印《辽阳文史资料》第 5 辑，1990 年版，第 133 页。

② 刘家峰：《近代中国基督教运动中的差会与教会关系概论》，载陈建明、刘家峰主编《中国基督教区域史研究》，四川出版集团巴蜀书社 2008 年版，第 49 页。

包括印度、中国、南非和牙买加等地各邀请一名牧师到苏格兰参加庆典。刘全岳作为中国东北地区的教会代表，“西渡英国，游历观光，采摭教政，期年始归”。[①]此次出访，许多活动，都是由司督阁为其安排并亲自担任翻译的。其“如画一般的书法，雄辩的口才，以及那时仍然给满洲教会带来巨大收益的宣道等等，都在苏格兰引起了浓厚的兴趣”。[②]回国后，他仍然勤于神功，不辞劳苦，开展教会事业，先后建立教会多处，“奉天信徒日增”，1919年退休。[③]

关于常森，上文“个人布道”中对其传教情况已经有所介绍，但其富有传奇色彩的信徒经历，使我们有必要对其多一些了解。青年时代，他是家乡太平沟一带有名的赌徒，品行恶劣。后来，在一场病患中，他双目失明。奉天有位外国医生能使瞎子复明的传说引起了他的注意。他便卖掉自己的财产，携款前往奉天。当还有几天就要到达奉天的时候，他遭到了土匪的抢劫，身上的钱财被洗劫一空，他沿途乞讨，最终来到司督阁在奉天创办的盛京施医院，此时，他已经形同乞丐了。司督阁这样记述了当时的情形：一天夜间，一位盲人摸索着来到我们的门前。他显得相当可怜，穿着破衣服，瑟瑟发抖，而且身无分文，忍受着痢疾和失明之苦。虽然他只有37岁，但看起来相当苍老。[④]但此时的盛京施医院还处于初创时期，医院相当狭小而拥挤，连给他找个存身的地方都没有。最后，医院传教士把自己的床让给他，常森才住了下来。经过长达一个多月的治疗，他的疾病被治愈了，视力也稍微得到一些改善，但完全复明是不可能了。在这一个月的时间里，他对基督教产生了浓厚的兴趣，这当然与医院里传教士的思想灌输有着很大的关系。当他出院的时候，他向传教士魏雅各表示愿意马上接受洗礼，魏雅各觉得，如此短的考察期，这样做是不明智的。但答应他日后一定到他的家乡去看他。常森就这样带着失望的心情返回了自己的家乡。

---

① 满洲基督教联合会编：《满洲基督教年鉴》，满洲基督教联合会1938年版，第89—90页。

② ［英］伊泽·英格利斯：《东北西医的传播者——杜格尔德·克里斯蒂》，张士尊译，辽海出版社2005年版，第101页。

③ 辽宁省地方志编纂委员会办公室编：《辽宁省志·宗教志》，辽宁人民出版社2002年版，第184页。

④ ［英］伊泽·英格利斯：《东北西医的传播者——杜格尔德·克里斯蒂》，张士尊译，辽海出版社2005年版，第57页。

六个月后，魏雅各到北部地区旅行考察，顺路到太平沟看望常森。当他到达遥远偏僻的太平沟时，他为常森回到家乡后几个月的行为震撼了。原来，常森从奉天回到家乡后，就向人们讲述基督教，并走村串户去宣传基督教。尽管人们对他有不同的看法，反对的、祝福的、诅咒的等等。但整个山村被他搅动了。日复一日，他祈祷能够得到来自上层的帮助，他唱着从盛京施医院里学来的圣歌，然后独自动身，拄着手杖在黑暗的道路上摸索着前行，去向人们讲述上帝的儿子耶稣为了人类而被钉死在十字架上的故事。经过努力，他的家乡已经有许多人热心询问基督教的教义，并且有几个人完全信仰基督教，希望成为一名基督徒。魏雅各在太平沟住了几天，为那些对基督教感兴趣的人进行指导，并和愿意进行洗礼的人进行了长时间的私人谈话，经过考察，他为包括常森在内的9个人施了洗礼。受洗之后的常森，更加积极地投身于传教事业，他继续走村串户宣讲基督教，他的热忱和真诚感动了村民，人们主动给他提供食品，妇女们为他缝制衣服，儿童们为他领路，当一个地区建立起一个小教会之后，他就到另一个地区去宣教。没有人命令他如此，他也没有得到过任何报酬。①

后来，常森因误信一名当地医生用针灸方法能治愈眼睛的说法而最终完全失明了。教会安排他去北京开办的盲人学校学习，通过盲文，他通晓《新约》的全部内容，每章每节都很清楚，对《旧约》的大部分内容也了如指掌。1900年夏天，义和团运动爆发，常森成为义和团搜寻的主要对象，他被教友藏在胜利沟的山中，每天偷偷给他送饭。一伙义和团因没有找到常森而恼怒不已，威胁要杀死所有的基督徒，还要烧毁胜利沟的房子，杀掉村民。常森得知后，即从隐身之处走出，向义和团自首，义和团杀害了他以后，没有继续伤害这个地区的其他教徒。② 事后，人们在县城为他竖立了一块纪念碑，以感念其事。许多年后，有人请教司督阁医生在其生活经历中最有价值的事件时，他讲述了常森的故事，并说道："如果一个人在沈阳劳动一生，唯一的结果只是把瞎张（即常森，作者

① ［英］伊泽·英格利斯：《东北西医的传播者——杜格尔德·克里斯蒂》，张士尊译，辽海出版社2005年版，第60页。

② ［英］杜格尔德·克里斯蒂：《奉天三十年（1883—1913）——杜格尔德·克里斯蒂的经历与回忆》，张士尊等译，湖北人民出版社2007年版，第101—104页。

注）——那位满洲的最初传道者转化为基督徒，那也是非常值得的。”①

这几个人只是东北地区广大本土布道人员的典型代表，还有更多的本土布道人员投身于基督教传播事业之中，正是由于这些本土布道人员默默无闻的辛勤工作，才最终使基督教在东北开花结果。司督阁以切身的体会，深深地感受到了本土布道人员在基督教传播中的重要作用：“基督教在满洲的发展，更为重要的原因是从传教工作开始时就采取的政策。这个政策最突出的原则是教会必须是中国人的，而不是外国人的。传教士们鼓励中国教徒自己承担起在同胞中传播福音的使命。从一开始，责任就落在中国福音传道者和教徒肩上，而恰恰是他们培养了如此多的基督徒。”②这也是对近代东北广大本土布道人员的中肯评价。

---

① ［英］伊泽·英格利斯：《东北西医的传播者——杜格尔德·克里斯蒂》，张士尊译，辽海出版社2005年版，第62页。

② ［英］杜格尔德·克里斯蒂：《奉天三十年（1883—1913）——杜格尔德·克里斯蒂的经历与回忆》，张士尊等译，湖北人民出版社2007年版，第65页。

第四章　东北的基督教教育事业

兴办教育，是基督教在近代东北除布道以外的一个重要活动，传教士从踏上这片土地之日起，就开始了办学的历程，在1931年前，基督教在东北地区建立起了从幼稚园、小学、中学到大学的一整套学制完备的教育体系，囊括了普通教育和特殊教育等领域。教会学校创办的目的是借学传教，但在近代东北风云变幻的历史环境中，它也不断地调整着自己的方向，以在社会上获得发展的优势空间，在此过程中，教会学校的发展并未完全获得初设时预想的理想效果，其新式的办学理念和教学模式却在东北教育体制的近代转型中留下了深刻的印痕。

第一节　基督教兴办教育的原因

教会在华办学，“不过为着传播宗教活动之一种，这是无可讳言”。[①]正如一些传教士自己所言：“基督教会之学校，初非专门之教育家所设立，其志亦并不在教育人才以促进教育之进步，乃欲以学校为一种补助之物，以助其宣传福音之业。”[②] 但这只是一种笼统的说法，具体到每个地区、每个差会，又会因为时间、地点以及环境等因素的影响而有所差异。基督教会在近代东北地区兴办教育事业，主要是因为教育事业在传教过程中发挥着重要作用。

---

① 陆丹林：《民国前的教会女学校》，载陈学恂主编《中国近代教育史教学参考资料》下册，人民教育出版社1993年版，第83页。

② 《基督教教育事业》，载李楚材主编《帝国主义侵华教育史资料——教会教育》，教育科学出版社1987年版，第5页。

一 破除传教阻碍的有效手段

基督教近代入华，遭遇到人民的强烈排拒。这从早期来华传教士的陈述中可见一斑。英国伦敦会著名传教士杨格非在给伦敦的报告中，这样陈述了他在中国传教的困难："中国人似乎是我所见到和了解到的最漠不关心、最冷淡、最无情、最不要宗教的民族。他们全神贯注于这样的问题：我们将吃什么？我们将喝什么？或是我们拿什么来蔽体？他们留心听道，听了以后说，很好。但只到此为止。"面对如此情形，他发出了这样的喟叹："要把福音的真理灌输给这样一个民族，是何等的困难啊！"[①] 初抵东北的传教士也遭遇了同样的困境，司督阁到达东北后，就深切地感受到了这里的抵制氛围，"满洲制度化宗教，如佛教和道教，可能比中国其他地方要弱一些，但是，传统信仰和迷信的统治势力还很大。像所有人一样，那里的人们除了他们自己之外，把任何外人的知识都拒之门外"。[②] 如何改变这种状况，为福音传播找到一个合适的手段至关重要。很快，传教士们就发现了学校教育在这方面的独到作用。"仕而优则学，学而优则仕"，中国社会是极重知识、推崇文化教育的国度。在这样的国度里，办教育是历来为各阶层欢迎、称道的善举。早期来东北的传教士们，在建立传教据点以后，就开展办学工作，并借此打开了传教局面。基督教在东北创办教育伊始，就把目光放得比较长远，招收学生时并不仅仅局限在教会内部，在招收信徒子女入学的同时，也招收非信徒子弟。尽管初期由于教会学校不被当地人认可而在招收教外子弟就学方面效果并不理想，但随着西学逐渐被人们接受以后，情况就大为改观了。锦州育贤中学初办时仅有教徒子弟入学，但后来，由于学校培养的学生学习成绩优良而在社会上声望大增，"以致不信教人家也愿将孩子送来就学"[③]。丹麦传教士聂乐信在大孤山创办的崇正女校，初创时，由于人们受旧思想、旧风俗的影响，女孩上学阻力较大，时人对此"讥讽较多"，致使学校入学人数很少。后来，随

① 顾长声：《从马礼逊到司徒雷登——来华新教传教士评传》，上海书店出版社 1985 年版，第 189 页。

② [英] 伊泽·英格利斯：《东北西医的传播者——杜格尔德·克里斯蒂》，张士尊译，辽海出版社 2005 年版，第 38 页。

③ 锦州市地方志编纂委员会办公室编：《锦州市志·综合卷》，中国统计出版社 1994 年版，第 530 页。

着社会的发展和人们思想观念的改变，女子上学接受教育逐渐为人们所接受，社会上送女孩子入崇正女校就学的人也越来越多，学校亦由此获得发展。[①] 东北地区其他教会学校也多有类似的发展经历，教会教育由初期被当地人排斥到最后为社会所接受，乃是教育事业自身功能作用的结果，人们在接受这些新生事物的同时，也就淡化了对随之附带的传教活动的抵触情绪，教育活动成为传教士手中化解阻碍的一种有效手段，破解了人们对基督教的排拒心理，为教务的发展铺平了道路。

二 扩大教会影响的有效途径

传教士们早就已经认识到，要真正扩大基督教在社会上的影响，仅仅争取下层民众是远远不够的，更重要的是对社会的中上层产生积极的作用。美国著名的传教士狄考文认为："教育在中国是晋升到上等阶层的最佳途径……中国的统治阶级不是最有希望的宣讲对象，但是我们整个使命不允许我们把他们忽略掉。而且他们领导与控制着民众，因此能够争取到他们中的一个作为一种达到伟大目标的手段来说，比争取到在他们统治之下的二十个人更为重要。就像在战争中一样，杀死或俘虏一个主要将领比杀死或俘虏一千个普通士兵更重要。"[②] 在这里，他也认识到要争取"中国的统治阶级"信仰基督教不是件很有希望的事，但他认为不应该放弃对他们的"宣讲"。而"给受洗入教的学生以智慧和品德训练，使其成为社会上和教会中有影响的人物，成为一般人民的教师和其他方面的领袖"，[③] 这一点经过努力是可以做到的，那么，兴办教育便是实现这个目标的一个重要渠道。早期来东北的传教士们也认识到教育在这里的重要性，司督阁曾经这样记述当时的感受，在沈阳，"少数受过教育的文人被尊崇为自然的领导人，家庭中最普通的愿望是至少产生一名学者"。[④] 为此，教会在培养人才方面，并不仅仅把目光局限在教会内部，为社会输送

---

① 辛国祥：《聂乐信女士在大孤山》，载政协辽宁省丹东市委员会学习文史委员会编印《丹东文史资料》第6辑，1990年版，第78页。

② ［美］狄考文：《基督教会与教育》，载朱有瓛、高时良主编《中国近代学制史料》第4辑，华东师范大学出版社1993年版，第93页。

③ ［美］狄考文：《怎样使教育工作更有效地促进中国基督教事业》，载朱有瓛、高时良主编《中国近代学制史料》第4辑，华东师范大学出版社1993年版，第95—96页。

④ ［英］伊泽·英格利斯：《东北西医的传播者——杜格尔德·克里斯蒂》，张士尊译，辽海出版社2005年版，第36页。

高质量的人才也是他们的努力目标之一。这就不难理解教会学校为何在向学生开设宗教课程的同时，还要讲授中国传统的儒家经典知识。其意便在以此向人们证明，教会教育在培养社会优秀人才方面，并不比中国传统教育差，甚至比中国传统教育模式取得的成果更为突出。近代中国东北的许多教会学校，确实也为社会培养了许多优秀人才，他们在各行各业中为社会发展作出贡献的同时，也就从不同侧面对教会教育进行了有益的宣传，从而扩大了教会的社会影响。海城三育中学毕业的学生有很多到邮政、海关、铁路、电报等各机关工作，为时人艳羡，“纷纷送子弟入学”，致使学校“大有人满之患”之虞。① 孟宗原在新民主持教会时创办的男女学校，因其“擅长教学”而人才辈出，“女学生升医院学护士、学大夫，或去任校长教员”，男学生除升学继续深造外，多在海关、铁路、税务等机关任职。而司督阁创办的盛京医学院，培养的医学人才在社会上影响更大，东北“地方府县之卫生局，院长医士”，“多由盛京施医院出身”，东北军中的许多军医人才，亦均出自该学院，如王宗丞、杜承恩、魏荣祺、魏叔和等，当时东北军军医药，有英日包办之说，“英国造就医务人材，日本人供给医药材料”。② 如此，教会兴办教育，在为自己培养人才的同时，也通过向社会输送人才的方式，扩大了教会的正面影响，为传教事业的发展营造了良好的社会条件。

三　提高业务素质的客观需要

关于教会培养本土布道人员的必要性，前文已经论及，这里不再赘述。要不断把教务推向一个更高的层面，就必须有一个素质过硬的布道队伍。要做到这一点，教育是最佳途径之一。传教士们经过摸索和实践，在这一点上达成了共识，“教育是培养一批有效而可靠的当地牧师的重要手段。要使所有本地的传教士都受过高等教育，这是不可能也是不必要的……但是本地的传教士都应当是受过教育的人，这是没有什么疑问

---

① 王明圣：《忆海城基督教的三育中学》，载政协辽宁省海城市委员会文史资料工作委员会编印《海城文史资料》第2辑，1988年版，第20页。

② 钱公来：《西方宗教对东北文化经济政治之影响》，载王大任主编《东北研究论集》二，中华文化出版事业委员会1957年版，第226、233—234页。

的”。[①]“教会教育事业，当以养成学者为基督徒之人格，培植青年克成社会上有用之人物，造就教会中学术优长之士，与教会各职之领袖。”[②]“教会学校的目的，我认为是要对学生进行智力的、道德的与宗教的教育，不仅使他们皈依上帝，而且使他们在信仰上帝以后能够成为上帝手中捍卫和促进真理事业的有效力量。”[③] 在强调对信徒进行必要教育的同时，他们还强调要对信徒子女进行教育，“因为信徒子女是构成基督教团体的重要成分”，教会学校不仅对信徒的下一代进行宗教教育，“而且在社会、经济、卫生保健等方面都可做出优异的贡献”，这不仅仅是为了满足社会的需要，更重要的是可以借此“培养未来的教会领袖”。[④]“欲吾道通行中国，必须各教会多设书院，广集会中子弟”，聘请中西教会通儒，教以“各种有用之书”，“令会中人材蔚起”，然后选拔德才兼备者，委以会中重任，同时又培植英杰，“上达朝廷，下达草野”。[⑤] 这样，才能真正实现教务的持久发展。正是基于以上认识，东北地区的教会学校无一例外地都把培养传教人才作为办学的主要宗旨之一，在课程设置和学校业余生活中处处渗透着宗教的气息。丹麦路德会创办的崇正女校，每天早七时到七时半，为宗教活动时间，一般学生自由参加。活动内容主要有唱赞美诗、诵圣经、祈祷等。师范部的学生毕业后多到各地教会办的幼稚园和学校任教师，少数到各地教会医院做护理工作。[⑥] 奉天坤光女中，招收的学生均系奉、吉、黑三省基督教信徒子弟，学员一律住校，严守宗教仪式，除星期日列队到东关教会做礼拜外，平时一律禁止外出。[⑦] 其他教会学校也大多如此，教会学校这样做的目的，无非是通过这种形式的管理和引导，使学

① ［美］狄考文：《基督教会与教育》，载朱有瓛、高时良主编《中国近代学制史料》第4辑，华东师范大学出版社1993年版，第90页。

② 《教会之教育事业》，载李楚材主编《帝国主义侵华教育史资料——教会教育》，教育科学出版社1987年版，第10页。

③ ［美］狄考文：《基督教会与教育》，载朱有瓛、高时良主编《中国近代学制史料》第4辑，华东师范大学出版社1993年版，第86页。

④ 中华续行委办会调查特委会编：《中华归主——中国基督教事业统计（一九〇一——一九二〇）》中卷，中国社科院世界宗教研究所译，中国社会科学出版社1987年版，第610页。

⑤ 周之德：《振兴学校》，载李楚材主编《帝国主义侵华教育史资料——教会教育》，教育科学出版社1987年版，第39页。

⑥ 辛国祥：《聂乐信女士在大孤山》，载政协辽宁省丹东市委员会学习文史委员会编印《丹东文史资料》第6辑，1990年版，第80页。

⑦ 辽宁省地方志编纂委员会办公室编：《辽宁省志·宗教志》，辽宁人民出版社2002年版，第228页。

生走上信奉基督之路。至于教会为培养专门传教人才的神学院校，更是把提高布道人才素质作为办学的主要目标之一。这些经过教育训练培养出来的人才，一旦走上为教会发展服务的道路，对教会事业的进步无疑是有很大的推动作用。

第二节 教会教育的创办与发展

东北地区教会教育的创办与发展，可以大致以1900年为界，分为前后两个阶段，从基督教传入到1900年，为东北地区教会教育的初创时期，这一时期教会学校主要是由率先进入此地的爱尔兰和苏格兰两个长老会所建；1900—1931年，为基督教在东北创办教育的第二阶段，这一时期，随着教务的发展和其他教会的纷纷涌入，东北地区教会学校进入了快速发展的时期，各级各类学校先后建立，教育体系日渐完备。

一 教会教育在东北的初创

从基督教差会在东北办学辅助布道至1900年，是教会教育在东北地区的初创时期。这一时期，教会教育主要在中小学校建设方面取得初步成果，特殊教育只是刚刚萌芽而已。

（一）普通教育的发轫

爱尔兰长老会和苏格兰长老会的传教士们在踏上东北之日起，就把教育工作作为传教工作的一部分。在早期，教会试图定期性地在城镇和乡村开办学校，让那些通常只学习中国经典知识的人学习基督教的《圣经》。但此时是教务在东北地区发展的初期阶段，各项工作千头万绪，常常弄得传教士们顾此失彼。由于人手不足，他们感觉对学校的合适控制都难以做到，离开传教士的直接监管就会出现混乱。此时传教工作对教会的人员和金钱的来源不断提出要求，以至于几乎没有闲余的东西来办教育。[①] 所以早期的教会学校时断时续，更多的教会学校是在19世纪末才建立起来，并为以后的继续发展奠定基础。现将这一时期主要的教会学校作一简要介

① D. MacGillivray, *A Century of Protestant Missions in China (1807—1907), Being the Centenary Conference Historical Volume*, Shanghai: Printed at the American Presbyterian Mission, 1907, p. 226.

绍，以对此期间教会学校的发展情况有个大致了解。

海城三育中学

苏格兰长老会牧师马钦泰创设。1886 年，马钦泰常驻海城后，逐渐在附近城乡设立男女义塾，使贫家子女无力就学者得受相当教育。[①] 1890 年，为使教徒子弟接受教育，于县城开设三育中学。学生均为教徒子弟，免收学杂费，还补助伙食和笔墨纸张等文具费。所学课程，以《圣经》和英文为主要学科，同时还开设四书五经等课程。马钦泰亲自讲授《圣经》，他的妻子教授英文，另外还聘请专人讲授四书五经、算术、物理、地理等课程。初办时，仅招收学生 20 人，校舍设在一租借民房内，条件简陋。学习年限不定，以能学会英语会话、翻译简单信件和阅读英文报刊为结业标准。结业后由教会负责推荐职业。1900 年，义和团运动发生，马钦泰携眷逃离海城回国，教会归当地人自办。[②]

锦县私立育贤小学

1895 年，爱尔兰长老会伊约翰牧师来锦县（今锦州）布道，感于人才缺乏，乃创立学塾一所。[③] 学校位于东关福音堂，称育三蒙学堂，招收初小一个班。其目的主要是进行基督教的宣传和培养传教骨干。教学内容除文化课外，还让学生学神学，做礼拜。招生最初只限教徒子女，后来也招收非教徒子女。[④]

基督教立育英女子小学校

设于 1895 年，爱尔兰长老会所建。伊约翰在创办育贤小学时，又于锦县东关双岔子施医院内设立育英女子小学校一所，招收一个班级。学生除学习文化课外，还要接受宗教教育。目的是借办学扩大基督教的影响，同时培养基督教人才。学校以招收教民子女为主，同时也招收一些非教民子女。[⑤]

辽阳文德中学

苏格兰长老会德教治牧师所建，1890 年，他受教会委派来到沈阳，

---

① 陈荫翘等修，宋作宾等纂：《海城县志》卷四，海城县公署县志馆 1937 年版，第 19 页。

② 王明圣：《忆海城基督教的三育中学》，载政协辽宁省海城市委员会文史资料工作委员会编印《海城文史资料》第 2 辑，1988 年版，第 18—19 页。

③ 满洲基督教联合会编：《满洲基督教年鉴》，满洲基督教联合会 1938 年版，第 241 页。

④ 吕书田：《锦州私立育贤中、小学历史沿革》，载政协锦州市委员会学习文史委员会编印《锦州文史资料》第 9 辑，1990 年版，第 98 页。

⑤ 郭集智：《育英女校·县立第一·铁路扶轮——介绍凌河区境内历史较长的三所小学》，载政协辽宁省锦州市凌河区委员会学习文卫办公室编印《凌河文史资料》第 2 辑，1989 年版，第 47 页。

在此学习汉语。1894年，赴辽阳处理李雅各牧师遇害事件。1895年回国休假。1896年返回中国后被派到辽阳，主持传教工作。他见到当时中国教育落后，拟设学馆讲授西学。适逢1898年戊戌政变，社会上提倡新学之声高涨，他认为时机已到，乃筹款设立文会馆。地址在辽阳城内东五道街天齐庙后院，招收学生十数人。1900年义和团运动爆发，文会馆停办，此即后来文德中学之先声。

在当时的教学活动中，宗教活动是一项重要的内容。圣经课每周讲授2节课，为必修科目。除此以外，宗教仪式也是必不可少的，每天早晨上课前，要进行20分钟的礼拜仪式。礼拜日，全体学生去礼拜堂参加90分钟左右的礼拜，其余时间为学生校内自由活动时间。办学经费主要来自苏格兰长老会。①

榆树县文华小学

1892年，爱尔兰长老会盖雅各牧师到榆树建堂布道。② 1897年，孟宗原牧师鉴于当地信徒子女无处入学，遂与刘舒齐、刘子章、张延山等人于城镇北关租房创立蒙学班。1900年，校址迁移至南关，当年因为义和团运动发生而停办。③

这是1900年以前基督教在东北创办的几所较著名的中小学情况。除此以外，教会在同一时期创设的中小学校还有一些，列表如下：

表4—1　1900年以前基督教会在东北地区创设主要教会中小学校一览④

学校名称	所属教会	创办地点	创办人	创设年代
育德女子小学	不详	营口大石桥	不详	1887
三育中学	苏格兰长老会	海城	马钦泰	1890
崇德初级中学	爱尔兰长老会	法库	许文明	1894

① 《基督教会在辽阳所创办的学校》，载辽阳市政协文史资料研究委员会编印《辽阳文史资料·教育选辑》第1辑，1985年版，第77—79页。

② 榆树县志编纂委员会编：《榆树县志》，吉林文史出版社1993年版，第867页。

③ 满洲基督教联合会编：《满洲基督教年鉴》，满洲基督教联合会1938年版，第243页。

④ 本表主要参考《满洲基督教年鉴》、《辽宁省志·宗教志》、《吉林省志·宗教志》、《沈阳市志（十六）社区·人民生活·民政·少数民族·宗教·风俗·方言》、《榆树县志》等相关资料制成。

续表

学校名称	所属教会	创办地点	创办人	创设年代
育贤小学	爱尔兰长老会	锦州	伊约翰	1895
育英女子小学	爱尔兰长老会	锦州	伊约翰	1895
沙后所私塾馆	爱尔兰长老会	兴城沙后所	邓玉堂	1895
公主屯小学	不详	新民公主屯	王桂芬	1895
育才女中	苏格兰长老会	辽阳	不详	1895
文华小学	爱尔兰长老会	榆树	孟宗原	1897
文德初级中学	苏格兰长老会	辽阳	德教治	1898
纯贞女子小学	不详	法库	不详	1898
慎德女子小学	爱尔兰长老会	奉天	傅多玛夫人	1900

（二）特殊教育的萌蘖

随着教务的发展，布道人员的数量和素质日益成为教会进一步发展的关键因素。从早期开始，教会就注意在当地传教士中开展教育工作，吸收他们每年到中心站进行一段时间的实践训练。① 这种短期培训的方式在传教初期尚可应付，到后来就显得有些捉襟见肘了。于是，一些教会进行了试办神学教育的尝试。1895 年，爱尔兰长老会伊约翰牧师同其妻邸回春教士到锦州教会后，邸回春看到“蒙学”只收男生，遂又创办了一个妇女“学道馆”，招收不同年龄的妇女，除教识字启蒙课外，也教《圣经》课程。②

除此以外，比锦州妇女学道馆影响更大的则是爱尔兰和苏格兰两个长老会合办的奉天神学院。1891 年，苏、爱两长老会正式联合发展教务以后，两派势力发展迅速，为谋求教会事业取得更大的进步，1895 年，两差会在奉天开办“学道班”，即初级神学，目的是为中国东北地区培养本土传道人及牧师。每年召集东北地区各教会传道人，按期轮流培训，学时一个月，传授圣经课程。当时的负责人是英国牧师罗约翰，讲师有英国牧

① D. MacGillivray, *A Century of Protestant Missions in China* (*1807—1907*), *Being the Centenary Conference Historical Volume*, Shanghai: Printed at the American Presbyterian Mission, 1907, p. 217.

② 锦州市地方志编纂委员会办公室编：《锦州市志·综合卷》，中国统计出版社 1994 年版，第 531 页。

师魏雅各，中国牧师刘全岳等人。1898 年，苏格兰、爱尔兰两长老会决议，联手创办“奉天神学院”。[①] 学院建立后，罗约翰为院长，外籍讲师有英国牧师魏雅各、傅多玛、英雅各，中国讲师有刘全岳、许文明牧师等人。入学者的资格，暂定由“学道班”培训 4 次以上者，考试及格，经考察信仰虔诚、传道得力、品质优良、慕道心切、为区、堂会所保荐者，即可入学。期满四年，发给证书后，便取得封立为准试、聘用为牧师的资格。[②] 此为基督教在东北地区神学教育发轫期间较有影响的办学活动，尽管后来因为义和团运动而暂时中辍，但这些尝试为以后东北地区神学教育的进一步发展奠定了基础。

（三）此阶段东北地区教会教育的特点

此阶段为教会在东北地区初创教育的时期，其特点如下：

从学校所属教派及地域分布上来看，这一时期的教会学校几乎由爱尔兰和苏格兰两个长老会包办，分布范围则主要集中在奉天和吉林地区，其中尤以前者为最。这与此阶段基督教在东北地区的活动状况是相吻合的，因为这一时期在东北地区进行传教的主要是苏、爱两个长老会，爱尔兰长老会主要在关东西北部进行传教活动，爱尔兰长老会则主要以关东东北部为自己的布道范围，教会学校便在其活动范围内的主要堂会所在地开办起来。

这一时期的教会学校不仅规模小，人数少，程度低，经费困难，教学活动不正规，而且在发展过程中始终从属于福音传播。一个传教士到某地后，便以教堂为依托，招收幼童入学，教授一些简单的读、写、算等知识，即为最初的学校，传教士兼任教师，开设的课程主要是以宗教内容为主，同时也开设一些儒家经典知识。由于是初期设学，这些学校并不被传统经学教育为主的人们所认可，所以入学者并不多，且多为教徒子弟。1893 年，邓玉堂到兴城传教，在城内买一处房舍，成立教会，并办私塾馆一处。两年后，沙后所教会办私塾馆一处，仅有学童 16 人。[③] 1894 年，许文明在法库创设初级小学三个班，三年后，添设高级一个班，逐渐增至三个班。[④] 前面提到的锦县私立育贤小学，开办时仅招收初小一个班。同

---

① 满洲基督教联合会编：《满洲基督教年鉴》，满洲基督教联合会 1938 年版，第 233 页。

② 辽宁省地方志编纂委员会办公室编：《辽宁省志·宗教志》，辽宁人民出版社 2002 年版，第 220—221 页。

③ 安德才主编：《兴城县志》，辽宁大学出版社 1990 年版，第 527 页。

④ 满洲基督教联合会编：《满洲基督教年鉴》，满洲基督教联合会 1938 年版，第 242 页。

一时期其他教会学校情况也大多如此。据记载，1899 年前，爱尔兰长老会在东北设立了 32 所学校，学生合计 375 名。[①]

这一时期，教会学校的课程设置也很随意，没有统一的安排，都是创办者自己安排教学活动，学制也没有统一的标准。辽阳文德中学英文课使用自编教材，算术课则使用上海广学会编写的《笔算术学》，学习年限也没有统一的规定，学完课本内容，学生就算毕业。[②] 上文提到的海城三育中学学生学习也是年限不定，其他同一时期的教会学校也大多如此。

同时，这一时期的教会学校开设的目的完全是传教，学校本身就是布道站，传教士往往一身二任，既是牧师又是教师，而以牧师的角色更为重要，开设的课程以宗教内容为主，教育始终笼罩在福音的阴影里，这也正体现了教会办学的理念，即“在强烈的宗教影响下进行教育”[③]。

教会学校隶属于所属差会管辖，与地方政府并无瓜葛，独立于中国教育体系之外。锦州基督教立育英女子小学校建立后，当时的地方政府对它既未指导，也未干涉。[④] 其他教会学校也是如此。出现这种情况的原因，正如一些人所说的那样：“外国人在中国内地各省设立学校，教育中国国民，本没有条约的根据，当时的官吏，存着多一事不如少一事的心理，从不加以注意去管理，任由他自由发展。”[⑤] 一语中的，这也是半殖民地时代强权政治在教育领域的一个反映。

二　教会教育在东北的发展

1900—1931 年，是教会教育在东北地区的发展阶段。这一时期，经过义和团运动的短暂顿挫，基督教差会调整了传教策略，教会在东北地区

---

① D. MacGillivray, *A Century of Protestant Missions in China (1807—1907), Being the Centenary Conference Historical Volume*, Shanghai: Printed at the American Presbyterian Mission, 1907, p. 231.

② 《基督教会在辽阳所创办的学校》，载辽阳市政协文史资料研究委员会编印《辽阳文史资料·教育选辑》第 1 辑，1985 年版，第 77—78 页。

③ ［美］狄考文：《怎样使教育工作更有效地促进中国基督教事业》，载朱有瓛、高时良主编《中国近代学制史料》第 4 辑，华东师范大学出版社 1993 年版，第 95 页。

④ 郭集智：《育英女校·县立第一·铁路扶轮——介绍凌河区境内历史较长的三所小学》，载政协辽宁省锦州市凌河区委员会学习文卫办公室编印《凌河文史资料》第 2 辑，1989 年版，第 47 页。

⑤ 陆丹林：《民国前的教会女学校》，载陈学恂主编《中国近代教育史教学参考资料》下册，人民教育出版社 1993 年版，第 82 页。

的各项事业很快恢复并取得进一步发展。教会教育在这一阶段的发展主要体现在两个方面，一是普通教育体系日渐完备，基督教会在东北建立了从幼稚园、小学、中学到大学的一整套完备的教育体系；另一方面，特殊教育也取得进一步发展，神学教育逐渐完善之外，主日学、盲人教育以及实业教育等也纷纷兴办。

（一）东北地区教会教育发展的原因

义和团运动的发生，尽管使东北地区基督教势力的发展受到一定程度的遏制，但这场运动因时间短暂而未对基督教造成毁灭性的打击。义和团运动以后，原来在此发展教务的基督教会很快就卷土重来，不但恢复了原来的教会，而且获得了进一步发展。据记载，1902—1911 年间，东北地区基督教的发展速度超过了前 14 年。而且其发展还出现了两个新的趋向：其一是注重兴办传教辅助机关如施医院、教会学校和文化慈善机构，开拓了新的传教途径和增加了新的传教办法；其二是培养中国传道人，派遣到交通不甚方便的城镇村屯，创立福音堂、祈祷处和基督教活动点，扩大基督教的社会影响。[①] 1912 年以后，随着中华民国的建立，基督教尽管获得了比以前相对自由的发展空间，但教会教育事业仍是其传教活动的重要领域之一，这也是教务与教育双向互动的结果，教会教育在一定程度上促进了教务的发展，教务的发展也反过来推动了教会教育的进一步提高。

随着教会教育事业在传教过程中所起作用的日益凸显，这项原本在教会内部颇有争议的事业在 19 世纪末已经发生了根本性的变化。1877 年，以“学校教科书委员会”的成立为标志，在华教会教育事业已经发展到全国联合的趋势，1890 年，在上海召开的传教士大会上，将其改组为中国教育会（又称中华教育会），在章程中，对教育会的目的进行了明确的阐述：“本会以提高对中国教育之兴趣，促进教学人员友好合作为宗旨。”[②] 并规定，以后每三年，该会在上海开会一次，“核议关于教育各项问题”，[③] 由此，教会教育事业更向前迈进了一步。随着会务的发展，会

---

① 吉林省地方志编纂委员会编：《吉林省志·宗教志》，吉林人民出版社 2000 年版，第 308 页。

② 《中国教育会章程（1893）》，载朱有瓛、高时良主编《中国近代学制史料》第 4 辑，华东师范大学出版社 1993 年版，第 44 页。

③ 路思义：《中国基督教教育会》，载中华续行委办会编《中华基督教会年鉴》第 5 期，商务印书馆 1918 年版，第 105—106 页。

员的增多，新的问题出现了，因当时交通不便，会员分散各地，“聚集极难”，而且各地情形不一，遂开始实行设立地方教育分会的办法，并于1909年大会时关于此事作出决议：“凡地方教育会将其章程送交本会审查合格者，本会一律欢迎为分会。其详细合作办法，另由执行委员会规定之。”[①] 此后，各地纷纷组织分会。1912年5月第七次大会时，又议定新章，以各区所设的教育会为单位，以各区代表组织议事会。当时全国共分八区，第一区为直隶、山西、陕西、甘肃，第二区为山东、河南，第三区为浙江、江苏、安徽，第四区为湖北、湖南、江西，第五区为四川、云南、贵州，第六区为福建，第七区为广东、广西，第八区为东三省。每区推举三人加入议事会，其中至少一人为华人。东北地区的代表为劳教士（劳但理，奉天西关）、金女士（金济生，金州）和孟教士（孟宗原，新民府）。[②] 到1922年，合作区域已经发展到10个，即华东、华南、华西、华中、燕晋、福建、皖豫、湖南、东三省和山东。[③] 全国性的教育联合，加强了教会教育事业的组织性、计划性和目的性，从而有效地推进了这项事业的发展。东北地区作为全国基督教教育联合体之一，积极参与相关活动，为本地的基督教教育事业获得了更大的发展空间，从而有力地推动了本地区教会教育事业的发展。

东北地区教育改革的展开，为基督教教育的发展创造了有利条件。20世纪初，清王朝在经历了半个多世纪西方列强的侵略打击下，为了免遭灭亡的命运，被迫推行“新政”，在各方面采取了一系列的改革措施，对教育的改革也提到日程上来。1902年，清政府颁布《钦定学堂章程》，对学制等方面进行了新的规定，但并未具体实行。1903年，又颁布《奏定学堂章程》，开始在全国范围推行新学制，即“癸卯学制”。东北地区的教育革新，即以此为指导展开的。尽管这一时期教育改革的宗旨仍是围绕“中体西用”不变，但从学制以及教学内容上，都改变了过去中国传统的经学教育体系，开始学习西方。辛亥革命以后，中华民国政府在教育变革方面，较清末教育的改革则更为彻底一些。尽管这些变革有这样或那样的

① 程湘帆：《中华基督教教育会成立之经过》，载朱有瓛、高时良主编《中国近代学制史料》第4辑，华东师范大学出版社1993年版，第53页。

② 贾腓力：《中华教育会》，载朱有瓛、高时良主编《中国近代学制史料》第4辑，华东师范大学出版社1993年版，第48—49页。

③ 王治心：《中国基督教史纲》，上海古籍出版社2004年版，第283页。

不足，但它营造的学习西方教育的氛围，却在客观上为基督教教育的发展提供了一个有利的条件。

（二）东北地区教会教育的发展状况

1. 普通教育

普通教育是基督教在近代东北地区兴办教育着力发展的方向之一，其中中小学教育是其主体，在此基础上，还发展了一些高等教育和幼儿教育。

中小学教育

义和团运动以后，爱尔兰长老会和苏格兰长老会凭借其前期基础，迅速恢复了被毁学校，并进一步创办了许多新学校，在东北地区无论是办学规模，还是入学人数，其势力仍是独占鳌头。其次是丹麦路德会，在进入东北以后，和苏、爱长老会通力合作，发展教务的同时，也兴办教育，在教会教育事业方面仅次于长老会。同时，其他差会也陆续进入东北，在此开办了一些教育事业，但势力远远不及苏、爱长老会和丹麦路德会。

爱尔兰长老会在义和团运动平息以后，即返回东北，迅速恢复了各项事业。到 1903 年，教会学校数量和学生人数就已经和义和团运动前基本持平，1905 年，其在东北的教会学校数量达到 42 所，教师人数 38 名，在校学生 536 人，学校数量比 1899 年增加 10 所，学生增加近一倍。① 日俄战争结束后，东北地区迎来了一个相对平静的时期，教会学校也随着教务的发达而发展起来。据资料统计，到 1917 年，爱尔兰长老会在东北地区建立的小学校有 88 所，教师 109 名，学生 2266 人；高等小学 11 所，教师 12 名，学生 208 人；中学 9 所，学生 173 人。②

苏格兰长老会在东北的教育工作也因为义和团运动而终止，但在运动结束以后，随着教务工作的恢复，教会学校也相继得以重建，特别是在一些宣教师驻在地，教会学校不但得以恢复，还较之前有了很快的发展。到 1905 年，苏格兰长老会在海城、辽阳、奉天、兴京、开原等地的学校有 24 所，男女学生合计 458 人。详见下表：

① D. MacGillivray, *A Century of Protestant Missions in China* (*1807—1907*), *Being the Centenary Conference Historical Volume*, Shanghai: Printed at the American Presbyterian Mission, 1907, p. 226.

② ［日］芝田研三：《满洲宗教志》，满铁社员会 1940 年版，第 266 页。

表 4—2　　苏格兰长老会在满洲传教办学统计情况（1905 年）①　　（单位：个）

地名	学校		
	数量	男生	女生
海城	4	49	51
辽阳	10	80	87
奉天	3	53	20
兴京	5	64	3
开原	2	25	26
合计	24	271	187

到 1917 年，苏格兰长老会在东北地区建立的小学校有 106 所，教师 125 名，学生 2549 人；高等小学 11 所，教师 3 名，学生 18 人；中学 9 所，学生 334 人。②

丹麦路德会在东北地区兴办教育较之长老会要稍晚一些，主要教育事业大多是在 20 世纪初开始发端的。其中较早开办的著名学校有崇正女子学校和培英学校。崇正女子学校是聂乐信在东沟孤山东关创办的，肇始于 1903 年，当年，她在施医布道中收养的 3 名女孤儿已经到了入学年龄，为了让她们接受教育，聂乐信就聘请教师为她们讲授小学课程。1904 年，又有基督徒把女孩子送给聂乐信，请求一起代教。这样就把 7 名女孩子编为一个年级，以后逐年接收学生入学，到 1907 年，已经发展为拥有四个年级的初级小学。1908 年，她又创办高级小学，次年就发展为初小四年、高小二年的完整小学校。随着教育的发展，后又相继增加了初中、幼儿、师范等教育。学校经费主要源于丹麦教会捐助和学生交纳的学杂费以及其他收入。崇正女校的授课内容，小学为汉语、算术、音乐、图画、手工、体操等；高小增设实务课；初中为汉语、数学、理化、史地、音乐、体育、美术、国民道德、实业、家事、裁缝等；师范为汉语、算术、音乐、国民道德、教育史、教授法、体育、实业、手工、图画等。崇正女校招收学生，幼稚园和小学主要招收孤山附近的女孩子，初中和师范则除了孤山

---

① D. MacGillivray, *A Century of Protestant Missions in China* (*1807—1907*), *Being the Centenary Conference Historical Volume*, Shanghai: Printed at the American Presbyterian Mission, 1907, p. 221.

② ［日］芝田研三：《满洲宗教志》，满铁社员会 1940 年版，第 266 页。

附近外，庄河、岫岩、安东（今丹东）、凤城、本溪、大连、沈阳以及黑龙江、吉林等地均有适龄学生来此入校学习。学生毕业后，初中部一部分升入师范部，一部分从事农、工、商等事业。师范部学生毕业后分配到各地教会办的幼稚园和学校任教师，少数到各地教会医院做护理工作。崇正女校办学较早，教学质量较高，毕业的学生素质较好，是东北地区较有影响的女子学校之一。①

培英学校是丹麦路德会东北地区奠基人之一的柏卫于1905年在孤山镇建立的学校，当时是小学教育，设有4个班级，学生最多时有200余人。1910年，扩建为培英高级小学。1912年，又增设初中班，成立大孤山培英中学，中学分3个年级。办学经费由教会和学费支付。设国语、算术、英语等课程。1919年，安东教会于承恩牧师指责柏卫办学方向不明，一是只培养社会人才，不为宗教事业服务；二是大孤山地域偏僻，交通不便。提议将学校搬迁到安东。于承恩的意见得到教会支持，当年，培英中学迁入安东劈柴沟，大孤山只留下培英小学。

除此以外，丹麦路德会在此期间创办的主要学校还有安东宣教士子弟学校（安乐克、于承恩在1908年创办）、安东文化女校（郭慕深在1912年创办）、安东三育小学（于承恩在1912年创办）、安东劈柴沟三育小学（于承恩在1912年创办），凤城基督教信义会三育小学（李格非在1911年创办），宽甸基督教信义会三育小学（韩设科在1912年创办），大孤山西教会黄华小学等。② 到1917年，丹麦路德会在东北地区建立的小学校有30所，教师8名，学生938人；高等小学5所，学生83人；中学2所，学生38人。③

在此期间，其他差会也陆续传入东北，相继在东北地区创办了一些学校，如监理会、基督复临安息日会等，但这些差会因为其中心布道站不在东北地区，所以它们在东北地区创办学校的时间较晚，势力也弱。据中华续行委办会调查，在1920年前，东北三省教会初级小学共223所，学生6185人。初级小学分布极不均匀。辽阳（苏长老会）、新民（爱长老会）

① 辛国祥：《聂乐信女士在大孤山》，载政协辽宁省丹东市委员会学习文史委员会编印《丹东文史资料》第6辑，1990年版，第77—80页。

② 辽宁省地方志编纂委员会办公室编：《辽宁省志·宗教志》，辽宁人民出版社2002年版，第231页。

③ ［日］芝田研三：《满洲宗教志》，满铁社员会1940年版，第266页。

两处教会初级小学最多。至少有 70 个布道区内尚未设立教会初级小学。奉天省教会初级小学学生人数只有该省基督教团体总人数之 1/6，吉林省的比例更少。奉天省教会初级小学约占东北三省总数的 4/5。东北三省共有教会高级小学 39 所，分设于 22 处，其中包括女子小学 16 所。教会小学学生中男生占 59%。苏长老会男女小学生人数约相等，爱长老会、丹路德会男女小学生之比例约为 3:2。东北三省每 100 名受餐信徒中平均有小学学生 34. 5 人。东北有教会中学 16 所（奉天省 13 所，吉林省 3 所），其中有女子中学 3 所（大孤山、新民、沈阳）。16 所中学中有 12 所未设全部中学课程。有中学设施之差会为丹路德会、爱长老会、苏长老会及青年会。12 个宣教师驻在地无教会中学设施。中学学生中男生占 97%。教会初级小学学生升学率约为 14%。[①] 当时，东北受餐信徒总数为 2. 0586 万人，教会学校学生总数 7599 人，全体教会学生中的教会初级小学校学生为 81%，全体小学学生中的男生为 59%，全体中学学生中的男生为 97%，全体教会学生中的教会高级小学的学生为 12%，全体教会学生中的教会中学学生为 7%，每一受餐信徒中教会两级小学学生平均数为 34 人。[②] 具体调查数据参见下表：

表 4—3　　东北三省基督教实力范围中之教会学校[③]　　（单位：个）

宣教会	总数	信宗	监宗	长宗		余会		
		丹路德会	监理会	爱长老会	苏长老会	复临安息	男青年会	女青年会
初级小学校	223	29	6	87	99	1	1	—
高级小学校	39	11	—	15	12	—	1	—
中学校	16	3	—	6	6	—	1	—
初级小学校男生	3584	793	115	1224	1391	4	57	—
初级小学校女生	2601	449	45	726	1373	8	—	—
初小学生总数	6185	1242	160	1950	2764	12	57	—

① 中华续行委办会调查特委会编：《中华归主——中国基督教事业统计（一九〇一——一九二〇）》中卷，中国社科院世界宗教研究所译，中国社会科学出版社 1987 年版，第 515—516 页。

② 同上书，第 617 页。

③ 同上书，第 517 页。

续表

宣教会	总数	信宗	监宗	长宗		余会		
		丹路德会	监理会	爱长老会	苏长老会	复临安息	男青年会	女青年会
高级小学男生	585	142	—	180	139	—	124	—
高级小学女生	308	49	—	132	127	—	—	—
高小学生总数	893	191	—	312	266	—	124	—
中学男生	507	39	—	86	262	—	120	—
中学女生	14	—	—	14	—	—	—	—
中学校学生总数	521	39	—	100	262	—	120	—
中学以下学生数	7599	1472	160	2362	3792	12	301	—
小学男生比例	59%	65%	72%	62%	50%	33%	100%	—
中学男生比例	97%	100%	—	86%	100%	—	100%	—
初小学生升学率	14%	15%	—	16%	10%	—	—	—

高等教育

本来，兴办中小学是基督教差会在华借学传教的主要办学方式，后来，随着这项事业在传教过程中作用的日益凸显，高等教育也逐渐引起教会人士的重视。他们在办学的过程中认识到，“凡受过高等教育的人，必然是具有影响的人。他们可以支配着社会的情感和意见”。[①] 教会高等教育的目的，“乃欲造成高尚人才，足与西方高等学校毕业者媲美”。[②] 随着传教工作的进步，教会教育事业也逐渐发展起来，随之而来的是教员的短缺，为了解决这个问题，从早期开始，东北地区的一些教会就定期或不定期地把一些布教者集中起来，进行一段时间的培训，以不断提高他们的素质，推进教务发展。同时，教会还从其他地区引进一些教会教育人才，在 1897 年，爱尔兰长老会从山东登州书院引进了一名毕业生从事教育工作。这种方法被其他一些地方教会所仿效，但这种毕业生的来源十分有限，而且他们的薪水很高，很明显，这种方法还

① ［美］狄考文：《怎样使教育工作更有效地促进中国基督教事业》，载朱有瓛、高时良主编《中国近代学制史料》第 4 辑，华东师范大学出版社 1993 年版，第 97 页。

② 路思义：《中国基督教教育会》，载中华续行委办会编《中华基督教会年鉴》第 5 期，商务印书馆 1918 年版，第 105 页。

是不能从根本上解决问题。因此，爱尔兰长老会联合苏格兰长老会，于1902年在奉天成立了一所学院，即文会书院。[①] 学校招收中学毕业学生。创建目的是培养教会青年研究西方文化，使教会领袖等人适应时代潮流。[②] 书院系大学性质，设有文理两科高级课程，分为本科和预科，预科学制一年，学习普通课；本科学制三年，分法、理、医、工四个系。[③] 由苏格兰人劳但理牧师担任院长，地址在奉天城大南关。1910年，校址迁到商埠地一经路，同时购置校地，扩大规模，建起4层楼房一幢。1914年，丹麦路德会也出资合作，又增建3层楼房一栋。书院教授多由长老会特派，"或就地由各区牧师分任"，中文教授则多聘任"省城饱学知名之士"充任。[④] 1915年，文会书院的教员有英国人5名，华人4名，教育程度为高等专科，学生67人。[⑤] 1916年，文会书院有外国教员5人，中国教员5人，学生72人。[⑥] 1919年，学院增设中学，并于奉天省教育厅立案。1924年，因改革学制，停办大学班，学校遂全部改为高级中学。[⑦]

教会在东北地区创办的另一所高校是盛京医学院，也叫奉天医科大学，因其是教会医疗事业的一个重要组成部分，为了对东北地区教会医疗事业有一个全面的了解，故将其放在下一章中介绍。

幼儿教育

基督教会在创办中小学和大学的过程中，幼儿教育也逐渐引起一些教会人士的重视，"欲造民主国国民根基，除幼稚园外，无他术也。欲使街巷顽童，家中劣子，成为安分之小国民，除幼稚园外，亦无他

---

① D. MacGillivray, *A Century of Protestant Missions in China* (*1807—1907*), *Being the Centenary Conference Historical Volume*, Shanghai: Printed at the American Presbyterian Mission, 1907, pp. 217, 226.

② 中华续行委办会调查特委会编：《中华归主——中国基督教事业统计（一九〇一——一九二〇）》中卷，中国社科院世界宗教研究所译，中国社会科学出版社1987年版，第516页。

③ 齐红深：《东北地方教育史》，辽宁大学出版社1991年版，第240页。

④ 钱公来：《西方宗教对东北文化经济政治之影响》，载王大任主编《东北研究论集》二，中华文化出版事业委员会1957年版，第226页。

⑤ 郭建平：《奉系教育》，辽海出版社2000年版，第27页。

⑥ 中华续行委办会编：《中华基督教会年鉴》第3期，商务印书馆1916年版，第7页。

⑦ 满洲基督教联合会编：《满洲基督教年鉴》，满洲基督教联合会1938年版，第238页。

术，能收效若是之速也”。[①]“幼稚之年，正就我范围之时”，“吾党之教华童者，不必遽以圣贤期之也，而当先使之强毅有为，以渐跻于圣贤之域，故上帝之宝座，可藉教室之讲台而至者，藉儿童之游戏而亦至，其谨记之勿忘。”“幼稚园也，游戏场也，非吾之所欲为也。则试正告之曰：无幼稚园，无游戏场，吾又将奚为？夫吾党传道之士，凡所作为，其需费最省，而收效最捷者，孰有过于此者乎。”[②]尽管如此，但幼儿教育并不是基督教会在华办学的主体，兴办的幼稚园多是教会学校的附属机构，且规模也不大，这从东北地区的一些幼稚园中可见一斑。

基督教会在东北地区设立幼稚园尚未发现具体的统计资料，《满洲宗教志》对丹麦路德会和爱尔兰长老会 1917 年在东北地区所办幼稚园进行了粗略的统计，是年，丹麦路德会在东北地区有 2 所幼稚园，教师 40 人，学童 48 人；爱尔兰长老会有 2 所幼稚园，学童 36 人。[③]记载稍完整一些的是爱尔兰长老会设立的锦县育英幼稚园，该幼稚园设立于 1923 年，当时，锦县基督教会为解决教会学校教职工和医院医务工作者的后顾之忧，乃在施医院筹建幼稚园。园址设在育英小学校内，由该校校长孔繁生兼任园长。聘请基督教青年会干事岳幼樵夫人孙某和王雅彬为保育员。当时有儿童 30 人，大都是基督教徒子女。常年办园经费为 500 元。课程设识字、唱歌、计算、游戏等。该幼稚园，1923 年经锦县公署批准，报奉天省教育厅备案。1927 年时，幼稚园有学童 18 人，其中男童 11 人，女童 7 人，保育员 2 人。1932 年 1 月，锦州沦陷，该园仍继续开办，幼儿始终在 20 人左右。[④]此期间基督教会在东北地区设立的幼稚园还有长春萃文女子中学附设的幼稚园、吉林市文化两级小学附设的幼稚园、榆树县文华小学附设的幼稚园等。

---

① 麦女士：《基督教女子教育》，载李楚材主编《帝国主义侵华教育史资料——教会教育》，教育科学出版社 1987 年版，第 237—238 页。

② ［美］林乐知：《论中国亟需设立幼稚园》，载李楚材主编《帝国主义侵华教育史资料——教会教育》，教育科学出版社 1987 年版，第 215 页。

③ ［日］芝田研三：《满洲宗教志》，满铁社员会 1940 年版，第 266 页。

④ 吕书田：《基督教立育英幼稚园》，载政协辽宁省锦州市凌河区委员会学习文卫办公室编印《凌河文史资料》第 2 辑，1989 年版，第 58—59 页。

表 4—4　近代中国东北主要基督教会幼稚园一览（1931 年前）[①]

学校名称	创办人	校　址	创设时间（年）
崇正幼稚园	聂乐信	东沟大孤山	1912
萃文幼稚园	—	长春西五马路（后西三道街）	1918
英育幼稚园	—	锦州育英小学校内	1923
文化幼稚园	邸如春	吉林高大夫医院院内	1925
文华幼稚园	—	榆树县城	1929
仁母幼稚园	—	哈尔滨西门脸	1926

2. 特殊教育

基督教会在东北地区除了发展普通教育之外，还兴办了一些特殊教育事业，这些特殊教育主要包括神学教育、盲人教育、主日学教育、实业教育和师范教育等。

神学教育

爱尔兰长老会创办的锦州学道馆，在这一时期继续发展，1925 年，胡秉道接任学道馆长后，教学中又增开音乐课，他自己经过摸索、实践，编辑了《国韵经歌》一书，作为音乐教材，后来该书盛行东北各教会，颇受欢迎。从那时起，教会安排专职教员教授《圣经》课程，神学教育日益系统化。[②] 1920 年，爱尔兰长老会传教士邸如春在吉林创办基督教妇女学道馆，培养妇女信徒识字和学习圣经知识，培养女性传道人。学制三年，设置圣经、识字、社会与自然常识、算术等课程。圣经课由英国教士讲授，其他课由中国教师担任。差会每年拨津贴 400 银元，馆址在吉林市私立文化小学后院，学道馆先后有 8 名教师任教，其中 2 名是英籍教士。招收学员皆是信徒中的女性。在其存在的 20 年间，共招收学员 100 人左右，学员毕业后少数人被选做传道人，大多数则回家从事他业。[③] 此外，爱尔兰长老会还于 1915 年开办了长春基督教学道馆，设在西五马路教会

① 本表参考《辽宁省志·宗教志》、《吉林省志·宗教志》、《黑龙江省志·宗教志》等相关资料制成。

② 锦州市地方志编纂委员会办公室编：《锦州市志·综合卷》，中国统计出版社 1994 年版，第 531 页。

③ 吉林省地方志编纂委员会编：《吉林省志·宗教志》，吉林人民出版社 2000 年版，第 342 页。

院内，主要招收乡镇信徒，培养传道人，1936 年时，负责人是杨泽民（女），有女教师 3 人，学生 42 人。[①]

这一时期，爱尔兰长老会单独创办的较有影响的神学院是营口圣经学院。当时，教会人士认识到，东北“各地教会仍需大量之信仰坚实、具备基本的圣经知识、有圣灵能力、善体基督的心肠之福音使者”，“欲求此项人才，则必须有相当之学府”。为此，教会领袖经过几年的努力，“一再磋商，明晓主旨”，[②] 最终由康慕恩牧师等人率先在郃家屯设立了妇女学道馆，后又改为培灵妇女学道院、东北灵修院等名称。[③] 1930 年，在此基础上，成立了营口圣经学院。学院课程设置分三类：正设科三年，招收初中毕业生；设一年制选科，任学员随班选读；特修科，专门培养义工传道人，学员年龄 20—40 岁。该校学员由教会牧师推荐及该校教师、校长认可方得入学。学员免收学费，自备伙食费及杂费。[④] 当时学员来自长老会、弟兄会、信义会、监理会等 13 个教派。学员每天上午学习，下午四时至七时轮流至各教会、福音堂、医院、商号、信士家庭、贫儿村及露天市场等场所，实习布道。同时，每年秋季还分配三年级学生至各教会实习布道，并组织男女布道团各一，“分别周行各教区，一面实习工作，一面宣主福音”。1932—1937 年，营口圣经学院共培养了六届共 105 名学员，毕业后，学员受聘或返回以上各教会做布道工作。[⑤]

1902 年，为发展对妇女的传教事业，苏格兰长老会明教士在辽阳仁母院后传教士住宅西侧建学道馆一栋，专门培养女传道员。人们为纪念明教士创馆之功，在该馆东墙北侧立一石碑，以英文书其事于上。[⑥]

丹麦路德会在东北地区较早创办的神学校是安东基督教信义神道院，因其位于安东劈柴沟，所以又称安东劈柴沟基督教信义神道院。该会在东

---

① 长春市地方志编纂委员会编：《长春市志 · 少数民族 · 宗教志》下卷，吉林人民出版社 1998 年版，第 185 页。

② 满洲基督教联合会编：《满洲基督教年鉴》，满洲基督教联合会 1938 年版，第 236 页。

③ 李芳园、刘福新、苏赛光：《英国传教士康慕恩在营口》，载政协吉林省长春市委员会文史资料研究委员会编印《长春文史资料》第 5 辑，1984 年版，第 31 页。

④ 辽宁省地方志编纂委员会办公室编：《辽宁省志 · 宗教志》，辽宁人民出版社 2002 年版，第 219 页。

⑤ 满洲基督教联合会编：《满洲基督教年鉴》，满洲基督教联合会 1938 年版，第 236—237 页。

⑥ 柳兆卿：《基督教传入辽阳》，载辽阳市政协文史资料研究委员会编印《辽阳文史资料》第 5 辑，1990 年版，第 126 页。

北开展工作不久，外德劳牧师为了培养传教人才，即在大连设立了短期学校，“于传道工作之余，教授几位信徒，开始训导”。“嗣以教会进展，需人尤多”，1919 年，由丹麦差会接办，并将其迁往安东劈柴沟，设立正式学校，定名为安东劈柴沟基督教神道院，院长一职，由三育中学校长包乐深兼任。① 1923 年，外德劳任校长，包乐深任副校长。学校有正房 5 间，其中 3 间为教室，2 间为宿舍，厢房 3 间为伙房。学校设备简陋，学生住宿免费，伙食费、书费、路费均由学校提供。开办之初，学校有二年制激进学习班，1929 年，信义大会正式将其命名为“安东基督教信义会劈柴沟圣经学校”，学制三年。先后毕业 3 个班，其中被分到各教会的学员有：安东教会的崔明章，宽甸教会的张洪钦、刘德久、刘德钦、于天元、王光端，岫岩教会的张广真、姜善堂、季永德、王文林，凤城教会的李有声、李寿廷、赫荣祥、由殿元、张天民，大孤山教会的刘太和、刘长祥、王兆传、范贵春、姜成一等。②

丹麦路德会创办的另一个神学校是凤城女子圣经学校。1909 年，该会李格非牧师与凯莫安德森小姐来到凤城，购置地基，建造了女教堂。以后，陆续有阿哥尼斯豪克、凯莫斯白克、比得尼森（中国名孙慕仁）等三位女教士在此教堂工作。随着教务的发展，1921 年，有人建议培养女传道人才，以适应教会事业发展的需求。1923 年秋，信义会大会初次聚会时，决议设立此校，专门培养女传道人才。1924 年 2 月，学校正式开办，初时只就凤城教会院内授课，后于 1925 年秋，在凤城南河沿建筑新校舍一所，遂迁移至此。③ 东北各地信义会选送 20—25 岁的女青年到该校就读。学校共设 4 个班，每班定员 30 人。学制分二年、三年不等。二年制是入校进修 1 年，在教会试用 1 年；三年制则入校学习 2 年，在教会试用 1 年，发专科结业证书，并分配各地教会任传道人。④

1913 年，加拿大海外联合宣教会的巴克尔牧师和夫人贝卡斯在龙井东山街建立圣经书院，利用农闲时间给信徒宣讲教义，培养传道人，时有

---

① 满洲基督教联合会编：《满洲基督教年鉴》，满洲基督教联合会 1938 年版，第 235 页。

② 辽宁省地方志编纂委员会办公室编：《辽宁省志·宗教志》，辽宁人民出版社 2002 年版，第 218 页。

③ 满洲基督教联合会编：《满洲基督教年鉴》，满洲基督教联合会 1938 年版，第 236 页。

④ 辽宁省地方志编纂委员会办公室编：《辽宁省志·宗教志》，辽宁人民出版社 2002 年版，第 218 页。

教研室2间，教室5间。1917年，书院易名圣经学院，改为全日制，经费主要依靠龙井东山教会和龙井中央教会的奉献，首任院长文龙麟，曾在学院任教者有李东灿、金龙俊两牧师。长住管理人员6—7名。入院学员皆是朝鲜族，具备小学以上文化程度，学制三年，毕业后充当农村传道人。1937年，在校学员50人。①

1925年，美国基督复临安息日会派甘盛典牧师到沈阳，在小北门里成立三育中学，上圣经课，培养传道人员。1927年，校址迁到文官屯，校名易为东北神道院，中国人时笃信任校长。后来校址又迁到东陵区英达村，校名先后改称满洲三育研究社、满洲神道研究社、满洲三育学院。学员系东三省地方教会信徒子女，考试入学，以圣经课为主，同时学习文科、理科、外语等课程，学员最多时达280人。毕业后，有的回原地传道，有的去江苏省桥头镇中华三育研究社深造。②

此为基督教会在东北地区独立创办的几所神学院校概况，此外，这一时期，苏格兰长老会、爱尔兰长老会和丹麦路德会还联合起来，把苏、爱两长老会先期创办的奉天神学院发展成为东北地区最有影响的神学院校。经过前期的发展，1916年，神学院有西教员2人，学生21人。③ 1921年，奉天神学院有3层教学楼一栋，建筑面积1500平方米，院长楼一栋，250平方米，教职员住宅平房160平方米，体育场2500平方米。此时，学院院长为英国牧师傅多玛博士，讲师有英国牧师英雅各博士、劳但理、文安德，中国讲师刘全岳、高启隆等人。主要传授圣经课程，毕业生共计40人。④ 1922年，因教会进一步发展，需要更多的神职人员，因而增设一个预科班，并从1927年起，招收女生。“自兹以往，神学之景况，日趋于完备矣。”⑤

盲人教育

基督教差会在东北地区开办的针对残疾人的教育事业中，最有影响的

---

① 吉林省地方志编纂委员会编：《吉林省志·宗教志》，吉林人民出版社2000年版，第341—342页。

② 沈阳市人民政府地方志编纂办公室编：《沈阳市志（十六）社区·人民生活·民政·少数民族·宗教·风俗·方言》，沈阳出版社1994年版，第351页。

③ 中华续行委办会编：《中华基督教会年鉴》第3期，商务印书馆1916年版，第办7页。

④ 辽宁省地方志编纂委员会办公室编：《辽宁省志·宗教志》，辽宁人民出版社2002年版，第220页。

⑤ 满洲基督教联合会编：《满洲基督教年鉴》，满洲基督教联合会1938年版，第233页。

是奉天私立瞽目重明女子学校。1896年，大英圣书公会德儒博夫人鉴于本地妇女多不识字，即思设法救济，后闻知北京有瞽目字，可译为快字，并能以毛笔书写，遂由北京聘到瞽者刘俊溪，到奉天借圣书会房舍教授妇女学习快字，不过三月，学习者即能朗读圣经，借此认识汉字，更为容易，是为此地有瞽字之始。[①] 其后，行之数年，铁岭张永权牧师闻得快字之应用，对于学字如此神速，遂提议可否应用于瞽目幼童，提议得到快字教员史永爱的大力支持，1902年，于小河沿圣书公会院内正式成立奉天瞽目重明女子学校，应用瞽字教授盲童。学校成立后，即有营口送来瞽生一名，嗣后瞽生逐渐增多，到1916年，学校瞽女已达50人。[②] 1923年以后，学校相继建楼房两座和教师宿舍一栋。

据资料记载，该校建立的主要目的有：为黑暗失明之女子，设一类似基督化家庭之学塾；由主内传福音与瞽目学生，盖瞽目虽为世人所轻而上主却视彼等之生命为至宝贵；使彼等双手能作有用技艺，数年后有独立谋生之希望；施以普通常识之教育，以备生活日用之需；在塾六年修业期满，如仍欲留塾，得学塾之许可，则其学塾可为其终身之归宿。[③] 该校的经济来源主要有下列两项：一是学生编织物品出售所得，每年收入为学校经费来源的1/3。销售办法，学校每礼拜三，组织一次编织物展览，届时借机出售，在天津、北京方面代售，每值夏令在北戴河，多人前往避暑，借机出售；二是外来捐助，凡来校参观者或外来欲捐盲女生活费者，只要无条件，本校均收为学校的经常费用。[④] 学生除免收学杂费外，对于贫困学生，学校在膳食、服装等方面也给予一定的资助。[⑤] 凡失明童女，年龄在16周岁以下，无传染病者，可进入学校学习，但入学第一学年为试用期，如有特殊情况，不适应团体生活者，即予辞退。学生毕业后可留校任教，或代为介绍在各处充任编织教师、盲人指导或作基督教传教士等。如欲成立家庭者，由盲生亲友介绍，学校不负责任。盲生结婚以后，学校既无监管责任，但学生在离校后，很多人仍与

---

① 满洲基督教联合会编：《满洲基督教年鉴》，满洲基督教联合会1938年版，第249页。

② 庄振声：《关东东北部长老会》，载中华续行委办会编《中华基督教会年鉴》第3期，商务印书馆1916年版，第续24页。

③ 满洲基督教联合会编：《满洲基督教年鉴》，满洲基督教联合会1938年版，第249页。

④ 蒋明志：《沈阳市私立瞽目重明女子学校》，载政协沈阳市大东区委员会文史资料研究委员会编印《大东文史资料》第2辑，1988年版，第117页。

⑤ 满洲基督教联合会编：《满洲基督教年鉴》，满洲基督教联合会1938年版，第250页。

学校有信件往来，保持联系。[①] 学校除设有国语、政治、算术、自然、历史、音乐、体育等文化课程外，还开设编织、摸字、缝纫、烹饪、查经实践等科目。

表4—5　　1931年前奉天私立瞽目重明女校历任校长[②]

姓名	性别	国籍	任职时间
德儒博夫人	女	英国	1902年1月—1919年8月
路健光	女	丹麦	1919年9月—1928年2月
于安拿	女	中国	1928年3月—1935年2月

主日学教育

主日学即星期日学校，每当星期日（主日）信徒礼拜时，教会主持对信徒及其子女进行传道，实际是利用星期日信徒聚会礼拜之际向信徒及其家庭儿童、少年进行传教的一种教育形式。中华续行委办会在对主日学进行调查时，将其划分为以下几种形式：

①正规的“教会主日学”。这种学校的基本因素是：有一个组织；分成若干班；教师大部分由平信徒担任，不是由受薪的差会职员担任；成员大部分由教会的儿童和青年所组成；参加的学生和教员都是志愿的。

②“学生”主日学。这种学校的基本因素和“教会”主日学相同，所不同的就是它的全部成员是正常从事于普通学校工作的教员和学生。因此他们的参加通常不是志愿性质的。应当注意到：教会学校学生平均每周有三小时圣经研究的课程。

③“教会和学生”主日学。这个颇为奇怪的名称可应用于中国最大数目的有组织的主日学。它指的是这样一种主日学，其中2/3的儿童是教会学校的学生，其余是本地教会社区里的教友、学道教友和教外人士。

④“邻童”主日学。这一类型的主日学是专为非基督徒家庭的儿童而设立的。它们有时被称为“布道”主日学或“贫民”主日学，并且往往有一个教会学校作为核心。这种主日学通常是作为某一教堂的“布道

① 蒋明志：《沈阳市私立瞽目重明女子学校》，载政协沈阳市大东区委员会文史资料研究委员会编印《大东文史资料》第2辑，1988年版，第116—117页。

② 辽宁省地方志编纂委员会办公室编：《辽宁省志·宗教志》，辽宁人民出版社2002年版，第229页。

工作”而举办的，它或者设在一个分开的房屋里，或者在一个不同的时间内举行。[1]

从上面的简单划分可以看出，基督教会在华创办的主日学并没有一个统一的模式，有的是面对教会学校学生，有的是面对信徒，有的二者兼而有之。这从东北地区的一些主日学资料中亦可见一斑。哈尔滨信义会主日学校在大礼拜前一个小时分班，即将参加礼拜的成员按年龄划分为成年班与儿童班，每班10来人，先唱圣歌，然后每班有一名教师主持，发给学员彩色圣经画片一张，以圣经为主题，分班讲解15分钟后，再将两班成员合在一起，主日学校校长作总结讲道，然后共同祷告。[2] 旅顺教会，在每个星期日成年人礼拜前，先要为少年儿童举办“主日学”。由教会的执事们带领孩子们学习教义和赞美诗，或讲《圣经》故事。届时，向参加者分发背面印着“金句”之类文摘的彩色小圣画。[3] 这些主日学虽然形式不一，但目的都是对信徒或信徒子女进行宗教宣传，“为再造就领袖人才，备为及时之要需”。[4]

东北地区主日学工作也是以苏、爱两长老会为最，据1920年统计，苏格兰长老会和爱尔兰长老会有主日学学生4000人，主日学150个，主日学教员400人，主日学学生占教会全体的1/7。[5] 东北地区的主日学总体情况，1920年前，奉天省有主日学学生5226人，不到基督教团体总数的1/4。吉林省有主日学学生1360人，不到基督教团体总人数1/5。主日学工作和其他一些发达地区相比显得薄弱一些，造成这种情况的原因在于“当地教会对主日学工作极不重视，不少教堂甚至未设立正式主日学组织，有些教堂把主日学变成一种附加礼拜，不遵守正式主日学章程”。另

① 中华续行委办会调查特委会编：《中华归主——中国基督教事业统计（一九〇一——一九二〇）》中卷，中国社科院世界宗教研究所译，中国社会科学出版社1987年版，第848页。

② 顾绍堂：《基督教哈尔滨市信义会散记》，载马维权《黑龙江宗教界忆往》，黑龙江人民出版社1992年版，第221页。

③ 王德良：《旅顺基督教会追忆》，载政协辽宁省大连市旅顺口区委员会文史资料委员会编印《旅顺口文史资料》第1辑，1992年版，第13页。

④ 潘子放、都春圃：《中国主日学合会本年之要务》，载中华续行委办会编《中华基督教会年鉴》第3期，商务印书馆1916年版，第行28页。

⑤ 中华续行委办会调查特委会编：《中华归主——中国基督教事业统计（一九〇一——一九二〇）》中卷，中国社科院世界宗教研究所译，中国社会科学出版社1987年版，第860页。

外，信徒居住分散，距教堂甚远，参加礼拜困难等也是其中原因之一。①

职业教育

对于职业教育，教会人士也颇重视，有人认为，“各级学校所施教育，应贯彻一个共同目的：为宗教计，培养青年相当之职业能力”。② 还有人认为，教会学校在教学中，应将一些手艺，教授给每位学生，能够使学生必须时可借以谋生。“每位教员，须有教授学生一种手艺的资格。”③更有些人认识到职业教育在教务发展过程中的积极作用，认为教会教育不仅要“益人灵魂”，还要“兼顾身体”，如果教中子弟，生计无门，难免要谋及教外，“致被诱惑而陷罪者，同教中不一其人”。所以要及早“变换新机，整顿西学”，“以西国济人利物之学，教导我国教中之人”，使我教中人与西国教中人，均沾利益，那么教民生涯路广，“庶免阻碍诱惑之危”。而且那些教外人士，眼见信教人身受教会利益，一定会欣欣然而“争进教门”，“从学于教中人”，那么，“尚何患教中学校不兴，人才不广乎？”④ 为此，来华基督教差会相继创办了一些职业学校，据资料统计，1917 年，丹麦路德会在东北创办的职业学校有 3 所，学生 101 人；苏格兰长老会有职业学校 1 所，学生 50 人。⑤

师范教育

教会开办师范教育，是出于培养教务人才的目的，正如一些教会人士所说的那样：“培植领袖有二法焉，一开教练班、师范学校，使青年人为助教员，由教而学；二竭力设法，使成年教友稍学进步。”⑥ 20 世纪以后，随着基督教会中小学校的广泛建立，学校教员短缺成为教会亟须解决的问题。较早在东北地区发展教务的基督教差会，在发展中小学教育的同时，也开始着手建立师范学校，培养师范人才。据资料统计，1917 年，丹麦

① 中华续行委办会调查特委会编：《中华归主——中国基督教事业统计（一九〇一——一九二〇）》中卷，中国社科院世界宗教研究所译，中国社会科学出版社 1987 年版，第 513—514 页。

② 《基督教教育之宗旨与精神》，载李楚材主编《帝国主义侵华教育史资料——教会教育》，教育科学出版社 1987 年版，第 46 页。

③ ［美］好韦尔：《基督教教育的特点》，载李楚材主编《帝国主义侵华教育史资料——教会教育》，教育科学出版社 1987 年版，第 48 页。

④ 郑其：《论如何振兴教会学校》，载李楚材主编《帝国主义侵华教育史资料——教会教育》，教育科学出版社 1987 年版，第 40—41 页。

⑤ ［日］芝田研三：《满洲宗教志》，满铁社员会 1940 年版，第 266 页。

⑥ 潘子放、都春圃：《中国主日学合会本年之要务》，载中华续行委办会编：《中华基督教会年鉴》第 3 期，商务印书馆 1916 年版，第行 27 页。

路德会在东北有女子师范学校 1 所，学生 10 人；苏格兰长老会有女子师范学校 5 所，学生 83 人。[①] 在这些学校中，苏格兰和爱尔兰两个长老会联合创办的奉天坤光女子师范学校较有影响，下面，仅以此校为例，了解一下这一时期教会师范教育的情况。

该校建立于 1911 年，校址在大东区小河沿，为中学程度，专门培养小学教师及女布道员。[②] 学校原名奉天基督教女师范学校，1915 年将长春基督教女师范学校并入，改称为奉天坤光女子师范学校，1920 年增设中学，1925 年增设高级中学。[③] 校长是英国苏格兰女宣教士廉爱邻。该校学生均系东三省基督教信徒子弟，学生一律住校，日常生活严守宗教仪式，早晚做礼拜，要读圣经和祈祷，培养学生信教和有虔诚信仰，学校使学生与外界很少有接触，每到礼拜日，学生除列队到东关基督教会做礼拜外，一律不准出校。[④] 学校经费由苏格兰、爱尔兰两差会暨中西教友逐年募集供给，至 1930 年，该校已达 16 个班级，包括幼稚园、初小、高小、初中、高中和师范班，共计有学生 400 余人，教师 26 人，经费由以前的不足万元增至 2 万余元。“校内课程之教授，学生修业之年限，以及修习科目、时间……率皆遵照部章及厅令规定办理。”[⑤] 1936 年师范部停办，学校更名为坤光女子中学，并逐步由中国人接管。[⑥] 学生毕业后，多在教会学校任教。

基督教会在东北地区创办的师范学校，为教会教育提供了许多师资，为教会的发展作出了一定的贡献。一些教内人士为此赞叹：“毕业各生，出而服务教会，致令宗教事业，顿增颜色也。”[⑦]

（三）此阶段教会教育的发展特点

和第一阶段相比，此一时期教会教育的发展出现了许多新特点，主要

① ［日］芝田研三：《满洲宗教志》，满铁社员会 1940 年版，第 266 页。

② 中华续行委办会调查特委会编：《中华归主——中国基督教事业统计（一九〇一——一九二〇）》中卷，中国社科院世界宗教研究所译，中国社会科学出版社 1987 年版，第 517 页。

③ 满洲基督教联合会编：《满洲基督教年鉴》，满洲基督教联合会 1938 年版，第 238 页。

④ 蒋明志、金桂枝：《坤光学校》，载政协沈阳市大东区委员会文史资料研究委员会编印《大东文史资料》第 1 辑，1987 年版，第 130 页。

⑤ 董慧云：《九一八前的奉天私立学校》，载政协辽宁省委员会文史资料委员会编《“九·一八”前学校忆顾》，辽宁人民出版社 1991 年版，第 207 页。

⑥ 郭卫东：《近代外国在华文化机构综录》，上海人民出版社 1993 年版，第 230 页。

⑦ 庄振声：《关东东北部长老会》，载中华续行委办会编《中华基督教会年鉴》第 3 期，商务印书馆 1916 年版，第续 23 页。

表现在以下几个方面：

第一，教派之间开始联合办学。随着教会教育事业的发展，东北地区的一些基督教差会开始联合行动，以取得更大的进步。一方面，一些差会开始参加中国教育会，与关内教会在教育事业方面实行联合，情况前文已经介绍，此处不再赘述；另一方面，在东北地区发展势力的一些差会也日益加强联系，在办学上日益联合，创办了许多联合学校。在这方面，表现明显的主要是东北三大差会——苏格兰长老会、爱尔兰长老会和丹麦路德会——之间的合作。苏、爱两长老会于1891年即开始合作，20世纪以后，丹麦路德会也参与其事，在教育事业上，苏、爱两会开会时，路德会“亦派员与议，作统一之考试，及立案之手续”。[①]

1922年，关东大会成立一个专门管理教育事务的机构——东三省教育会，由会内教育专家组成，其中，苏格兰长老会、爱尔兰长老会、丹麦路德会、关东大会、信义大会各派出代表2人，教职员联合会派代表4人，另有特约会员数人、中西干事2人。其职责是负责管理和指导东三省基督教教育事宜，在各教区设立教育董事会，管理该教区之学校，学校董事会人员应以华人居大半。1928年前，东北地区设有董事会的教会学校达到了85所。[②] 教派之间在教育事业方面的联合，有力地推动了教会教育在东北地区的发展。

第二，办学内容多样化，创办了许多新学校。这一时期，普通教育中的中小学在前期基础上，获得了更大的发展，教会高等教育和幼儿教育事业也发展起来，同时，特殊教育在这一时期发展迅速，出现了许多特色学校，如职业学校、盲童学校与师范学校等，发展情况前文已述。模式多样、百花齐放是这一时期东北地区教会教育发展的特色之一。

第三，中国政府日益加强了对教会学校的管理。关于基督教会在华办学的问题，及至20世纪初，仍未引起晚清政府的重视，从1906年“学部咨各省督抚为外人设学毋庸立案文”中可以看出政府对待教会学校的态度，此文内容如下：

---

① 庄振声：《关东东北部长老会》，载中华续行委办会编《中华基督教会年鉴》第3期，商务印书馆1916年版，第续24页。

② 庄振声：《东北教会现状》，载中华续行委办会编《中华基督教会年鉴》第10期，商务印书馆1928年版，第52—53页。

为咨行事。普通司兼办专门、实业两司案呈：照得教育为富强之基，一国有一国之国民，即一国有一国之教育；匪惟民情国俗各有不同，即教育宗旨亦实有不能强同之处。现今振兴学务，各省地方筹建学堂，责无旁贷；亟应及时增设，俾国民得有向学之所。至外国人在内地设立学堂，奏定章程并无允许之文；除已设各学堂暂听设立，无庸立案外，嗣后如有外国人呈请在内地开设学堂者，亦均毋庸立案，所有学生，概不给与奖励。①

从行文中，我们看到，清政府对外国人在华办学并未采取管理措施，只是对不立案学校的学生，实行“概不给与奖励”。这其实是对外人在华办学放任自流的一种态度。所以，对于教会学校立案问题并未引起在华办学的传教士们的重视，尽管在传教士大会上曾有人把这个问题提出来讨论，但并未拿出任何意见，“因为一般西教士深恐基督教中学向政府立案之后，丧失了学校的特性”。② 晚清政府的这种态度，引起国内一些有识之士的强烈反应，他们看到了这种教育现状的危害，指出，近代以来，“通商诸埠，西人私塾林立，不待言矣，势力伸张，骎骎普及于内地”，“各省教会之托名善举，创办私学者，更不可胜数。吾国人喜其学费廉而校规肃，且讲授之勤，卫生之纤悉也，固乐趋之”。“官办学堂，更以管理无法，为渊林之殴”。这样下去，不久的将来，“恐委巷闤阓之童孺，将尽舍国庠而入西校矣”。③ 但这种呼声在当时外交孱弱的清廷内外，根本不可能为政府重视。

中华民国成立以后，无论是中央还是地方的教育主管部门，都企图把私立学校纳入严格管理的轨道，并为此制定了相应的规章制度。1917 年 5 月 12 日，教育部发布第 8 号布告。布告将私立学校界定为“中外人士创设私立各种学校”，第一次把外人办的学校视为我国私立学校的一部分。1920 年 11 月 16 日，教育部又发布第 11 号布告，行文如下：

---

① 舒新城：《中国近代教育史资料》下册，人民出版社 1981 年版，第 1065 页。

② ［美］毕范宇：《基督教中等教育的沿革》，载李楚材主编《帝国主义侵华教育史资料——教会教育》，教育科学出版社 1987 年版，第 182 页。

③ 《论外人谋我教育权之可危》，载朱有瓛、高时良主编《中国近代学制史料》第 4 辑，华东师范大学出版社 1993 年版，第 688 页。

查近年以来，外国人士在各地设立专门以上之学校者，所在多有，其热心教育，殊堪嘉许。惟是等学校，大半未经报部认可，程度既形参差，编制时复歧异，以致毕业学生，不得与各公立私立专门学校毕业学生受同等之待遇，滋足惜焉。兹为整理教育，奖励人才起见，特定外国人之在国内设立高等以上学校者，许其援照大学令、专门学校令，以及大学专门学校各项规程办法，呈请本部查核办理，以泯畛域，而期一致。

1921年4月9日，教育部发布第138号训令，订定教会中等学校请求立案办法6条。6条内容包括：学校名称应冠以私立字样；中学校应遵照中学校令、中学校令施行规则办理。实业学校应遵照实业学校令、实业学校规程办理；中等学校科目及课程标准，均应遵照。如遇有必须变更时，应叙明理由，报经该省区主管教育官厅呈请教育部核准。但国文、本国历史、本国地理不得呈请变更；关于学校内容及教授方法，不得含有传教性质；对于校内学生，无论信教与否，应予以同等待遇；违反以上各条者，概不准予立案；即已经立案，如有中途变更者，得将立案取消。这两个文件，表明政府改变了清末放任不管的政策，力图把教会学校纳入政府管理之下。中国政府政策的改变，引起了教会人士的关注，诚如一些传教士自己所说，“民国二年（1913年），中国续行委办认为基督教学校之得政府的承认，是适当的。不过那时政府虽有基督教学校毕业生不得享受应得权利的限制，但事业（实）上毕业生仍得应各种考试，及在政府机关服务”。而1917年教育部制定的基督教学校注册办法，“其重要点即为学校名称之上不得冠以教会或差会的名目。其次为宗教课目与宗教仪式，不得用强迫制；并准许非基督徒学生入学，而对于基督徒学生与非基督徒学生则应一律待遇，于是基督教中学在国家教育制度中的地位，便成为一个重大的问题了”。①

在这种情况下，东北地区的基督教会也开始酝酿学校立案问题。东北地区教会势力最强的爱尔兰长老会与苏格兰长老会率先迈出了学校立案的步伐。在1916年，关东大会就此问题提出解决办法，主要包括：（1）请中华教育会与教育部商定立案准则。（2）与本省教育主任，订定小学暂

① ［美］毕范宇：《基督教中等教育的沿革》，载李楚材主编《帝国主义侵华教育史资料——教会教育》，教育科学出版社1987年版，第182页。

行办法。(3) 教会小学可以立案。(4) 请教士协会，议大学、中学、师范学立案事。并订立教育委办会纲要五条：(1) 总干事之职任。(2) 学区与总董之设置。(3) 视学员之规定。(4) 教员之养成。(5) 学校之承认。[①] 议案经大会表决通过施行。据此，东北地区教会学校纷纷到政府相关部门呈请立案，作为私立学校，成为东北教育体系的一个组成部分。20世纪20年代的收回教育权运动中，东北地方政府则进一步加强了对教会学校的管理，在形式上将其纳入自己的教育系统之中。

第三节　教会教育对东北社会的影响

基督教会在近代中国东北兴办教育，目的是传教，这一点是毋庸置疑的。这些大大小小的学校，在为传教活动提供服务的同时，也对东北社会产生了一定的影响。

一　教会教育与基督教在东北的发展

教会兴学，目的明确，即把教育作为传播宗教的一种手段而已。传教士对此多有论述，对此，前文已经述及。为此，教会学校在办学宗旨、课程设置及教学内容安排等方面，都优先考虑如何有利于基督教的发展。吉林文光中学把“扩大基督教在中国的影响”列为办学宗旨，吉林市三育小学的办学宗旨是：招收信徒子女，培养他们懂得圣经道理，普及小学程度的文化知识。[②] 而基督教会在东北创办的神学院校，培养直接为传教服务的传道人既是其办学宗旨，又是其办学的最终目标。

在课程设置和教学内容安排上，教会学校都把《圣经》设为必修课程，岫岩三育小学在教学内容的安排上，除使用当时普通小学课本外，《圣经》为学生必修课，而且每日必读。[③] 扶余三育女校，每天早晨上第一节课之前，都有半小时的“圣经金句”学习，内容为《圣经》中的箴

---

① 庄振声：《关东东北部长老会》，载中华续行委办会编《中华基督教会年鉴》第3期，商务印书馆1916年版，第续23页。

② 吉林省地方志编纂委员会编：《吉林省志·宗教志》，吉林人民出版社2000年版，第346—347页。

③ 辽宁省地方志编纂委员会办公室编：《辽宁省志·宗教志》，辽宁人民出版社2002年版，第230页。

言名句，由男传教士任课。[①] 除此以外，教会学校还利用课余时间组织各种带有宗教气息的活动，以此对学生施加影响。如吉林文光中学，牧师并不负责学校的传教工作，而是领导校内的“查经班”（检查对《圣经》学习理解的情况及讲解相关问题的团体，参加者是未受洗礼的信仰宗教的师生），每次活动2小时左右。[②] 扶余三育女校在圣诞节时，统计学生个人领取《圣经》故事彩印画片数量，谁领得多，就给谁奖励。[③]

此外，教会学校在招生及教员使用方面，也以有利于宗教宣传为主。沈阳文会高中的学生绝大多数来自县教会办的初中，出身又多数为教会中的教友、长老以及学校中教职员的子弟。也有一些非教会系统的学生，但人数非常少。[④] 盛京医学院在1912年招收的第一批学员中，基督徒的比例占到了近3/4。[⑤] 这种状况到了20年代以后发生了变化，东北地区教会学校学生中非信徒比例超过了信徒学生比例。据资料记载，1928年，东北教会小学有学生6262人，来自基督徒家庭的学生1213人，约占总数的20%。但学校中教师仍以基督徒为主，同一时期教会学校有教师382人，其中基督教徒305人，占总数近80%。[⑥] 这说明，尽管教会学校中非基督徒学生比例在增加，但学校可通过基督徒教师的引导来使学生受到宗教的感染，实现“让虔诚而有力的布道气氛笼罩着每一所学校”[⑦] 的目的。

正是通过以上种种办法，教会学校在为基督教发展提供源源不断的传教人才的同时，也通过学校的教育扩大了宗教在社会上的影响，从而有力地促进了基督教在东北地区的传播和发展。

① 邱景云：《昔日扶余城区女子学校概况》，载扶余市政协文史资料委员会编印《扶余文史资料》第11辑，1991年版，第69页。

② 杨桂林：《私立吉林文光中学概述》，载吉林市政协文史资料研究委员会编印《吉林市文史资料》第4辑，1985年版，第142页。

③ 邱景云：《昔日扶余城区女子学校概况》，载扶余市政协文史资料委员会编印《扶余文史资料》第11辑，1991年版，第70页。

④ 徐春芬：《回忆母校——沈阳文会高中》，载政协辽宁省委员会文史资料委员会编《“九·一八”前学校忆顾》，辽宁人民出版社1991年版，第197页。

⑤ ［英］杜格尔德·克里斯蒂：《奉天三十年（1883—1913）——杜格尔德·克里斯蒂的经历与回忆》，张士尊等译，湖北人民出版社2007年版，第227页。

⑥ 庄振声：《东北教会现状》，载中华续行委办会编《中华基督教会年鉴》第10期，商务印书馆1928年版，第52页。

⑦ ［美］狄考文：《怎样使教育工作更有效地促进中国基督教事业》，载朱有瓛、高时良主编《中国近代学制史料》第4辑，华东师范大学出版社1993年版，第105页。

二　教会教育与“西学”在东北的传播

教会为配合传教活动而开办的众多学校，采用不同于中国传统私塾经学教育的西方教育体制，更加注重学科的系统化和科学人才的培养，较之中国传统的教育模式是个进步。尽管教会办学的目的是“以学辅教”，但借此也将西方先进的教学方法和教育体制引进了东北，在客观上对东北教育事业的发展起到了一定的推动作用。海城三育中学的“马师娘”采取分班流水式教法，以达到口笔兼能、读写并重，认真进行严格的口语基本训练，取得了较好的教学效果。[①] 教会学校还注重对学生进行启发式教育，培养学生的思维能力和实验能力，沈阳文会书院的新楼西部为化学实验室，“作试验时，学生每人分得试验必需的仪器一份”。[②] 当然，并不是所有教会学校的办学条件和水平都能如此，但教会学校的新式办学理念却为东北教育近代化提供了一定的借鉴。

和早期教会学校相比，清末民初的教会学校发展迅速。尽管如此，教会学校学生和中国人自办的公、私立学校相比并不占优势。1903 年以前，基督教教育在中国新式教育中占绝对重要的地位，而随着新学制的颁布，尤其是 1905 年科举考试制度的废除，中国新式教育以极其迅猛的速度发展起来。此间尽管基督教教育发展很快，但官方的教育发展更快，1905 年的学生人数即为教会学校的 1.8 倍。[③] 东北地区教育的发展也是如此，1905 年以后，东三省各地纷纷兴办学堂，到 1908 年，奉天省计有专门学堂 3 所，学生 602 人；实习学堂 8 所，学生 584 人；师范学堂 31 所，学生 1634 人；普通学堂 2071 所，学生 8.2745 万人。到 1911 年，各类学校总数达到 2700 多所，学生总数 10.6 万余人。[④] 1909 年，吉林省有专门学堂 2 所，学生 299 人；实业学堂 6 所，学生 362 人；师范学堂 1 所，学生 130 人；中学堂 4 所，学生 355 人；高等小学堂 9 所，学生 546 人；两等小学 57 所，学生 2961 人；初等小学 106 所，学生 4355 人；女学堂 3 所，

---

① 王明圣：《忆海城基督教的三育中学》，载政协辽宁省海城市委员会文史资料工作委员会编印《海城文史资料》第 2 辑，1988 年版，第 19 页。

② 徐春芬：《回忆母校——沈阳文会高中》，载政协辽宁省委员会文史资料委员会编《“九·一八”前学校忆顾》，辽宁人民出版社 1991 年版，第 195 页。

③ 胡卫清：《普遍主义的挑战——近代中国基督教教育研究（1877—1927）》，上海人民出版社 2000 年版，第 63 页。

④ 王鸿宾等：《东北教育通史》，辽宁教育出版社 1992 年版，第 327 页。

学生 158 人。合计各类学堂 188 所，学生 9166 人。1908 年，黑龙江省设有专门学堂 1 所，学生 21 人；实业学堂 5 所，学生 432 人；师范学堂 8 所，学生 359 人；中学堂 1 所，学生 105 人；高等小学 3 所，学生 372 人；两等小学 22 所，学生 1497 人；初等小学 106 所，学生 3736 人；半日学堂 3 所，学生 130 人；官话字母学堂 2 所，学生 49 人；女子学堂 7 所，学生 244 人，合计各类学堂 158 所，学生 6949 人。[①] 到 1916 年，东北三省共有初级小学 7214 所，学生 24.8878 万人；高级小学 504 所，学生 2.4842 万人。男生占小学学生总数之 93%。每一千居民中平均有小学学生 13 人。尽管东北大部地区极其缺乏国立学校设施，不少县区内仅有高级小学 1 所，初级小学不足 10 所，但在辽河流域一带人口稠密地区，教育设施则不亚于关内各省。1918 年，东北三省共有男子中学 27 所，女子中学 1 所，学生共 3000 余人。同一时期，东北有男子师范学校 24 所，女子师范学校 8 所。此外，还有工艺、商业、农林等专业学校多所，程度大抵在高小与中学之间。[②]

高等教育方面，1902 年，增祺筹办的奉天大学堂正式开学，近代东北地区高等教育由此发轫。此后，又相继开办了奉天法政学堂、奉天公立工业专门学校以及奉天两级师范学堂等学校，初步奠定了东北地区高等教育的发展基础。民国以后，特别是奉系军阀统治时期，东北高等教育有了进一步的发展，初步改变了东北高等教育长期落后的面貌。到 1931 年前，东北共有省立和私立大学专科以上院校 13 所，在学科设置上已具备国内已设学科和专修科，门类较为齐全。[③]

和国立学校相比，在 20 世纪以前，教会学校在东北地区“西学”传播方面占据主导地位，但随着东北地区新式学堂的普遍设立，教会学校在“西学”传播方面便退居次席，尽管有些教会学校在某些方面仍有着一些优势，但“西学”传播的主潮却非其所属。所以，对教会学校在近代东北地区“西学”传播中的地位和作用，我们应该客观的看待，既不能抹杀其积极作用的一面，也不能因此而对其发挥的作用给予过高的评价。

---

① 徐世昌等纂，李澍田等点校：《东三省政略》，吉林文史出版社 1989 年版，第 1414—1415、1425 页。

② 中华续行委办会调查特委会编：《中华归主——中国基督教事业统计（一九〇一——一九二〇）》中卷，中国社科院世界宗教研究所译，中国社会科学出版社 1987 年版，第 517—518 页。

③ 王鸿宾等：《东北教育通史》，辽宁教育出版社 1992 年版，第 471 页。

三 教会教育与东北新式人才的培养

美国在华传教士狄考文在谈到教会办学要注意的问题时曾说：“要建立一所学校，必须进行一番劝导。中国人是最讲实际的民族，除非有看得见的利益，他们是不会让子女进入教会学校的。在这一点上，他们是完全按照众议为稳妥的原则行事，那唯一合适而有益的劝导，便是对教育本身提出要求。要使这个劝导获得成效，教育就必须致力于生活中能获得成功的事业，致力于容易寻找的职业，值得学生家长和朋友们称道的职业。”① 这说明，教会学校在培养为教会服务人才的同时，也要注重社会效益，即为学校培养的学生谋求在社会上有用武之地。把每个学生都培养成基督徒是不可能也是不现实的，但努力把每个学生都培养成社会的有用之才，却是扩大基督教会社会影响的有效手段之一。所以，当时东北教会学校的毕业生，除了从事宗教事业外，更多的从事文教、医务、机关等方面的工作，在一定程度上弥补了当时东北教育的不足。海城三育中学的毕业生，有许多到邮政、海关、铁路、电报等机关工作；沈阳文会书院的许多毕业生都受聘为教师，或作为海关、铁路、邮政、盐务等通晓英语的办事员；而基督教会在东北地区开办的医学教育，也为东北三省造就了许多医学人才。这些新式人才和官立学堂培养的人才一样，为东北地区的社会发展作出了一定的贡献。

① ［美］狄考文：《怎样使教育工作更有效地促进中国基督教事业》，载朱有瓛、高时良主编《中国近代学制史料》第4辑，华东师范大学出版社1993年版，第99页。

第五章　东北的基督教医疗事业

医疗事业和教育事业一样，也是基督教在东北地区为辅助教务而开展起来的又一项重要事业。传教士到达东北地区，即借助医疗手段开展布道活动，并取得了很大的成功，其后，这项事业成为在东北地区发展教务的基督教差会主要扶持开办的一个重要领域，相继在这里建立了许多医院，并以医院为中心，开办了许多附属机构。这些医疗事业开办的初衷是服务于传教事业，但在近代东北社会的历史发展进程中，对东北社会产生了多方面的影响。

第一节　基督教开办医疗事业的动因

教会开办医疗事业，“无非是用治病为传教的手段”①。这是基督教在近代中国开办医疗事业的根本出发点。而就其成为基督教在各地发展传教事业的一个重要辅助手段而言，则有着深刻的历史动因。

一　因袭前辈入华传教经验的产物

借助医学之力传播宗教曾是早期入华传教士成功发展教务的经验之一。早在元代，就有传教士借用医疗手段进行传教活动的记载，当时，涅斯忒派的一些教徒在河南建造了许多教堂，“同时兼行医术”。1294 年，法兰西斯派教徒芒得考维奴约翰到北京，“除传教外，亦兼以医术为活动

① 《在华新教传教士 1877 年大会记录》，转引自杨天宏《基督教与近代中国》，四川人民出版社 1994 年版，第 11 页。

工具之一”[1]。明末来华的利玛窦、龙华民、邓玉函、汤若望、卜弥格等教士亦皆通医术，他们在传教的同时，也从事医疗活动。他们来华，主要目的在于传教，行医看病只是附带涉及。[2] 尽管当时他们的医术并不为多数中国人看重，他们的医疗行为在华产生的作用也十分有限。但他们中的一些人却凭借这些独特的医术得以在中国立足，甚至有的还深入到宫廷，医疗活动成为掩护其传播宗教的重要工具之一。

先辈们在中国早期传播宗教的成功经验，当然会受到近代来华传播“福音”的传教士的重视，尤其是在教禁未开、传教受阻的情况下，借助医学之力敲开中国紧闭的大门，更成为当时在华传教士所依赖的重要手段。前文已述，马礼逊来华后，即与人在澳门合开诊所，聘用医生为人治病，借以发展教务。后来，第一位以正式医师身份来华的基督教传教士伯驾，在广州创设新豆栏医局，成功地打开了在华传教的新局面。伯驾的成功经验，引起了来华传教各差会的重视，纷纷选派传教医师来华，辅助发展教会事业。这一时期，由于人体生理等方面的重大发现，西方医学相对于东方医学的优势已经开始显现，如诊断方法方面，听诊、叩诊的应用；治疗方面，麻醉术的发明以及外科手术、无菌操作等。这些先进技术大大提高了患者的治愈率，这对于讲究实惠、注重实效的中国人来说，在领略到西医的实用性强、有效性高等好处后，在接纳西医、西药的同时，也自然接纳了擅长医学的传教士，这就为教务的发展创造了有利的前提条件。基督教先辈们开拓出来的道路，再次成为近代传教士克服障碍、迈进中国腹地的主要通道。来东北发展教务的基督教差会，也纷纷效仿伯驾，在派遣传教士来此布道的同时，也派遣传教医师辅助发展教务，教会医疗事业亦由此在东北发轫。

二 医疗事业助推传教工作的间接作用

众所周知，基督教在近代是借助列强的炮舰政策入华的，这种做法，在为传教提供了便利条件的同时，也容易使中国社会各阶层把同为“洋人”的传教士和那些手持洋枪洋炮的侵略者等同看待，因而对其有着强烈的仇视情绪。初抵东北的传教士踏上这片土地，即感受到了浓烈的排斥

① 陈邦贤：《中国医学史》，商务印书馆 1937 年版，第 185 页。

② 曹增友：《传教士与中国科学》，宗教文化出版社 1999 年版，第 353 页。

氛围，情形前文已述。传教士们经过实践发现，医疗工作在缓解人们抵抗情绪方面有着不可替代的功效。传教医师刚到东北时，西医并不被当地人们所认可，但西医有着中医无法比拟的疗效，随着一些中医无法诊治的病人被传教医师治愈，人们对西医有了新的认识。苏格兰长老会传教医师司督阁 1883 年刚到沈阳时，人们对其抱有很深的怀疑态度，一些人认为这是一个政治阴谋，他受英国国王派遣来夺取满洲，他使用的药品会改变那些服用者的心。还有一些人认为，他要挖走孩子们的心和眼睛，然后把它卖给他们的野蛮国家来制药，特别用来照相，由此而赚钱。① 正因为如此，当简单的诊所开诊后，初期来诊疗的人多是出于好奇，来看看这个外国医生到底在耍什么花招，许多人的真正目的仅仅是看一看这个外国医生的模样。直到他成功地为病人做了中医无法解决的白内障手术后，情况才有所好转。一个奉天商人，右眼因患白内障而失明数年，在此影响下，其左眼也几乎失明。在遍投中医诊治无效的情况下，便抱着试试看的态度来到司督阁的诊所，司督阁觉得这是改变人们对西医不信任态度的一个绝佳时机，决定对其进行手术。让"瞎子"复明，这在当时来说是从未有过的事情。这引起了很多人的关注。手术当天，许多人聚集到诊所，其中包括一些政府官员。因诊室内光线昏暗，他索性把手术台拉到院子里，也想借机让人们见识一下西医的威力。手术在众目睽睽之下和屏息等待之中进行。当手术成功地做完后，司督阁伸出手指让患者辨认时，那位商人准确说出了手指的数目。结果引起了相当大的轰动。② 人们从此开始改变了以前对他不信任的态度，纷纷到诊所就诊。

除了对普通民众施诊，传教医师还非常重视利用医疗工作赢得地方官绅的支持。他们知道，在当时中国的专制体制下，地方官绅的态度对传教工作的重要影响。司督阁在后来的回忆录中这样写道："三十年前，对我们来说，处理好和官员的关系是一件生死攸关的事。因为，关于我们和我们的工作，普通民众的看法很大程度上被政府官员们的态度所左右。"③ 这是他在中国东北三十年施医布道践行的心得，为此，在此期

① [英] 伊泽·英格利斯：《东北西医的传播者——杜格尔德·克里斯蒂》，张士尊译，辽海出版社 2005 年版，第 46 页。

② [英] 杜格尔德·克里斯蒂：《奉天三十年（1883—1913）——杜格尔德·克里斯蒂的经历与回忆》，张士尊等译，湖北人民出版社 2007 年版，第 7—8 页。

③ 同上书，第 25 页。

间，他通过为当地官员及其家属施诊，并积极参与防疫、救灾等社会公益事业，与奉天的历任高级官员建立了非常融洽的关系，如左宝贵、赵尔巽、徐世昌、唐绍仪、张作霖等。保持和地方官员的这种良好关系，对于传教事业的发展有着积极的作用。司督阁这样评价，“我在中国官场有一个不小的朋友圈子，这对我们的工作有很大帮助，使我们的基础更稳固，且有助于防止暴乱和其他非常易于出现的麻烦”。事实也确实如此，司督阁得以在东北顺利开展医疗布道事业，与上述官员的有力支持是分不开的。如在筹划建立盛京医学院之前，司督阁想买医院隔壁的院子建立医学院，但由于此时那个院子已经售出了，新房主是南方某省商会，他们计划在那里建立商会大楼。就在他非常失望的时候，时任东三省总督的徐世昌了解到这一情况，立刻向其伸出援助之手。总督说，这些年来，盛京医院为奉天做了这么多的好事，他们想要那块地皮，那就必须给他们。在总督的干涉之下，司督阁如愿地购得那块地皮，为后来医学院的建立奠定了基础。类似的事情还有许多。尽管这是司督阁一个人的特例，但我们可以从中看出，教会医疗事业在促进基督教事业发展方面所发挥的重要作用。

三 医疗活动对传教事业的直接意义

传教医师到达东北后，便首先选定一个地点建立起简易的诊所，开展施医布道工作，并通过这些活动与前来就诊的患者发生联系。这一方面为传教工作提供了立足点，同时也为接触民众创造了条件。由于中国传统文化对西方异质文化的排斥以及西方列强在近代中国的野蛮侵略造成的负面影响，使得初到东北的传教士很难在这片土地上立足，传播“福音”困难重重。创办医疗事业，可以通过传教医师的施医“善举”赢得民众，为传教士在本地立足创造良好的条件。从记载早期创办的教会医院材料中，不难找到相关的记录。在司督阁创办的盛京施医院里，对于就诊的病人，采取了“只收挂号费，不收医药费”的办法来“吸引和接近群众”[①]。早期在吉林传教的高积善，也是采用“看病不要钱”等方式获取

① 刘仲明：《盛京施医院创立纪实》，载政协辽宁省暨沈阳市委员会文史资料研究委员会编《文史资料选辑》第1辑，辽宁人民出版社1962年版，第93页。

群众信任，借此打开传教局面。[①] 等到时机成熟，这些医疗事业便可以顺理成章地为传教工作服务了。司督阁创办的盛京施医院里，宣教工作是整个工作的有机组成部分，医院的助手和学生都是基督徒，他们以自己的言行向其他人传播福音。每天工作开始之前，要组织一个住院患者参加的祈祷仪式，然后大夫再去病房查房。下午医院还要组织一次祈祷仪式，在这次仪式上要发表致辞，借以影响患者。在发现个别患者有对基督教知识感兴趣的倾向后，传教士便与其进行个别谈话，以便最终引导他成为基督徒。医院除了对住院患者进行直接宣传与引导之外，还利用患者候诊期间，在候诊室里对前来就医的患者进行宗教知识的宣传活动，借以扩大影响。[②] 为此，医院聘有牧师和传道人，专门负责传道任务，借以感化病人。为了巩固传教成果，对基督教感兴趣的患者名单被医院保留下来，医院不时地派宣教师下去几个星期，到这些患者的家乡看望他们，使其和最近的教会组织发生联系。

除此以外，传教医师还利用巡回医疗的方式深入到民众中去，借施医送药之机扩大基督教的影响。1886 年，司督阁进行了一次长途巡回医疗活动，北到铁岭，东南到云岭，西到奉天，全程 200 英里。沿途边诊疗，边传道，同时发放宣传基督教的小册子。[③] 同样的巡回医疗活动还有很多次，传教医师通过这些活动，使许多患者因得到诊治而对基督教产生好感，扩大了基督教影响的同时，也为其传播和发展创造了有利的条件。

第二节　基督教开办的医疗事业

基督教在近代中国东北开办的医疗事业主要包括建立教会医院和开展医学教育两个方面，设立医院施医布道，医学教育为医院施医布道提供人才，二者紧密结合，共同为基督教的发展服务。

---

① 金庆阳：《吉林高大夫医院》，载政协吉林省吉林市委员会文史资料研究委员会编印《吉林市文史资料》第 5 辑，1986 年版，第 168 页。

② ［英］伊泽·英格利斯：《东北西医的传播者——杜格尔德·克里斯蒂》，张士尊译，辽海出版社 2005 年版，第 320—321 页。

③ ［英］杜格尔德·克里斯蒂：《奉天三十年（1883—1913）——杜格尔德·克里斯蒂的经历与回忆》，张士尊等译，湖北人民出版社 2007 年版，第 66—68 页。

一　近代东北基督教医疗事业的开创与发展

1900年以前，在东北开展施医布道活动的传教士均来自爱尔兰长老会、苏格兰长老会和丹麦路德会三大差会。其中，尤以长老会系统的传教士为最，他们创建了东北地区第一批教会医院。路德会的传教士在东北地区开辟传教基地以后，也派遣传教医师来此，开展医疗活动，辅助布道。

最早抵达东北的两位爱尔兰长老会传教士之一的很德就是医生，来此之前他就积累了丰富的行医经验。1870年，他在营口开办了一家诊所，为人看病。后来发展为普济医院。[①] 此后，爱尔兰和苏格兰两个长老会不断有传教医师到达东北，相继在奉天、辽阳、锦州、长春、吉林等地建立医院。丹麦路德会在东北地区的施医布道活动相对于长老会来说要迟一些，1898年5月，丹麦路德会派聂乐信乘船抵达旅顺，然后她转乘马车于当年12月到达大孤山，协助先期到达这里的柏卫牧师夫妇施医布道。[②]

1900年义和团运动的发生，暂时打断了基督教医疗事业在东北的发展步伐。义和团运动结束后，随着基督教各项事业在东北地区的重新兴起，教会医疗事业也逐渐得到恢复，且随着教务的不断发展而进入了一个发展相对较快的时期。早期到东北发展教务的基督教差会在义和团运动后迅速返回，凭借前期基础很快恢复了医疗事业，并保持着领先优势，同时，其他差会也陆续来东北地区发展教务，他们也开办了一些医疗事业。

据资料统计，爱尔兰长老会1901年在东北有男传教士10人，女传教士3人，男医生5人，女医生2人，除了男医生较1900年的6人少1人之外，其他几个方面的人数已经和1900年持平。到1905年，男女传教士人数没有发生变化，而男女医生人数却呈上升趋势，其中男医生为6人，女医生5人。[③] 由此可以看出，医疗传教事业在各项传教事业中是发展较快的一个领域。同一时期，苏格兰长老会的医疗传教工作也取得了很大的发展，下表为苏格兰长老会1905年在东北几个主要传教区域医疗事业统计表：

---

① 营口市地方志编纂委员会办公室编：《营口市志》第5卷，远方出版社1999年版，第435页。

② 辽宁省地方志编纂委员会办公室编：《辽宁省志·宗教志》，辽宁人民出版社2002年版，第183页。

③ D. MacGillivray, *A Century of Protestant Missions in China* (*1807—1907*), *Being the Centenary Conference Historical Volume*, Shanghai: Printed at the American Presbyterian Mission, 1907, p. 231.

表 5—1　苏格兰长老会 1905 年在东北几个主要传教区域医疗事业统计情况①

（单位：个）

	全体职员		医院病床			门诊患者					住院患者			手术				
	男医生	女医生	男病房	女病房	合计	男新	男旧	女新	女旧	合计	男	女	合计	男成年人	男未成年人	女成年人	女未成年人	合计
辽阳	1	1	40	12	52	3396	4739	1140	758	10033	210	53	263	—	—	—	—	100
奉天	1	2	100	40	140	9479	12105	9092	6290	36966	557	282	839	303	840	291	—	1434
开原	1	—	8	—	8	3228	2711	3809	2473	12221	—	—	106	59	—	—	—	59
阿什河	1	—	40	—	40	3186	1329	1192	830	7537	59	64	123	9	60	7	39	115

从表 5—1 可以看到，在 1905 年，苏格兰长老会在辽阳、奉天、开原和阿什河共有男女医生 7 人，病床 240 个，年内门诊患者 6.6757 万人，住院患者 1231 人。诚如一些传教士所说的那样，“苏会所设医院地点，呼兰、阿什河、开原、铁岭互于北，辽阳、永陵联于东南，奉天居中，规模宏廓，收效亦巨”。②

其后，东北地区的教会医疗事业继续发展，1917 年，东北地区有教会医院 25 所，男病床 537 个，女病床 423 个，每年住院病人总数 5217 人，每一外国医生负责病床的平均数为 31 个，每一外国护士负责病床的平均数为 320 个。其中，爱尔兰长老会所属医院 9 所，男病床 164 个，女病床 177 个，每年住院 1577 人；苏格兰长老会所属医院 13 所，男病床 300 个，女病床 200 个，每年住院患者 2454 人；丹麦路德会所属医院 2 所，男病床 73 个，女病床 46 个，每年入院患者 1186 人。③ 到 1920 年，爱尔兰长老会有 4 名外国专职医师，4 名国内培养的中国医师，培养毕业和肄业的中国护士 49 人，其他人员 28 人；医院可用男病床 233 张，女病床 89 张；全年住院男病人 1390 人，女病人 572 人，另有 8 名儿童；当年全部麻醉手术 1137 例，局部麻醉手术 452 例，无须麻醉手术 1806 例；拥

① D. MacGillivray, *A Century of Protestant Missions in China* (*1807—1907*), *Being the Centenary Conference Historical Volume*, Shanghai: Printed at the American Presbyterian Mission, 1907, p. 222.

② 庄振声：《关东东北部长老会》，载中华续行委办会编《中华基督教会年鉴》第 3 期，商务印书馆 1916 年版，第续 24 页。

③ 中华续行委办会调查特委会编：《中华归主——中国基督教事业统计（一九〇一——九二〇）》中卷，中国社科院世界宗教研究所译，中国社会科学出版社 1987 年版，第 521 页。

有男诊所 5 处，女诊所 7 处，全年门诊初诊男病人 1.8662 万例，女病人 1192 例，复诊男病人 3.2824 万例，女病人 991 例，出诊 605 例；全年经费总支出 2.1637 万鹰洋。[①] 苏格兰长老会有 4 名国内培养的中国医师，48 名其他人员；医院可用男病床 136 张；全年住院男病人 1199 人，女病人 857 人；当年全部麻醉手术 3184 例；拥有男诊所 10 处，当年门诊复诊男病人 13.0689 万例，出诊 550 例。丹麦路德会有 3 名外国专职医师，3 名外国护士，1 名国内培养的中国医师，培养毕业和肄业的中国女护士 6 人，其他人员 14 人；医院可用男病床 115 张，女病床 6 张；全年住院男病人 1151 人，女病人 35 人；当年全部麻醉手术 66 例，局部麻醉手术 827 例，无须麻醉手术 169 例；拥有男诊所 3 处，女诊所 1 处，全年门诊初诊男病人 3.3166 万例，女病人 1113 例，复诊男病人 6.1018 万例，女病人 4162 例，出诊 20 例；全年经费总支出 920 鹰洋。[②]

由此可见，爱尔兰长老会、苏格兰长老会和丹麦路德会的医疗事业在近代东北教会医疗事业中占据主导地位，其中尤以长老会势力最强。

随着西医被人们普遍认可，教会医院的门诊量日益增多，传教医师的工作日益繁重，为了减轻医师的工作压力，一些差会派遣专职传教士负责医院的布道工作，但仍无法解决就诊病人增多和医生缺乏之间的矛盾。早期在东北地区施医布道的一些传教士，开始采取培训助手的方式，来解决这一矛盾。1885 年，司督阁就在奉天开始了培训助手的工作。除了在病房临床实践中培训助手，还利用工作之余开设了化学、生理学和药剂学等课程。[③] 这样的工作一直持续到义和团运动爆发前。但这种方式培训出来的人数是非常有限的，而且对医学知识的掌握也不够系统，要进一步发展教会医疗事业，必须提高医疗人才的素质，为此，司督阁不止一次地向传教会议提出建议，要求建立一所有效的医疗学校。但由于当时这个建议并

① 一种墨洋、墨银。银币名，即墨西哥银元。因以鹰像（墨西哥国徽）为币面，故称；“洋”是洋钱之简称，以别于中国传统之锭形银两。1821 年墨西哥脱离西班牙独立，1823 年始铸鹰洋。后流通于南北美洲、日本及东南亚各国，亦有流入中国者。中国历史大辞典编纂委员会编：《中国历史大辞典》，上海辞书出版社 2000 年版，第 3275 页。

② 中华续行委办会调查特委会编：《中华归主——中国基督教事业统计（一九〇一——一九二〇）》下卷，中国社科院世界宗教研究所译，中国社会科学出版社 1987 年版，第 1198—1201 页。

③ ［英］伊泽·英格利斯：《东北西医的传播者——杜格尔德·克里斯蒂》，张士尊译，辽海出版社 2005 年版，第 69 页。

没有引起传教差会的重视，所以，建立医学校的计划被一再推迟。

义和团运动以后，随着基督教各项事业在东北地区的发展，医疗事业也获得了突飞猛进的进步，新的医院纷纷建立，前来就诊的患者络绎不绝，医护人员短缺的问题成为制约教会医疗事业发展的关键。教会医院在推动基督教传播事业方面的作用，此时也日益受到各教会团体的重视。在1907年传教士百年大会上，医疗传教问题成为大会讨论的主要议题之一，司督阁应邀担任医疗传教委员会的主席，并准备了有关医疗传教问题的文件。在大会决议中，与会代表对医疗工作在传教过程中所起的先锋作用给予了认可，并就拟定的一些基本准则表决通过。教会医疗工作被认为是“基督教会传教工作中不可或缺的永久组成部分”。

其后几年时间内，在中国各个省份，接连涌现出一些医学院。教会医学教育工作开始由酝酿进入实施阶段，经过几年的摸索与实践，最终于1913年在北京召开的中国医疗传教士协会会议上，就医学教育问题形成了一系列明确的政策。会议决定：基督教的医学教育是个非常紧迫的任务，应该比医疗传教的其他工作优先考虑。并就一些具体问题通过决议如下：

1. 建立医学院和医院的唯一目的是：通过对身体和心灵的治疗为中国人民乞求神的赐福；通过对有文化有智力的年轻人在医学方面的全面培养，使他们成为完全合格的医生，从而为自己的国家作出更大的贡献。

2. 我们并不想创建永久性的外国机构，我们希望中国人自己逐渐和最终解决人员、资金和管理问题。

3. 协会希望把基督教医学院纳入政府教育部管理体制之中，在各个方面与民国政府合作并获得民国政府的支持，这样，一个强大的装备完全的医疗职业才可以在这片伟大的土地上建立起来。①

在此原则指导下，教会医学教育发展并日臻完善起来。东北地区医学教育以盛京医学院的建立和发展为成功的典范。该医学院是司督阁在本国差会与东北地方政府的支持下而于1912年正式建立起来的一所正规医学教育机构，关于医学院的具体情况，下文将详细介绍，此不赘述。其后，在东北发展教务的其他差会也兴办了不同形式的医学教育机构，这些医学

① ［英］杜格尔德·克里斯蒂：《奉天三十年（1883—1913）——杜格尔德·克里斯蒂的经历与回忆》，张士尊等译，湖北人民出版社2007年版，第186—187页。

教育机构，在为基督教医疗事业发展服务的同时，也为东北社会输送了一些西医人才。

二　基督教在近代东北开办的主要医疗事业

如前所述，基督教在近代东北开办的医疗事业主要包括设立医院和医学教育两个方面，其中，教会医院是医疗事业的主体。

（一）教会医院

基督教会在近代东北开设的医院，绝大多数为爱尔兰长老会、苏格兰长老会和丹麦路德会三个差会所开设，成绩也最为显著。除此以外，加拿大长老会、安息日会、浸信会等也在此开设了一些医院。

1. 爱尔兰长老会所办的教会医院

普济医院

1869 年，很德医生和万特牧师受爱尔兰长老会的派遣，到达营口。次年，很德即在此开设诊所，为人治病。1896 年，该院以普济医院的名称在营口领事馆注册。[①] 医院旧址在今营口市市府路，很德为首任院长，后有威坡鲁皮斯、费利普等先后主持医院工作。该院首任护士长为英人德如海。随着医务的发展，为解决护理人员不足，该院曾附设四年制护士班，培养中国护理人员。1931 年，李洪贵由盛京护士学校毕业来医院任职，为首任华人护士长。[②]

锦州施医院

1886 年，爱尔兰长老会传教医生白多玛来到锦州，于城东关双岔子路北购置土地，设立医院，施医布道。1894 年，伊约翰牧师与其妻邸回春教士同来锦州，邸回春接任施医院院长之职，改变了医院过去只收男病人的习惯，也接纳妇女入院治疗。[③] 男医院时有英籍医士 1 人，华人佐助学习，无定额，女医院有英国女医士 1 人，华女佐助学习，无定额。两院中“佐助学习之人”，“均由基督教会男女信徒选充”。[④] 1900 年，义和团

① 满洲基督教联合会编：《满洲基督教年鉴》，满洲基督教联合会 1938 年版，第 251 页。

② 营口市地方志编纂委员会办公室编：《营口市志》第 5 卷，远方出版社 1999 年版，第 435、440 页。

③ 锦州市地方志编纂委员会办公室编：《锦州市志 · 综合卷》，中国统计出版社 1994 年版，第 530 页。

④ 陆善格：《锦县志》全三册，成文出版社 1974 年版，第 1028 页。

焚烧了医院，1905年重建后，更名为基督教医院，增加刘素生、朱培恩等女医生。1913年，邸回春回国，爱尔兰人马泽民由海城来锦州接任院长，他到任后，增建房舍，招收护士，还开设妇产科学习班，医院规模由此扩大。1920年，医院又更名为妇婴医院。同年，马泽民因病回国，爱尔兰人很爱贞由北镇施医院到锦州继任院长。①

长春施医院

1893年，爱尔兰人丁滋博医师，在长春东四道街创办男施医院。1896年，英国人范瑞林（女）医师，在西五马路创办女施医院（名耶稣医院）。丁滋博医师又于1899年在东三马路创办男施医院分院。此为教会在长春地区早期创办医院的大致情形。1900年，义和团运动爆发，三所教会医院皆被焚毁。义和团运动平息后，1902年，丁滋博和梅宝珍（女）两医师从英国返回长春，先后恢复男女施医院。② 1915年，丁滋博回国，男施医院暂由中国医师陈化新代理经营，1917年更名公益医院。1919年，丁滋博返回长春，将医院复名为男施医院。③

吉林施医院

1888年，高积善奉教会差遣，来到中国东北，开展施医布道工作。他的目的是进入省城吉林建立传教基地，为此，1890年5月，他携家眷和雇员，乘马车来到长春城，租住于东四道街一高姓房内。1891年，高积善进入吉林城，在河南街东头，借马姓碾房做施医和传教的场所。由于无法在吉林城内定居，他每月往返吉林、长春一次，施医传教。④ 1893年，高积善给当地士绅宋存礼医病，求宋存礼协助买地基，宋病愈后，心存感激，用教会3000两白银，买下吉林城内一处房产，然后以“奉献”名义“让”给高积善。⑤ 爱尔兰长老会在该处施工建造教堂，1895年，杜荣本（英）到吉林主持教会工作，1896年，高积善正式创办施医院，

---

① 辽宁省地方志编纂委员会办公室编：《辽宁省志·宗教志》，辽宁人民出版社2002年版，第225页。

② 长春市地方志编纂委员会编：《长春市志·少数民族·宗教志》下卷，吉林人民出版社1998年版，第184页。

③ 吉林省地方志编纂委员会编：《吉林省志·宗教志》，吉林人民出版社2000年版，第344页。

④ ［日］千田万三：《满洲文化史·点描》，大阪屋号书店1943年版，第126—127页。

⑤ 吉林省地方志编纂委员会编：《吉林省志·宗教志》，吉林人民出版社2000年版，第342—343页。

医院为中国式平房，内部设施也非常简陋。1900 年，义和团运动爆发，礼拜堂和施医院被焚毁。1902 年，高积善返回吉林，重建被毁之施医院。不久，高积善又与一英国女医生孔源华开设一所施医院，专门诊治妇女患者，因此取名女施医院。高积善原来建立的施医院更名为男施医院。当时该院有医生五六名，护士 20 名左右，每天门诊病人 100 名左右。1926 年，高积善退休离开中国，定居新西兰，英国人林瑞德接任其职，与孔源华分别主持男、女施医院工作。1929 年，以英国人高美丽女士捐赠的基金为女施医院修建了一座楼房，设有收容女病人的床位 40 张，其他设备也有所改善。孔源华从事妇科和儿科，她以精湛的医术和良好的服务精神，赢得了当地群众的赞誉。1931 年，孔源华退休离开中国，英国人温大夫（女）接替她的工作。不久，温大夫因结婚离开吉林。因没有妇科女医生，妇科门诊量日渐减少。①

新民普爱医院

1899 年，开辟新民教区的傅多玛牧师回国，孟宗原牧师接任其职，为扩大传教事业，协同李术仁医士在县城内赁屋创设医院，施医布道。②随着教务与医务的发展，1905 年，孟牧师又备款购得县城南街地基一处，建筑教堂和普爱医院，院内设有可容 40 余人的养病室一处。③ 据资料记载，普爱医院"院宇精严，堂屋修整，并设有养病室、饭厅，极称美备"。1923 年，又于教堂院内划分一部为慰妹医院，专门诊治妇女，院长为孟宗原夫人，普爱医院则专门医治男性病人，院长为华人钟育强，自此男女分院治疗。④ 普爱医院首任负责人为李术仁，1914 年以后，相继为戴福林和钟育强。

法库基督教立女施医院

创立者为爱尔兰长老会齐振铎女医士。1879 年，她出生于爱尔兰的一个牧师家庭。1897 年，当她 18 岁时，爱尔兰长老会在吉林传教的一对牧师夫妇回国，在她就读的学校开了一次布道讲演会，齐女医深受感动，当她得知当时中国东北地区急需传道医师时，遂立志从医，进入医科大学

---

① 吉林省地方志编纂委员会编：《吉林省志·卫生志》，吉林人民出版社 1992 年版，第 258—259 页。

② 张博惠：《新民县志》全二册，成文出版社 1974 年版，第 305 页。

③ 满洲基督教联合会编：《满洲基督教年鉴》，满洲基督教联合会 1938 年版，第 251 页。

④ 张博惠：《新民县志》全二册，成文出版社 1974 年版，第 306 页。

学习。1903年，经过6年的刻苦学习，她以优异的成绩顺利从医科大学毕业，然后在本国进行了一年多的实践，积累了一定的医疗基础。1905年10月，日俄战争结束后，26岁的齐女医来到中国东北，乘坐火车到达新民，后来到法库，在此设立医院，施医布道。1917年，她在给患者诊疗期间，受病人感染而患白喉，被送至吉林施医院就诊，因医治无效，于当年3月23日逝世于吉林。① 此后，继有英国女医士温如春接任院长，4年后，被另遣他处，自此医院即无正式女医士，乃由产科主任张庆真为院长，维持经营。②

2. 苏格兰长老会所办的教会医院

盛京施医院

1882年，司督阁奉苏格兰长老会派遣来中国东北施医布道。1883年，他来到沈阳，在住处开办了一个简陋的诊所，即开始了医疗传教工作。开诊后，每天大约有30名患者前来就诊。但直到1884年，仍然没有住院的病房，那些已经做手术的人只能待在自己的家里或住在诊所附近的客栈里。1885年春，司督阁把住宅后面一座房子设为临时医院，在两个月时间内，这所简陋的医院接纳了30名患者住院，做了19例眼科手术。③ 这个临时医院只维持了1年多时间，便在1886年夏季的大雨中倒塌了。为了维持医疗工作的运转，他把住宅东面隔壁的院子租了下来，权且当作住院处。经过一年多的努力，一位和司督阁有着友好关系的当地官员，由于到外省工作，便把他的院子卖给教会。司督阁把院内已有的建筑改为医院，并在前面建起一栋全新的门诊部。准备停当以后，新医院于1887年10月10日正式开业，盛京兵部侍郎亲自为医院剪彩，许多当地高级官员都出席了庆典仪式。新医院拥有能够容纳150人的候诊大厅和可同时接纳50名男患者和15名女患者住院治疗的病房。④ 盛京施医院的医疗工作由此进入了一个新时期。

为了便于开展对妇女的传教工作，1888年春，医院特意把女子病房

---

① ［日］千田万三：《满洲文化史·点描》，大阪屋号书店1943年版，第133—134、137页。

② 满洲基督教联合会编：《满洲基督教年鉴》，满洲基督教联合会1938年版，第251页。

③ ［英］伊泽·英格利斯：《东北西医的传播者——杜格尔德·克里斯蒂》，张士尊译，辽海出版社2005年版，第290—299页。

④ ［英］杜格尔德·克里斯蒂：《奉天三十年（1883—1913）——杜格尔德·克里斯蒂的经历与回忆》，张士尊等译，湖北人民出版社2007年版，第11页。

与医院的其他部分完全隔开，只留一个通向门诊部的前门。到1892年时，又单独租了一个院子专门开展对妇女的医疗工作，由司督阁夫人负责。[①]甲午战争以后，一所专门由女医生管理的妇女医院真正建立起来，女医院设于小河沿三道沟西，有楼舍50余间，分设诊病、养病、储药、宣道等诊室，按日施诊，院中有中、西女医士各2人，中女医学生若干人，每年诊治病人3万余人。[②]

1900年，义和团运动爆发，盛京男女施医院皆被焚毁。义和团运动平息后，由于时局动荡，人们的情绪很不稳定，教会的工作更多地集中在教育信徒和吸引放弃信仰的人们重新归队等方面，所以，直到1903年，才重建了盛京女医院，并计划于1904年建设男医院。但这些工作又由于日俄战争的爆发而被迫终止。[③]

盛京施医院的重建工作直到日俄战争结束以后才取得实质性进展，这项工作得到了当时盛京将军赵尔巽和日本驻军司令大山岩的支持，赵尔巽资助了4000两白银，大山岩则下令从营口港运到奉天的建筑木材免收火车运费，另外还有社会各界的赞助与支持。1907年春，盛京施医院主体建筑完工，整个医院包括一座两层的门诊大楼、一个现代化的手术室、三个病房以及门房等。[④] 开业典礼安排在3月5日举行。当时，盛京将军、各国驻奉天的领事以及奉天主要官员均莅临庆典。当时的报刊对此进行了这样的报道："该院约有百间，均是雕梁画阁，内外整洁，有高楼三座，尤极华丽。昨日门内外悬灯挂彩，高竖中英国旗，至下午，次帅、各国领事以及中外官绅均衣冠整齐，参列典礼，并有皇寺掌印喇嘛带领从人数名，前往叩贺，实为当日之特色。又当日该院施疗华人，故贫民争先领取药水，往来络绎，热闹异常。"[⑤] 1911年，医院又增设产科，训练护士及助产士。[⑥] 至20世纪20年代，盛京施医院职员，计有男院18人，女院6人，男护士15人，女护士40人。分设外科、内科、眼科、皮肤科、花柳

---

① ［英］伊泽·英格利斯：《东北西医的传播者——杜格尔德·克里斯蒂》，张士尊译，辽海出版社2005年版，第330页。

② 王树楠等：《奉天通志》卷144，东北文史丛书编委会1983年影印本，第3289页上栏。

③ ［英］杜格尔德·克里斯蒂：《奉天三十年（1883—1913）——杜格尔德·克里斯蒂的经历与回忆》，张士尊等译，湖北人民出版社2007年版，第137页。

④ 同上书，第172页。

⑤ 《奉天·民胞物与 大被欢颜》，《盛京时报》1907年3月6日第3版。

⑥ 满洲基督教联合会编：《满洲基督教年鉴》，满洲基督教联合会1938年版，第250页。

科、妇人科、肺病科、小儿科、耳鼻喉科及X光科等。两院病床，计有男院140架，女院170架。平均每日男院诊疗250人以上，女院150人以上，受诊病人遍及东三省。住院费用，单人房间每天5元，双人合住每天2元5角，统间为每天6角。全年经费，男院9.4万余元，女院3.1万余元，其中不包括外国传教士的薪金。①

盛京施医院是司督阁在苏格兰长老会国外宣道总部的支持下创办起来的，该院的经费筹集、财产所有权，以及经营管理权等，也完全由苏格兰教会国外宣道总部负责。除了宣教士医生的薪资由派遣的教会支给之外，其余医务人员的薪资，以及一般管理费用，则统由业务收入项下支给。院务的处理，则设有医院委员会统筹管理，委员会的成员为：院内各科主任大夫，护理部主任和总药剂师等。院内日常事务由院长负责处理，只有较大的事项，才由医院委员会讨论决议，再交院长处理；但遇有重大问题，则必须提请苏格兰教会国外宣道总部批准才能施行。② 司督阁为盛京施医院首任院长，1922年，他年老退休回国，院长职务由丹麦人安乐克接任。

海龙施医院

1917年，雍维邻奉教会差遣，来到海龙县朝阳镇创办医院，名为“海龙基督教会英国施医院”。③ 建院初期，医院仅有两名大夫（包括院长）、一名药剂师和十几名护士，但医院的设备和医生的技术水平，在当时来说还是比较有名声的，附近几个县的病患都纷纷来此就医，是附近很有影响的一家医院。④ 后来雍大夫调去奉天，医院因无人管理而一度停办。戴兴邦来到朝阳镇后，医院重新开办。1924年，因旧式房舍不能适用，乃由差会拨款在海龙县城购地另建筑房一处。⑤ 施医院遂迁移到海龙县城北九龙口山麓，新建医院占地面积五千余平方米，设有门诊部和住院部，另有宿舍、食堂、洗衣房、锅炉等服务性设施。门诊部设内、外两大

① 庄振声：《关东大会》，载中华基督教会全国总会编印《中华基督教会全国总会第二届常会纪念册》，1930年版，第212—213页。

② 刘仲明：《盛京施医院创立纪实》，载政协辽宁省暨沈阳市委员会文史资料研究委员会编《文史资料选辑》第1辑，辽宁人民出版社1962年版，第94页。

③ 满洲基督教联合会编：《满洲基督教年鉴》，满洲基督教联合会1938年版，第252页。

④ 何玉坤、赵德仁：《对施医院的回忆》，载政协梅河口市文史资料研究委员会编印《梅河口文史资料》第3辑，1989年版，第41页。

⑤ 满洲基督教联合会编：《满洲基督教年鉴》，满洲基督教联合会1938年版，第252页。

科和化验室、手术室、外科处置室以及药房等。[①] 海龙施医院隶属于沈阳基督教会盛京施医院，医生、护士大多来自该院，有员工 40 余人。[②] 为了不断提高医护人员的技术水平，海龙施医院采取了“以院办学”、“院校合一”的办院方式。施医院每年从各地招收一个护士班学生。这些学生在医院里边学习护理知识，边参加实际护理工作。医院的院长、大夫、药剂师、护士长分别担任医学、药理、护理等各种专业知识的讲授任务。学生边学习边实践，学制三年，毕业后由施医院发给毕业证书。学生不交学费，参加护理工作也不另给报酬，食宿统由医院负责。海龙施医院一共办了三期护士培训班，培养了 50 多名护士，这些护士被派遣到各地施医院工作，有的还成了当地医院的骨干。[③]

辽阳施医院

1890 年，英国医生吴阿礼将海城医院迁到辽阳，次年，在城内六道街大明寺旧址建立盛京施医院辽阳分院。[④] 1892 年，教会在施医院西侧，用一位英国老太太的捐款，修建了女医院。为了纪念这位老太太的善意，取名“仁母院”。义和团运动期间，医院连同外国人住宅等均被焚毁，当年 8 月，吴阿礼医生随俄国兵入城，在一个大院内设立临时医院。同年 10 月，德教治牧师由日本回到辽阳，重建教会、医院和学校。[⑤] 1934 年，男女医院统一管理，院长为澳大利亚人袁阿乐，院内大夫有聂玉振、卫晨光和毕翠贤等人。[⑥]

开原基督教仁爱医院

1895 年，英人青大卫在开原租赁房屋数间，为人治病，此为仁爱医院之发端。1898 年，在礼拜堂院内建正式医院。1900 年，义和团运动爆发，医院与教堂均被毁。1901 年，穆大夫来开原，改租房屋重建

---

① 师连全：《海龙基督教会英国施医院始末》，载政协梅河口市文史资料研究委员会编印《梅河口文史资料》第 3 辑，1989 年版，第 38—39 页。

② 吉林省地方志编纂委员会编：《吉林省志·宗教志》，吉林人民出版社 2000 年版，第344 页。

③ 何玉坤、赵德仁：《对施医院的回忆》，载政协梅河口市文史资料研究委员会编印《梅河口文史资料》第 3 辑，1989 年版，第 42 页。

④ 郭洪仁主编：《辽阳市志》第 5 卷，中央文献出版社 2003 年版，第 474 页。

⑤ 张振华：《辽阳市基督教简史》，载辽阳市政协文史资料研究委员会编印《辽阳文史资料》第 3 辑，1987 年版，第 61 页。

⑥ 柳兆卿：《基督教传入辽阳》，载辽阳市政协文史资料研究委员会编印《辽阳文史资料》第 5 辑，1990 年版，第 126 页。

医院。1905 年，因男医院移至铁岭，开原遂改设女医院，由安、平二位女大夫施诊，定名为仁爱医院，房屋仍系租赁。1914 年，安大夫因病回国，院务由平大夫代理。[①] 1918 年，闵惠普女大夫奉派来开原，任医院院长。1921 年，牧师何纪三联络社会各界以及多处支会捐资赞助，购买地基，于 1925 年建成正式医院，每年治疗男女病人一万余人。[②]

阿城长老会医院

1897 年，英国牧师劳但理建立阿城教会后，又于 1900 年派医生慕达慰同何兴周到阿城租房筹建医院，刚刚筹备就绪，尚未开诊就赶上义和团运动，医院被捣毁。医生与教会牧师一同逃避。运动过后，英籍医生玉克信又于 1902 年被派至阿城，在西城门里西庚胡同办起阿城长老会医院。[③] 报刊对该医院 20 世纪 20 年代医疗情况有过这样的报道：本城西门里英国医院方德立夫人精通医学，自去岁莅阿以来，就诊者无论何种疑难病症，一经该女士着手，无不立奏奇功，以是活人无算，莫不比为慈航，而且不辞劳瘁，对于染病之人殷勤垂问，甚为和蔼，兼有张、吕、尚三女士为之帮助，亦均竭诚将事，故该医院日形起色云。[④] 由此可见该医院当时诊疗工作之一斑。至 20 世纪 30 年代，该医院已发展为阿城县非常有名的一家医院。

呼兰基督教医院

1909 年，英人玉克信医师到呼兰赁房一所，设立医院。[⑤] 1913 年，英籍女医生平大夫也来到呼兰，在县城西北隅设立女医院。1916 年，平大夫回国，玉克信的夫人接管女医院事务。1920 年，玉克信修建新医院，与原来的医院合并为男医院。1925 年，玉克信夫人回国，女医院无人代理，遂与男医院合并。1932 年，玉克信又回国，医院交给中国医师陈焕书经营，不久又转交给中国医师靳锡天主持。[⑥]

---

① 满洲基督教联合会编：《满洲基督教年鉴》，满洲基督教联合会 1938 年版，第 251 页。

② 李毅：《开原县志》全四册，成文出版社 1974 年版，第 865—866 页。

③ 哈尔滨市地方志编纂委员会编：《哈尔滨市志 · 宗教 · 方言》，黑龙江人民出版社 1998 年版，第 112—113 页。

④ 《阿什河 · 女医士普度众生》，《盛京时报》1919 年 5 月 7 日第 4 版。

⑤ 满洲基督教联合会编：《满洲基督教年鉴》，满洲基督教联合会 1938 年版，第 250 页。

⑥ 哈尔滨市地方志编纂委员会编：《哈尔滨市志 · 宗教 · 方言》，黑龙江人民出版社 1998 年版，第 113 页。

3. 丹麦路德会所办的教会医院

岫岩西山医院

即岫岩基督教信义会医院。因其地处岫岩镇西山脚下而得名，丹麦人宁乃胜受丹麦基督教会国外传道会派遣所创建，又因医院是丹麦人所开，故当时群众又呼为“丹国医院”。宁乃胜（1875—?），丹麦人，曾在美国留学，获医学博士学位，并加入美国国籍。1902年，他随丹麦信义会差会到中国施医布道。因就诊者日益增多，遂于1909年在岫岩城内设置临时病房。1913年创建岫岩西山医院，医院占地1.2224万平方米，建有楼房3栋，瓦房37间，[①] 设有手术室、药房、化验室、门诊所等。男女病房分别由男、女护士护理，全院可同时容纳病人六七十名。除住火炕的病人被服自备外，其余一律使用医院设备。医院人员分上、中、下三层。上层人员有院长1人，护士长1人，副护士长1人，护士学校校长1人。中层人员有管理员1人，传教士三至四人，护士小组长2人。下层人员有勤杂、伙夫、车式、更夫等十几人。全院最多时有员工40余人。院长宁乃胜统辖全院医疗、行政、传教等事宜，主要医护人员还有护士长杨福恩，副护士长姚荣华，护士学校校长宁属光（院长夫人），管事刘长安，传教士杜道生（男）、李纯浩（女，兼做丹麦人的中文秘书）、洪振荣（女），男护士组组长杨喜泉，等等。病人要入院治疗，需先交9元押金，用完后再补交9元，还需找一家可靠商号作担保，除保证按时交钱外，还保证病情如有恶化与医院无关等。住院费为每日3角小洋。医院职工薪金按月发放，全用现小洋交付，传教士工资为12—20元，护士组长为15—25元，勤杂10元左右，伙夫15元左右。[②]

为了保证传教工作的正常开展，西山医院的丹麦籍医生均为传教士，并雇用三四名中国传教士，向中国工作人员和患者传教。医院规定医务人员必须入教，每日晚间做一次礼拜，不入教者，送“考道班”或解职。患者也必须做礼拜，否则，加重药费甚至赶出医院。当然，在向患者传教时，也实行一些“优惠”，如对家庭贫困者，则少收医疗费或免费予以治

① 辽宁省地方志编纂委员会办公室编：《辽宁省志·宗教志》，辽宁人民出版社2002年版，第224页。

② 杨喜泉：《岫岩西山医院》，载政协辽宁省岫岩满族自治县委员会文史资料研究委员会编印《岫岩文史资料》第1辑，1986年版，第88—91页。

疗，进而扩大宗教影响。①

丹东基督教医院

又称丹国基督教医院。1906年，丹麦路德会捐资，传教士安乐克在丹东元宝山下天后宫街创办基督教会医院。1907年，丹麦传教士郭慕深为吸收发展女教徒，在基督教医院西侧又创办了基督教女医院，主要收治女患者。两院合称“丹国医院”。② 医院主体建筑为设有地下室的3层楼房，地下室有洗衣房、锅炉房、烧水间。一至二层楼设病房、手术室、化验室。三楼做仓库用。大楼外门龛上高悬黑底红字“为主济人”4个大字的横匾。同时还建有2层楼的门诊室，医院拥有病床70余张。医院首任院长为安乐克，后又有丹麦人安德森、沈德荣、英籍韩大夫、丹麦人魏大夫等相继任院长。医院医师多由盛京医学院毕业生充任，如张守义、毕萃新、金兰城、李维岩、姚淑爱、毕萃云等。随着业务发展，医务人员不足，医院先是采取以师带徒的方式培养中国医士。20世纪20年代后，创办高级护士助产学校，培养专门医护人才。

建院初期，医院只看门诊，只收少数病人住院，门诊量每日四五十人次。20世纪30年代后，门诊量每日为200—300人次。20世纪30年代前后，上午为男患者开诊，下午为女患者开诊。后又改为男女均上午开诊，男女门诊分开看病。下午及节假日看急诊。住院病人，有男院、女院之分。除开放肺结核等传染性病人外，其余患者不分科，混住。手术以普外为主，如胃切除、胃肠吻合、肠切除、骨科手术内固定、肾切除、一般眼科手术及一些复杂大外伤处理等。

医院实行查房制度和夜班制度，医师早8时、下午4时后查房，每天两次。每次查房，都由丹麦护士长陪同、总护士长参加。查房后，出门诊看病。一般手术均上午做。查房后，医生不开处方，依据医嘱单，病房护士收集医嘱单到药局取药。夜班每次连续半个月，男女院各1名护士、1名工人。丹麦护士长经常半夜查房，护士如有夜班睡觉的，发现后要记大过，由此可见医院管理之严格。在当时历史条件下，该院是个信誉较高的医院。除规定探视外，夜间几乎没有家属。病房有电铃，夜间病人大小

① 辽宁省地方志编纂委员会办公室编：《辽宁省志·宗教志》，辽宁人民出版社2002年版，第224—225页。

② 《丹东基督教与礼拜堂》，载政协丹东市元宝区委员会文史资料委员会编印《元宝文史资料》第1辑，1989年版，第156页。

便，由工人解决，不需病人叫喊。

医院工作人员不收食宿费，工资为医师每月小洋25元，本院高护毕业生，每月小洋20元。女护士毕业后，低一级工资，每年增加5元。医师及毕业护士，每年休假一个月。三年级护士，休假半个月。节假日可请假回家。病房工人每月小洋7元，男工9元，每年长1元。有时年末发双薪。女护士、助产士，结婚后自动离职，病房工人收入少，可以收小费，如给病人冲鸡蛋水，替病人外出买东西，少者三五角，多者给1元。

教会医院具有浓厚的宗教气氛，每天都要做礼拜，门诊病房均有传教先生讲道，丹麦传教士也去，读经、唱诗，带领病人祷告，宣传基督福音。有的病人躺在床上接受牧师洗礼。病人亡故后，医院组织祷告、唱诗。每年圣诞节，男女护士把病房点缀一新。晚间开茶话会，演小节目。圣诞清晨，男女院护士还互致佳音，唱圣诞歌等。①

4. 加拿大长老会所办的教会医院

龙井济昌医院

加拿大长老会海外传教本部于1913年委派巴克尔创办于龙井东山街，办院经费来自朝鲜基督教长老会和加拿大差会。英领加拿大牧师兼外科医士马丁任院长（后改为闵山海），鲁恩惠（女，英）为护士长，有朝鲜人男女医生各1人。② 1918年10月，医院扩建后，设内科、外科、儿科、妇科、传染科。有住院室、药房、注射室、门诊室等，聘请朝鲜汉城医专毕业生李益杰、崔宽实等人充实力量，增设X线和化验室等设备，成为龙井一带医疗设备比较完善、医疗水平比较高的教会医院，年门诊量1200余人次。医院先后有外籍医护人员6—7名，中国员工12—14名。求诊患者主要是基督教信徒。③

5. 安息日会所办的教会医院

北陵卫生疗养院

1929年，美国传教士兼医生米勒尔到东北以视察教务为名，筹备并

---

① 王立家：《安东市的丹国基督教医院》，载政协辽宁省丹东市委员会文史资料研究委员会编印《丹东文史资料》第3辑，1987年版，第74—82页。

② 龙井县地方志编纂委员会编：《龙井县志》，东北朝鲜民族教育出版社1989年版，第558页。

③ 吉林省地方志编纂委员会编：《吉林省志·宗教志》，吉林人民出版社2000年版，第345页。

开办基督教复临安息日会奉天北陵卫生疗养院。此事得到时任国民政府陆海空三军副总司令张学良的支持，亲自捐助银元 15 万元，并摊派奉天、吉林、黑龙江三省 15 万元，支持米勒尔创办疗养院。[①] 在张学良的大力支持下，疗养院于 1930 年建成，院址位于北陵新乐地区，专为军阀官僚治病。[②] 米勒尔还在北陵专为张学良开辟一处精致华丽的房间，供其休养。

6. 浸信会所办的教会医院

哈尔滨普渡医院

1923 年，基督教浸信会在哈尔滨道外正阳十三道街包租一座两层楼房，开办普渡医院。一楼一部分房间作为教会礼拜堂，另一部分作为医院门诊，二楼为病房及手术室，经费由华北浸信会承担，美国医生安大夫任院长，并亲自开诊，医院事务性工作由教会派人负责。1930 年，浸信会因受自立会影响而分裂，主持医院的医生詹维斌支持自立浸信会，在经济上给自立会一些补贴。[③]

（二）医学教育

基督教在近代东北开办的医疗事业除了医院以外，还有医学教育事业。随着医务传教活动的发展，医疗人才的短缺成为教会急需解决的问题，在本国差会无法派出更多医务人员的情况下，教会开始以医院为基础，开展各种形式的培养医务人才活动。在此过程中，涌现出了以盛京医学院为代表的一批医学教育机构。

盛京医学院，肇始于司督阁在奉天开办医院施医布道，1883 年，司督阁到达奉天定居以后，即在院内开办诊所，为人治病，借以传教。随着西医被当地人民认可，诊所已经不能满足医疗的需要，遂于 1885 年建成盛京施医院。随着医疗业务的发展，对医务人员的需求日益明显，教会医院助手的培养成为急需解决的迫切任务，为此，在义和团运动爆发之前，司督阁就开始着手这项工作，利用医诊的闲余时间带学生，给他们开设完

① 辽宁省地方志编纂委员会办公室编：《辽宁省志 · 宗教志》，辽宁人民出版社 2002 年版，第 224 页。

② 沈阳市人民政府地方志编纂办公室编：《沈阳市志（十六）社区 · 人民生活 · 民政 · 少数民族 · 宗教 · 风俗 · 方言》，沈阳出版社 1994 年版，第 353 页。

③ 哈尔滨市地方志编纂委员会编：《哈尔滨市志 · 宗教 · 方言》，黑龙江人民出版社 1998 年版，第 112 页。

整的医学课程，并且颁发证书，但这种方式培养出来的人员有限，而且有的学员学成以后，自己出去营业，这就阻碍了教会医疗事业的进一步发展。司督阁为此不止一次地向联合传教会议提出建议，要求建立一所小规模的医疗学校，但因为既没有人，也没有钱，计划不得不一再推迟。

直到 1908 年，时任东三省总督的徐世昌，重视医疗事业，敦促司督阁建立正式医校，造就医务人才，并拨出施医院东侧一块公地，作为校址，还许诺，如果司督阁承担医学教育，政府将在十年之内，每年拨补助银元 3000 两予以支持。随后，司督阁设计出一个详细的计划，提交传教委员会和联合传教会议。1909 年春，司督阁要回国休假，满洲传教组织授权给他，向国内教会的大众汇报满洲的情况，让人们了解此事，并借机为奉天医学院募集资金。同时，传教会议经讨论决定，这个医学院应该是一个统一的整体，由在东北的三个传教使团（即苏格兰长老会、爱尔兰长老会和丹麦路德会）共同管理，学院将获得境外常规传教资金的完全支持。[①] 司督阁回国后，一面募捐款项，一面聘请医师，积极筹备开办医学校事宜。1910 年 11 月，在苏格兰教会国外宣道总部的支持下，聘请医务宣教师——热带症专家杰克逊前来沈阳，担任教学工作。杰克逊到沈阳后，即帮助司督阁筹划建筑校舍和购买教材仪器等项事宜。1910 年末，司督阁正与杰克逊计议建校问题，严重的鼠疫在北满蔓延了，新任总督锡良召集司督阁等人共筹防御之策。于是成立防疫委员会，建立防疫院、隔离所、消毒站、检查站、掩埋队等，比较迅速地处理了一些紧急措施。在这场防疫战中，杰克逊不幸染疫殉职。总督锡良感其义举，由防疫费中拨出 1 万银元，作为其眷属赡养费。杰克逊的母亲将此款悉数捐赠，用以建立医学校。总督复又慨然捐赠 9000 银元。1911 年春，因鼠疫而延迟的盛京医学院开始施工。经过紧张的施工，到年末，医学院主体工程竣工，学院由 3 层楼房和 1 层地下室组成，“建筑紧凑而坚固，因位于这一带的至高点上，有如鹤立鸡群，显得特别醒目”。室内暖气、电灯、给排水装置、设备、陈设品等一应俱全。顶楼暂时做学生宿舍，等宿舍楼建好后，再行搬迁。[②] 一切准备停当，开始散发考试通知，所有的中文报纸，教会

① ［英］杜格尔德·克里斯蒂：《奉天三十年（1883—1913）——杜格尔德·克里斯蒂的经历与回忆》，张士尊等译，湖北人民出版社 2007 年版，第 191—193 页。

② 同上书，第 225 页。

学校和公立学校，都收到了医学院的入学考试通知，上面对考试科目和考试地点、学制和所需费用等都做了详细介绍，并要求报考者于11月前报名。下列《创办盛京医学堂简明章程》是刊载在1911年《盛京时报》上的广告，现录于此，仅供参考：

> 本学堂已拟定设立，所以能成立者，盖因有中西官绅商民乐善捐款资助，其地址在沈阳大东关小河沿附近施医院东院，如此，附近医院以便学生考证医病之法，非但得诸授课，且能实地练习经验，医院内外各科所医之多数病人，令学医者可受完全之教育。
>
> 建造本学堂楼房，拟由宣统三年（1911）春季开工，秋季落成。
>
> 宗旨：此学堂设立之由，特为中国学问有成之人使之居中，切实讲求将医理造于高明以为济人之基础，惟一切学课全用汉文。
>
> 入学之先，必在本学堂投考，如考试合格，经本堂录取者方准来堂肄业，兹将考试各科缮列于左：
>
> 汉文论说、算学、地理、史学（此四科为必考之要件）、优等汉文论说、代数学、化学、声光热学、英文（以上五科随意选作一科即可，此初期考试均系浅易题目，待次期考试时题目较深于初期）。
>
> 毕业之年限：拟定五年卒业，每年九个月工课，考期、放假均有定时，至卒业之年限，照本学堂所定之课程，必须考足分数，办学堂拟呈学部，请予准允医士凭照。凡来堂肄业之学生，必有本监督许可之中人作保，其品行必须纯正，恪守本学堂之规则及不短欠学饭费。
>
> 学饭费拟定每月银洋八元，火炉、床及一切杂费在内。
>
> 投考之期：定于宣统三年九月十五日。
>
> 以上所陈不过大概，愿学者欲明学堂之详细，可至大东关小河沿盛京施医院与司监督面议，如不便前来，即投函询问亦可。①

考试日期是1912年1月25日和26日两天，在东北地区共设立了13个考点。经过考试，学院从142名考生中录取了50名学生，其中近3/4是基督徒。学校于同年3月28日正式开学。

该校是英国长老会与丹麦信义会联合创办的，这是当时东北具有现代

① 《奉天·创办盛京医学堂简明章程》，《盛京时报》1911年1月1日第5版。

化设备的最高医学学府。学校设物理实验室、生物实验室、化验室、标本室、解剖室、陈列室等，各种仪器、设备齐全。标本室中存放的标本繁多，有动物、植物、昆虫、人体等，供学生观察学习使用。解剖室中，经常存放多具人的尸体，供教学实验用。陈列室中，摆放着反映教育教学成果的说明文章、实物、图表、照片等，定时向学生开放。①

司督阁是该校首任校长。学生修业年限为 5 年，预科 1 年，本科 4 年。1912 年 9 月，成立学校董事会，聘请中国、英国、丹麦三国的知名人士为董事。1914 年，招收第二届学生时，因宿舍不够用，遂在小河沿东建筑 1 座 2 层宿舍楼房。1916 年，奉天医学校有西教员 10 人，华教员 3 人，学生 106 名，华款 7660 元。② 1917 年，呈请北京教育部立案，因单科不得称为大学，8 月，奉教育部令，改名为奉天医科专门学校。1919 年春天，张作霖批准将宿舍前的一块坟地辟为足球场。同年特派本校第一届毕业生高文翰、刘同伦留学英国，专修眼科和内科。

1922 年，学校用英国马克男爵的捐款，扩建教学大楼，并修改校章，将每届招生数量压缩为 20 名，以示重质不重量。同年，校长司督阁年老退休，丹麦人安乐克医师接任校长，同时还特派本校第二届毕业生张霁、第三届毕业生于光远赴欧洲留学，研习外科及药科。1924 年，将修业年限增为 6 年，即预科 1 年、本科 4 年、医院实习 1 年。同时决定每年招收一届学员，并兼收女生，当年即录取女生 4 名，男生 16 名。1925 年，遵照教育部新章，关于私立学校中国董事须占过半数的要求，改组校董会，增聘中国董事，并设副校长，由眼科教授高文翰担任。1926 年，用英国马克男爵捐款，建筑女生宿舍 2 层楼房一座。同年，东三省各界为纪念司督阁创办医学及医院之功，捐款为司督阁在教学楼前建立铜像一座。张学良参加揭幕典礼，盛极一时。

1927 年，副校长高文翰第二次留学欧洲研究眼科，教授刘同伦第二次留学欧洲研究肺病科。1929 年，特派讲师李宝实（第四届毕业生）留学英国，研究耳鼻喉科。同年冬因奉天省改为辽宁省，本校遂改称辽宁医科专门学校。据资料统计，20 世纪 20 年代末，该校有医科学生 7 级，男

---

① 乔国祥：《沈阳最早的医科学校——盛京医科大学》，载政协辽宁省委员会文史资料委员会编印《辽宁文史资料》总第 33 辑，1991 年版，第 191 页。

② 中华续行委办会编：《中华基督教会年鉴》第 3 期，商务印书馆 1916 年版，第办 7 页。

生 76 人，女生 15 人，教职员 38 人。有 4 层楼 1 所，为各科教室之用。附设盛京施医院、盛京女施医院、产科院，为学生实习之处，其余如解剖室、体育场等设备，均尚完全。全年经费共国币 31.0412 万元。[①]

1930 年，遵照教育部章程要求，取消预科，添设先修科 2 年，本科 4 年，医院实习 1 年，修业年限改为 7 年。同年，特派讲师高永恩（第四届毕业生）、毕天民（第五届毕业生）留学欧洲研究小儿科及公共卫生方面的知识。从 1931 年起，政府每年补助大洋 5000 元。同年三月，请求英国庚子赔款委员会拨款扩充校舍，添筑第 5 层教育大楼，作为图书馆及病理标本室。同时计划与东北大学合并，拟改称医学院，因“九·一八”事变骤发，未能合并成功。[②]

除了盛京医学院这样的专门培养医生的教育机构外，基督教在东北地区还创办了专门培养医护人员的护士学校。如岫岩西山医院在院内附设的护士学校，于 1923 年在民国南京中华护士学会立案，学校学制 3 年，第一年前六个月为试验期，女生如兼学助产者需延长学制一年。每一至二年招收新生一次，名额逐次增多，由最初每班男、女生 2—3 人到后来每班最多 5—6 人，文化程度要求初中毕业。学生多半是来自东北各地的教会子弟。学员不收学费，由医院供给食宿。但书费及工作服需学生自备。实验期满后，第一年每月发给津贴费 3 元，以后逐年每月增加 1 元，作为实习的劳动报酬。所授课程有解剖生理学、细菌学、药物学、疗学合编、护理饮食学、护病新编、内科护理、外科护理、眼科护理、儿科护理等。除星期日外，每天授课一小时，其余时间全在病房实习。学习期满毕业考试及格者，由学校发给毕业证书，再通过中华护士学会统一考试，及格者由学会发给护士证书。然后凭此证换取国民政府内政部卫生署的护士执照，取得正式护士资格。[③] 丹麦路德会创办的丹东基督教医院，20 世纪 20 年代后，在南京中华护士学会立案创办高级护士助产学校，招考男生 3 年毕业，女生 4 年毕业，最后一年专学产科。每期学员少者 4—5 人，多者

① 王树楠等：《奉天通志》卷 152，东北文史丛书编委会 1983 年影印本，第 3519 页下栏。

② 辽宁省地方志编纂委员会办公室编：《辽宁省志·宗教志》，辽宁人民出版社 2002 年版，第 226—227 页。

③ 杨喜泉：《岫岩西山医院》，载政协辽宁省岫岩满族自治县委员会文史资料研究委员会编印《岫岩文史资料》第 1 辑，1986 年版，第 89 页。

13—14人。毕业后只留用部分人，余者自谋职业。[①] 吉林高大夫医院附属的医学校，主要是以培养医助为主。每一班的名额和招收的年份，都不是固定的，教会根据需要和住宿的位置多少而定。学生不收学费，半工作、半学习，学制5年。在校期间，授以药理学、生理解剖学、内科学、外科学、妇产科学等。这些课程，均由高积善大夫和在医院工作的中国医生承担。除授课时间外，其余都是工作实习时间。5年后学习结束，经考试合格，由爱尔兰长老会发给医师毕业文凭。[②]

第三节　教会医疗事业对东北社会的影响

教会开办医疗事业的目的是传播基督教，所以，开展布道以及发展信徒便成为这些教会医疗事业的重要活动，尽管活动方式多样，但最终的目的只有一个，即如何最大限度地发挥医疗事业辅助传教的功用，为基督教的传播开辟道路。在此过程中，医疗事业本身的一些社会功能，也对东北社会产生了多方面的影响。

一　教会医疗事业与基督教在东北的传播

由于教会开办医疗事业的目的是服务于传教，所以无论是在医院内，还是在医学教育机构里，布道活动都占有非常重要的地位。在教会医疗事业开办的初期，由于西医尚未被多数人认可，来医院接受诊疗的患者并不是很多，传教医师往往要走出医院，边施医边布道。随着医院门诊量的增多，医务活动的繁忙，传教医师已经没有多少闲余时间到外面进行施医布道活动，医院逐渐成为传教的一个主要场所。

在教会医院的记载资料里，很容易就能找到教会利用医院向就诊病人宣传基督教义或直接引人入教的记录。前面介绍的盛京施医院，为了达到施医布道的目的，他们一方面对就诊病人采取只收挂号费，不收医药费的办法来吸引和接近群众；另一方面则利用挂号和候诊的时间，向病人进行基督教义的宣传。他们向群众进行宣传时，除了讲些《圣经》上的基督

① 王立家：《安东市的丹国基督教医院》，载政协辽宁省丹东市委员会文史资料研究委员会编印《丹东文史资料》第3辑，1987年版，第76页。

② 金庆阳：《吉林高大夫医院》，载政协吉林省吉林市委员会文史资料研究委员会编印《吉林市文史资料》第5辑，1986年版，第171页。

教义和一些有关传说、故事之外，还宣讲“医院为什么不收费来施医”、“外国医生为什么来为中国人治病”的所谓道理。他们的说法是：“由于人们有罪，不信真神——主基督，而迷信假神，所以才有病。肉体上的病是痛苦的，灵魂上的病更是痛苦的。所以主基督才叫外国的医生，不收药费来为人们看病。只要能够不再迷信假神，而信真神——主基督，则人们就会赎罪，不仅灵魂得救，而肉体也会免除病魔。所以，我们一方面在为人们治肉体上的病；另一方面也在帮助大家，使自己的灵魂得救！”[①] 丹麦路德会女医师聂乐信到达大孤山以后，每日通过施医接触群众，在诊疗过程中向就诊群众宣讲基督教义，吸引有信教愿望的人到教堂听经，直至受洗入教。[②] 丹麦路德会开办的西山医院里，住院患者在每日午餐后，要做一次礼拜，届时，“凡能下床活动的病人都被招集到大病室内，听传教人员讲道，时间约三十到四十分钟”。在治疗期间，还有医院传教士到病床前对病人进行单独讲道。而医院内的职工勤杂人员，则在每天晚饭后做半小时左右礼拜，由医院的传教士进行讲道。医院里的这些做法，尽管方式有所差别，但目标只有一个，即把施医活动紧紧笼罩在浓厚的宗教氛围之中，潜移默化地把基督教思想渗透给每一位受众。

除此以外，随着医学教育机构的建立，这些地方也成为教会扩大宗教影响的主要场所。丹麦路德会创办的丹东基督教医院附属护士学校，一年四季，早6点起床，齐集小礼堂唱诗祷告。6时半上班，做晨间护理。7时开饭。7时半又做礼拜、唱诗、读经、讲道、祷告。丹麦护士长对此要求很严，亲自查点出席人数，没有人敢迟到。[③] 在同是路德会创办的岫岩西山医院护士学校里，“学生除每日晚间同其他人员一起来做礼拜外，每日早晨上班前还做简短的（约十几分钟）礼拜，由护士组长带领进行。以上这些活动，不论是教徒或非教徒都得参加。”[④] 教会医学校这样做，就是希望通过这些方式潜移默化地影响学生，达到传播“福音”的目的。

① 刘仲明：《盛京施医院创立纪实》，载政协辽宁省暨沈阳市委员会文史资料研究委员会编《文史资料选辑》第1辑，辽宁人民出版社1962年版，第93页。

② 辛国祥：《聂乐信女士在大孤山》，载政协辽宁省丹东市委员会学习文史委员会编印《丹东文史资料》第6辑，1990年版，第76页。

③ 王立家：《安东市的丹国基督教医院》，载政协辽宁省丹东市委员会文史资料研究委员会编印《丹东文史资料》第3辑，1987年版，第77页。

④ 杨喜泉：《岫岩西山医院》，载政协辽宁省岫岩满族自治县委员会文史资料研究委员会编印《岫岩文史资料》第1辑，1986年版，第92页。

教会开办医疗事业，通过这些方式，把宗教宣传渗透在日常的行医诊疗过程中，在促进基督教的传播和发展方面发挥了重要作用，正如司督阁在后来回忆起这些经历时所说，我们的这些努力是很值得的，如今，“基督徒的奉献精神已经产生了巨大的吸引力，大众心理越来越倾慕于基督教”，他们“对外国人的敌意已经消失”，“基督教受到善待，得到社会各阶层的普遍尊重”，“在满洲，基督教堂的数字如雨后春笋般迅速增长”。[①]

二　教会医疗事业与近代东北西医事业的发展

近代中国东北的西医事业最早是基督教会创办的，尽管其创办这些事业的目的是辅助教务的发展，但借此输入东北的西医疗法以及培养西医人才的做法，在客观上却促动了东北地区西医事业的发展。

近代西医诊疗技术和传统的中医疗法相比，有其独到的科学性与进步性。在基督教医学传教士踏上东北这片土地之前，西医并不为当地人所知，传教医师们通过建医院、办学校等方式，第一次把先进的西医诊疗方法和科学的医疗管理模式输入东北，为东北地区医疗事业输入了新鲜的血液。

从1893年盛京施医院手术患者情况统计清单上，我们可以看出，当时该院能做白内障切除、角膜穿刺、手臂切除、踝关节摘除、骨瘤切除、头颅血肿抽出等多种手术。[②] 这些诊疗方法，对于中医来说是无法想象的。正因为如此，司督阁赢得了“奉天神医”的美誉。其他一些在东北地区施医布道的传教医师，如高积善、吴阿礼等，也以其精湛的医疗技术赢得了当地人民的尊重，从而为进一步的传教工作奠定了基础。这些先进的医疗方法也随着他们的医诊工作和培养助手等工作的展开而逐渐输入东北。《义县西医助产的开创者——骆悟贞》一文详细地记述了西医接生技术输入义县的经过。骆悟贞，生于1888年，锦西市高桥镇人，青年时期在锦州市基督教会创建的妇婴医院随英籍马大夫学习西医接生技术。1924年，她随丈夫骆敬之牧师来义县，住在大佛寺院内，在自家的门口挂出了西医助产士的木牌，开始从事助产工作，成为义县第一个施行新法接生的

---

① ［英］杜格尔德·克里斯蒂：《奉天三十年（1883—1913）——杜格尔德·克里斯蒂的经历与回忆》，张士尊等译，湖北人民出版社2007年版，第3页。

② ［英］伊泽·英格利斯：《东北西医的传播者——杜格尔德·克里斯蒂》，张士尊译，辽海出版社2005年版，第350—353页。

助产士。由于新法接生比传统接生更科学，产妇生产更安全，婴儿成活率更高，所以在当地“颇受群众欢迎”。骆悟贞在义县用带徒弟的方法传播新法接生，先后带出学徒近70名。[①] 类似的实例还有很多，这些新式医疗方法的输入，极大地提高了患者的疾病治愈率。

除此以外，借此传入东北地区的还有西医科学的管理模式。教会医院是完全按照西方的科学理念建立并运营的，在医疗管理方面有许多先进的经验和做法。如院、校合办的经营管理模式，即是其一。随着医疗工作的开展，东北地区的一些教会医院纷纷开办了医学校来培养人才，补充医院人力资源，保持医疗工作的顺利进行，这些医学校往往是医院的附设机构，主要目的是为医院发展提供人才的补充。这种院、校合办的经营模式有着许多科学、合理的地方，医院为学校提供师资和学生临床实习的便利，学校为医院的进一步发展提供人才供应，二者互相配合，相得益彰。正因为如此，这种经营模式为很多教会医院所采用，如盛京施医院、吉林施医院、海龙医院等，都开办有不同形式的附属医学校。

此外，医院内部科学的护理、管理方法，也对东北地区医疗卫生事业的发展多有裨益。为了提高医院的服务质量，教会医院大多建立了严格的管理、护理制度。现仅以吉林施医院为例，来了解一下东北地区教会医院的管理与护理工作情况。吉林施医院是吉林市颇受群众欢迎的一家医院，就其规模来说，每天可以接收100名来诊病人，住院床位100张，可是为这个医院服务的工作人员不超过100人，大概情况是，医生5名，总护长和护士长20名左右，未毕业的护士学生约60名，总务科与工友加在一起不过30名左右，除了学生以外，真正算作医院的工作人员，也不过是70名左右。以这样的工作人数，把医院管理得有条不紊，并备受人们的称赞，可见其工作效率之高和管理方法之得当。医院充分发挥护校学生的作用，每年有三班不同级的护校学生在医院里服务，医院给予适量的工作补贴。学生通过实践学习，提高实际操作技能，同时，医院也减少了开支。医护人员的密切合作，也是医院工作效率高的主要原因。在执行医嘱时，护理人员能做到正确、及时、有效；在从事护理技术操作时，能做到严

---

① 骆沐恩：《义县西医助产的开拓者——骆悟贞》，载政协义县委员会文史资料委员会编印《义县文史资料》第5辑，1988年版，第62—67页。

格、准确、熟练。[①]

该医院在病人护理方面，实行完全由护士护理制度，院内不留医患陪住人员。医院对护士的要求十分严格。她们与医生并肩作战，配合默契。因为她们掌握基础医学、临床医学以及护理技术理论等，所以她们能完成护理计划，适应护理需要，如注意病人的饮食、营养、室温、光线以及呼吸、睡眠、排泄、活动量等。总之，凡有关生理、病理和神经因素的干扰，高大夫医院护士都能尽一切可能帮助解除，树立战胜疾病的信心，促进病人尽快康复。病人住院如在家里一样，家属不陪住也是很放心的。病房清洁、整齐、安静，医院面貌焕然一新。

为了保证治疗护理上的安全，防止交叉感染，杜绝传染途径是医院工作最重要的一环，吉林施医院的护士严格执行无菌操作。来医院住院的病人入院前都要进行沐浴，较重病人不能进行沐浴的也要在床上进行擦浴。医院备有被服，病人沐浴后要更换医院的衣服，自己的衣服则不能带入病房。医院在注意房间、卧具、餐具、医疗器械和医疗设备等的消毒工作的同时，更注意污物、污水、病人排泄物的处理消毒工作，注意对传染病的预防与隔离以及影响消毒效果的各种因素，从而取得了良好的医疗效果。[②] 这些科学管理模式的输入，在一定程度上促进了东北地区医疗事业的发展。

西医人才的培养是随着教会医疗事业的发展、医务人员短缺而逐步开展起来的，由初期的带学徒到后来医学教育事业的兴办，基督教会在近代东北地区培养了许多西医人才。这些人员，除了一部分直接为传教事业服务外，其余的则在社会上以自己所学，开办诊所，为广大民众服务。

东北地区著名的盛京医学院毕业生成为专家、院士、教授的甚多：刘同伦，肺科专家；高文翰，眼科专家；李沛林，病理学专家；吴执忠，英国皇家医学院院士；李玉祥，各科成绩达到95分以上，获艾丁堡大学颁发的羊皮金边文凭，曾任哈尔滨医大生理学教授；王玉仙，曾任新四军卫生部部长；崔义田，任师卫生部部长；毕业生中有著名的王一刀和医术高

---

① 金庆阳：《吉林高大夫医院》，载政协吉林省吉林市委员会文史资料研究委员会编印《吉林市文史资料》第5辑，1986年版，第176页。

② 金庆阳：《吉林高大夫医院》，载政协吉林省吉林市委员会文史资料研究委员会编印《吉林市文史资料》第5辑，1986年版，第173页。

明的宁武等。他们都是医务界中的高级人才。[①] 吉林高大夫医院附属的医学校，主要是以培养医助为主，学生毕业后可从事西医的治疗工作。毕业后，学生有的留在医院工作，有的去外地工作，有的则在当地开业行医。吉林市颇有影响的一些医生，如周继川、王培之、王秦山、郑名琦、奚宗仁、刘惠民、张明哲，张作柏、曲廷显等都是从这里毕业的。[②] 1921 年，毕业于沈阳小河沿医专的赵敬武创办了盘山医院。[③] 1922 年，熊岳高淑兰女士由奉天小河沿女医院毕业后，鉴于本城医院虽多，独无女子医院，“殊为遗憾”，遂筹款若干，组建一女子医院，“专治疗妇之痼疾”。[④] 可见，这些医学校培养的医师或护士，除一部分留在教会医院内工作外，其余的则利用自己的一技之长，在社会上挂牌行医，服务于社会。这些西医人才，在保障民众身体健康、促进东北地区西医事业发展方面的贡献是应该给予肯定的。

教会在近代东北地区兴办的医疗事业，首次把西医知识和技术输入本地，改变了该地区传统中医一统天下的局面，在客观上推动了东北地区医疗卫生事业的发展。当然，东北地区西医事业是在 20 世纪以后，随着东北新政的逐渐铺开而进一步发展起来的，教会医疗事业由于自身的一些原因，不可能把西医事业推进到更深广的领域。所以，就其在东北地区西医事业发展过程中所起的作用，也不宜给予过高的估计。

三　教会医疗事业与东北民众就医方式的转变

在基督教传入东北以前，西医在这里并不为人所知。人们患病都是按照传统的中医疗法进行诊治。中医自然有着许多科学的因子在里面，但和近代西医相比，也有许多无法企及之处。传教医师借助硬朗的诊疗技术，在解除患者病痛的同时，也撼动了民众心中传统的医诊观念。民众对西医的态度由开始的畏惧与排斥到后来的欢迎与接纳，这种变化的发端是由传教医师开启的。前文已述，司督阁初抵东北施医布道的时候，前来应诊的

① 东志：《沈阳最早的医科大学——盛京医科大学》，载政协沈阳市大东区委员会文史资料研究委员会编印《大东文史资料》第 1 辑，1987 年版，第 128 页。

② 金庆阳：《吉林高大夫医院》，载政协吉林省吉林市委员会文史资料研究委员会编印《吉林市文史资料》第 5 辑，1986 年版，第 171 页。

③ 盘锦市人民政府地方志办公室编：《盘锦市志 · 科教文化卷》，方志出版社 2000 年版，第 290 页。

④ 《盖平 · 女医立案》，《盛京时报》1922 年 6 月 16 日第 5 版。

患者寥寥无几，但随着民众对西医认识的加深，前来就诊的患者便开始迅速增加。表5—2是盛京施医院开诊前十年每年就诊患者人数统计表，从中我们可以看出这十年间患者就诊人数变化的大致情形。

表5—2　**盛京施医院1883—1893年每年就诊患者统计情况**①　（单位：人）

年份	就诊人数	年份	就诊人数	年份	就诊人数
1883	3792	1887	12845	1891	10669
1884	5096	1888	12413	1892	17156
1885	7322	1889	13005	1893	20992
1886	11857	1890	12263	总计	127410

从表5—2我们可以看出，在开诊的最初3年，就诊患者相对较少，这也反映了当时人们对西医的怀疑态度。从1886年开始，就诊患者人数就开始迅速增加了，说明经过几年的观察与实践之后，人们对西医有了新的认识，开始认同并接纳西医诊疗，情况就有了新的变化。而到了20世纪20年代，该医院每年诊治男女患者共7万余人。②

除此以外，这种变化还反映在教会医院的收费变化方面。教会医院为了显示基督的仁爱思想，往往打着免费医疗的旗号，以此扩大教会影响，发展教会事务。所以，教会医院在兴办初期，往往多有免费诊疗之举，这也从一个侧面反映了西医在不被民众认可的情况下，教会医院为了吸引人前来就诊而被迫采取的一种权宜之计的事实。但随着西医被广大民众接纳，就诊患者日益激增，教会医院逐渐改变了这种免费施诊的方法，开始向前来就诊的病人收取一定的费用。后来这种收费在医院的总体收入中所占比例日益增加，成为教会医院一项重要的经费收入。据资料统计，1920年，丹麦路德会医疗经费总收入为7530鹰洋，其中国外补助1800鹰洋，其他90鹰洋，国内捐助42鹰洋，收费5498鹰洋，其他100鹰洋。医疗收费占总收入的73%左右；同年，爱尔兰长老会医疗经费总收入为2.7203万鹰洋，其中国外补助6697鹰洋，其他1598鹰洋，国内捐助

① ［英］伊泽·英格利斯：《东北西医的传播者——杜格尔德·克里斯蒂》，张士尊译，辽海出版社2005年版，第345页。原表中1885年统计数字为20992，和1893年一样，疑有误，笔者根据总计人数算出该年应为7322，前后比照，较为合理。

② 王树楠等：《奉天通志》卷144，东北文史丛书编委会1983年影印本，第3289页上栏。

7095鹰洋，收费7230鹰洋，其他4583鹰洋，医疗收费占总收入的27%左右。[1] 吉林施医院在1935年总收入48887.53元，其中国外拨款、捐助以及本地捐助合计6501.84元，约占总收入的13%，而挂号费、查房、妇产科、化验室、住院和往诊、X光及手术费等合计39881.86元，约占总收入的82%。[2] 从上述收费情况我们可以看出，此时的教会医院已经完全失去了当初“免费”医疗的意义。

就医人数与医院收费的变化情况，反映了民众医诊观念由开始排斥西医到后来认同西医这样一个发展趋势。随着西医被广大东北民众的接受和认可，借此而入的西方文化知识也逐渐为东北人民所认识，这在一定程度上起到了破除思想禁锢的作用。

传教士创办教会医院的出发点是为传教服务的，但在客观上却为成千上万的东北民众带来了免除肉体痛苦的机会，这些人道的工作，在客观上还是有益于广大民众的。尽管对东北地区教会医院的具体诊疗情况难以有一个准确的统计，但从一些记载资料中，仍可看出教会医院在保障广大民众身体健康方面作出的积极贡献。1917年东北地区部分教会医院情况如下：

表5—3　　1917年东北地区教会医院简况[3]

医院名称	经营教派	病床数
奉天医院	苏格兰、爱尔兰长老会合办	160
吉林医院 吉林妇女医院	爱尔兰长老会	60 30
辽阳医院 妇女医院	苏格兰、爱尔兰长老会合办	50
铁岭施医院	同上	80
安东医院	丹国路德会	
岫岩医院	同上	

① 中华续行委办会调查特委会编：《中华归主——中国基督教事业统计（一九〇一—一九二〇）》下卷，中国社科院世界宗教研究所译，中国社会科学出版社1987年版，第1201页。

② 金庆阳：《吉林高大夫医院》，载政协吉林省吉林市委员会文史资料研究委员会编印《吉林市文史资料》第5辑，1986年版，第177页。

③ ［日］芝田研三：《满洲宗教志》，满铁社员会1940年版，第267—268页。

从表5—3可以看出，1917年，前6家医院共有病床380张，后两家情况不详。据1920年统计，东北地区有教会医院25所，男病床537张，女病床423张，每年住院病人总数5217人。[①] 1920年前后，丹麦路德会所属医院诊疗男患者2.3166万人，女患者1113人。爱尔兰长老会医院诊疗男患者1.8662万人，女患者1192人。[②] 海龙施医院20世纪20年代门诊患者每日达20—30人，全年可诊各种病患1.2万多人次。[③] 类似的记载还可以找出很多，由此我们可以看出，尽管教会医院兴办的目的是服务于传教事业，但在此过程中，医院利用西医技术为广大民众施医治病，在客观上解除了广大患者的病痛，在一定程度上保障了广大民众的身体健康。

---

① 中华续行委办会调查特委会编：《中华归主——中国基督教事业统计（一九〇一—一九二〇）》中卷，中国社科院世界宗教研究所译，中国社会科学出版社1987年版，第622页。

② 同上书，第1200页。

③ 师连全：《海龙基督教会英国施医院始末》，载政协梅河口市文史资料研究委员会编印《梅河口文史资料》第3辑，1989年版，第38页。

第六章　东北的基督教慈善事业

慈善事业因其在教务发展方面的积极意义而备受传教士的青睐。近代中国东北政局动荡，社会动乱，再加上自然灾害，人民生活在困苦之中。传教士们的慈善事业便由此有了用武之地，每逢战乱和天灾，在东北的基督教传教士便会积极地开展救苦救难的慈善活动，这些活动在推动传教事业发展的同时，也对东北社会产生了多方面影响。

第一节　基督教慈善事业的缘起

一　教会慈善事业的思想渊源

在基督教经典《圣经》中，蕴含着丰富的慈善思想，在《圣经》里，慈善是爱，这种爱包括“爱上帝”与“爱人”两个方面，“爱上帝是第一位的，但爱上帝与爱人又是统一的”。对基督徒而言，爱是耶稣诫命的中心。[①] 在这种思想影响下，参与社会公益慈善事业这种有益他人和社会的活动逐渐形成了基督教的传统。近代来华基督教传教士广泛参与社会慈善事业，正是这种思想落实到实际行动中的表现。李提摩太说：“因为我在灾民中发放赈款，对于广大民众是一个可以使他们信服的证据，证明我们的宗教是好的。”[②] 聂乐信 1912 年在孤山东关崇正女校院内创办孤山崇正贫民救济所，也以基督教的“博爱”和“拯救苦难中的人们”为标榜，

① 毛丽娅：《浅议〈圣经〉中的慈善思想》，《中国宗教》2008 年第 12 期。

② 顾卫民：《基督教与近代中国社会》，上海人民出版社 1996 年版，第 310 页。

收养鳏寡孤幼及生活贫困者。[①] 司督阁在1907年基督教入华百年纪念大会上就医疗传教工作所作的报告中，也将医疗慈善工作的出发点归结于上帝慈爱思想，“我们能够想象基督让自己远离罪恶的同时，而不管身边人们的痛苦吗？没有医疗的传教工作是不合情理的，是片面的。我们确实不具备非凡的天赋，但取而代之，我们具备所有现代科学的资源，那就相当于上帝的天赋。随着时代的进步，医学的发现和发明提供了越来越神奇的治疗方法和手段，这都是上帝的旨意。对我们来说，使用这些东西都是以上帝的名义，为了上帝的荣耀。他们显示上帝的力量和仁慈并不比往时出现的医疗奇迹的效果更差”。[②] 以此观之，兴办慈善事业是传教士们践行上帝慈爱思想的一种表现，这正是该事业兴起与发展的思想根源。

二　教会慈善事业的现实意义

关于教会创办慈善事业的目的，美国传教士司弼尔曾明确言道：“我们的慈善事业，应该以直接达到传播基督福音和开设教堂为目的。……因此，作为一种传教手段，慈善事业应以能被利用引人入教的影响和可能为前提。”[③] 近代来华传教士大多以此为根本出发点，投身于慈善事业。毋庸讳言，基督教近代入华过程中，伴随着侵略和反侵略、中西文化心理差异等多方面的矛盾，这些矛盾激起了中国人强烈的排外情绪。要使中国社会对西方传教士及他们所传播的思想从排斥转为认同和接受，传教士们逐渐认识到，光靠宗教本身的力量是无法达到的，从宗教理念出发，通过大量的社会慈善活动来改变基督教会、传教士及其信徒在人们心目中的形象，对基督教的传播与发展有着十分积极的意义。传教士们踏上东北这片土地，即投身于慈善活动，他们以实际行动证明了该项事业对基督教传播的积极作用。1886年，辽河流域暴发洪水，当时在营口的外国团体提供了援助资金，传教士和其他朋友也进行了救济。在分发救灾物资的过程中，一个传教士因感染热病而身亡。此事在社会上产生了很大影响，官民

---

① 辛国祥：《聂乐信女士在大孤山》，载政协辽宁省丹东市委员会学习文史委员会编印《丹东文史资料》第6辑，1990年版，第81页。

② ［英］杜格尔德·克里斯蒂：《奉天三十年（1883—1913）——杜格尔德·克里斯蒂的经历与回忆》，张士尊等译，湖北人民出版社2007年版，第185页。

③ 顾长声：《传教士与近代中国》，上海人民出版社2004年版，第256页。

因此对基督教的态度有了很大的改观。[①] 甲午中日战争中，在东北的西方传教士积极配合红十字会参与救治伤员工作，赢得了社会各界的普遍尊重。战争结束后，光绪皇帝还因此授予那些在红十字会工作中起领导作用的医生以双龙敕书。传教工作也因此获得了很大发展，人们一改从前的敌视态度，基督教成为人们竞相追逐的对象。“听众挤满了宣教的小教堂，孩子们涌入教会学校。传教士无论去哪里，都会被加入教会的申请所淹没，而成为教徒的条件也立刻严格起来。没有足够的证据说明申请者的真诚、理解和正当的生活，甚至根本不能进入询问者或新教徒的名单，而且只有名字被列入新教徒名单 9 个月后才能接受洗礼。”尽管如此，教徒的增长速度还是惊人的，1896 年，东北地区基督教徒在 6000 人以下，而到了 1899 年，教徒人数接近 2 万人。[②] 正因为慈善事业在基督教的传播与发展过程中发挥着十分重要的作用，所以它成为基督教除教育、医疗之外的另一个重要活动领域。

第二节　基督教在东北开办的慈善事业

基督教在近代东北开办的慈善事业可谓形式多样，包括医疗慈善活动、教育慈善活动、抚育孤儿、救济贫民等，由于教会医疗事业及教会教育事业在前面章节中已详细介绍，这里只就其余慈善事业介绍如下：

一　收养孤幼、救济贫民

孤儿、幼童及贫民，都是社会的弱势群体，对他们的救助是基督教慈善活动的主要方式之一。教会对孤儿及幼童，主要是建立孤儿院或育婴堂进行收养。基督教在近代东北地区建立的孤儿院或育婴堂甚少，见于书面记载的仅有安东、铁岭和法库等地的教会建有这些附属设施。据《辽宁省志·宗教志》记载，1916 年，丹麦传教士郭慕深在安东元宝山麓创办安东育婴堂，当地人称孤儿院。1938 年统计，该院共收容儿童 213 名。

① D. MacGillivray, *A Century of Protestant Missions in China (1807—1907)*, *Being the Centenary Conference Historical Volume*, Shanghai: Printed at the American Presbyterian Mission, 1907, p. 209.

② ［英］伊泽·英格利斯：《东北西医的传播者——杜格尔德·克里斯蒂》，张士尊译，辽海出版社 2005 年版，第 99 页。

1921 年，铁岭创建施幼院（施婴院）一所，法库教会办有施幼院一所。[①]

关于教会对育婴堂的管理及内部情况，由于手头资料有限，无法得窥详情，现在仅据安东育婴堂的点滴记载，了解一下堂内的大致情形。安东育婴堂的创办者郭慕深很有爱心，在饮食上，她和育婴堂的孩子一样，不搞特殊化。有幼儿因病或其他意外身亡，她也非常伤心。有一次，有名幼童因在河水中洗澡溺死，她在河沿上悲声恸哭。[②] 由此可见，一些教会育婴堂对待收养的幼儿还是比较仁爱的，教会的这些慈善行为，使一些无家可归的婴幼儿衣食有所保障，对他们的成长还是有利的，对社会也是有一定积极贡献的。

教会在对孤幼儿童进行收养之外，也向社会上一些鳏、寡及无家可归之人伸出援助之手。丹麦传教士聂乐信创办的孤山崇正贫民救济所，就是基督教会在近代东北创办的很有影响的一所慈善机构，下面，我们主要通过这个救济所，来了解一下基督教会在东北对鳏、寡及无家可归之人的救助情况。

聂乐信在孤山施医、传教和办学时，接触到不少鳏夫、寡妇、孤儿和无家可归者，看到他们吃不饱、穿不暖、露宿街头的困境，便于 1912 年创建崇正贫民救济所，收养一些愿意到贫民救济所的鳏夫、寡妇、孤儿和无家可归者。为了使收养者发挥各自的能力，孤山救济所实行养、教、工结合的办法。组织他们编织、刺绣和耕种，参加力所能及的劳动，创造财富，自食其力。开始时主要收养女性，设立了丝织部，组织她们从事编织、刺绣等手工劳动。后来男、女都收养，又于 1928 年，设立农作部，组织男子从事耕种。随着收养人员的增加，救济所将收养人员进行进一步分工，设立了两部四科。男子参加农作部，下分农作科和土木科。女子参加工艺部，下分织作科和家务科。[③] 到 20 世纪 30 年代，发展为男子部、女子部和幼年部三大部门，男子部设有耕作科、养豚科、养鸡科、榨乳科、挽谷科和木工科。女子部则设有织作科、刺绣科、家务科和再生

---

① 辽宁省地方志编纂委员会办公室编：《辽宁省志·宗教志》，辽宁人民出版社 2002 年版，第 232 页。

② 王立家：《安东市的丹国基督教医院》，载政协辽宁省丹东市委员会文史资料研究委员会编印《丹东文史资料》第 3 辑，1987 年版，第 81 页。

③ 辛国祥：《聂乐信女士在大孤山》，载政协辽宁省丹东市委员会学习文史委员会编印《丹东文史资料》第 6 辑，1990 年版，第 82 页。

产科。

崇正贫民救济所为了提高劳作者的劳动技能，设有教师教授收养者专业技术知识，女子部有女教师讲授织作、刺绣、家务等课程，男子部则由有经验的长者指导，在实践中学习技能。[①] 据资料记载，1938 年时，崇正贫民救济所，有住宅和厂房 175 间，土地、苇塘、果园和菜园 700 余亩，捕鱼帆船两只。农作科主要经营这 700 亩土地、苇塘、果园和菜园，同时还从事养猪、养奶牛、养鸡、捕鱼等生产劳动，年收入七八千元。土木科主要搞建筑，他们除维修贫民救济所的房舍和崇正女校的校舍外，还在外面承揽建筑工程，每年可收入 1000 多元。织作科主要生产台布、袜子、毛巾、刺绣等。优质产品还销往美国、丹麦及其他欧洲国家。织作科每年创收达 8000 元左右。据 1938 年统计，全年收入 1.68 万元，支出 1.7 万元，基本能够自养。

崇正贫民救济所除向收养者讲授专业技术知识外，还组织他们学习文化知识和参加宗教活动。根据收养者的智力和知识情况，把他们编为初小和高小两部分，初小 4 年，高小 2 年，每日坚持授课两小时，男子晚上授课，女子白天授课。每天早晨 7—7 点半为宗教活动时间，集体在教堂诵圣经、唱赞美诗、做祈祷。宗教活动一般由聂乐信主持。

崇正贫民救济所对收养的孩子和收养人带的孩子，达到入学年龄，都要求上学读书。1938 年时，在崇正女校和孤山培英小学读书的就有 20 人，送到凤城圣经学校和安东、蛤蟆塘国民高等学校学习的 12 人，每年所需经费 1000 余元。由贫民救济所负担。个别学习优异者还可供其上大学和出国留学。[②] 崇正贫民救济所对生活没有出路的人，不管来自什么地方，只要有人作保引荐，都予以收留。到 20 世纪 30 年代末，救济所有耕地 5860 公顷，收养 370 人。[③]

二　灾荒赈济

近代东北灾患频仍，民众深受其害。在东北的重大灾害中，一些传教

---

① ［日］芝田研三：《满洲宗教志》，满铁社员会 1940 年版，第 289—290 页。

② 辛国祥：《聂乐信女士在大孤山》，载政协辽宁省丹东市委员会学习文史委员会编印《丹东文史资料》第 6 辑，1990 年版，第 82—84 页。

③ 辽宁省地方志编纂委员会办公室编：《辽宁省志 · 宗教志》，辽宁人民出版社 2002 年版，第 184 页。

士积极投身其中，救护赈济。

（一）自然灾害中的赈济活动

水灾是近代东北地区主要的自然灾害之一。暴雨成灾，饥民流离，东北的传教士们在灾难面前，积极投身救灾工作，拯救灾民。1886年，浑河泛滥成灾，在东北的传教士纷纷行动起来，募集善款，进行救灾。苏、爱长老会很快筹集了大宗款项，委托马钦泰、魏雅各牧师对灾民进行赈济。[①] 1888年，浑河再次暴发洪水，给沿岸人民带来的灾难远远超过1886年的洪灾。据资料记载，当时奉天一带，“大水平地深丈余”。[②] 更有资料详细记载了奉天一带洪水的情况，“山区暴发的洪水沿着浑河谷滚滚而下，摧毁阻挡其前进的一切障碍，一个接一个的村庄被荡平。沈阳城东部的河堤决口，郊外成为一片汪洋”。[③] 洪水造成的生命损失是无法估计的。除了淹没的村庄外，奉天郊区的大部分已经成为泽国，数百人死亡。财产损失更大，许多家庭从安逸舒适的生活一夜转变为赤贫。[④] 面对灾难，奉天的传教士和当地民众一起，投入到紧张的救灾工作之中。当时驻奉天的清军统帅左宝贵，与司督阁共同协商救济办法。左宝贵命令部队搭建板房，使露宿街头的灾民暂时得以入住，避免倒毙街头。同时，还设立了许多临时粥厂，向灾民提供食品。为了救治患者，盛京施医院忙得不可开交，每名传教士都投入到饥荒救济工作之中。司督阁向英国国内教会呼吁帮助，得到教会的慷慨支援。同时，他还给英国《泰晤士报》写了一封信，呼吁救助灾民。很快，援救灾民的粮食就运到了奉天，传教士们为救灾工作忙碌了几个月。

除了浑河泛滥以外，当年，东北许多河流都暴发了洪水，灾难相当普遍。各地的传教士都投入到当地的救灾工作之中。新民地近沈阳，也受到洪水的袭击，傅多玛给国内写信，劝募巨款，赈济灾民，“藉之传道，颇资得力”。[⑤] 在海城的马钦泰牧师，也写信给国内，募集善款，“派人至灾

① 辽宁省地方志编纂委员会办公室编：《辽宁省志·宗教志》，辽宁人民出版社2002年版，第171页。

② 王树楠等：《奉天通志》卷144，东北文史丛书编委会1983年影印本，第3296页下栏。

③ ［英］伊泽·英格利斯：《东北西医的传播者——杜格尔德·克里斯蒂》，张士尊译，辽海出版社2005年版，第73页。

④ ［英］杜格尔德·克里斯蒂：《奉天三十年（1883—1913）——杜格尔德·克里斯蒂的经历与回忆》，张士尊等译，湖北人民出版社2007年版，第44页。

⑤ 满洲基督教联合会编：《满洲基督教年鉴》，满洲基督教联合会1938年版，第97页。

区发放衣粮籽种等项，全活甚众”。[①] 这次洪水的另一个重灾区是辽阳，辽阳城遭受太子河特大洪水袭击，淹没东城墙十三层砖。为了阻挡河水，大东门全用土屯上。黄泥洼、小北河一带灾情尤重，几乎家家房屋倒塌。[②] 传教医师吴阿礼从海城到黄泥洼、小北河、唐马寨一带雇用帆船救人，载运熟食赈济饥民，并免费医治伤病人员。[③] 传教士们救灾的善举，赢得了社会各界的称赞。

除了水灾之外，瘟疫也是近代东北地区经常危害民众生命的自然灾害之一。司督阁在其回忆录中这样写道：“在过去的三十年里，数种可怕的霍乱曾经光顾奉天及其附近地区。最厉害的一次发生在我到奉天后的第一个夏天……那种类型的传染病是最为恶性的一种，死亡率之高令人恐怖，仅八九两个月，从奉天各城门就抬出了 2 万口棺材。”[④] 每次瘟疫，都给东北人民的生命财产带来巨大损失。在和瘟疫进行斗争的过程中，一些传教士也发扬人道主义精神，尽其所能地投身于其间，为战胜瘟魔、拯救人民生命财产作出了一定的贡献。在这些斗争中，以战胜 1910—1911 年东北地区暴发的鼠疫最为典型。

此次鼠疫的疫源为旱獭，主要生存于蒙古、俄罗斯贝加尔湖一带和中国东北地区，穴居于干燥寒冷的草甸中。当时，旱獭的毛皮在世界市场上十分热销。高额利润的刺激下，人们出于猎取旱獭皮毛，使人类进入了鼠间鼠疫的传播链，从而导致了鼠间鼠疫向人间的传播。此次东北鼠疫的疫源地在俄罗斯境内。随着染疫劳工回国，鼠疫由俄境向中国东北传播开来。[⑤]

1910 年 10 月，中俄边境重镇满洲里首先发现疫情，随后，瘟疫沿着铁路迅速蔓延，由哈尔滨、长春蔓延于黑龙江、吉林、奉天，疫势如江河

---

① 陈荫翘等修，宋作宾等纂：《海城县志》卷四，海城县公署县志馆 1937 年版，第 18 页。

② 柳兆卿：《基督教传入辽阳》，载辽阳市政协文史资料研究委员会编印《辽阳文史资料》第 5 辑，1990 年版，第 127 页。

③ 辽阳县志编纂委员会办公室编：《辽阳县志》，新华出版社 1994 年版，第 678 页。

④ ［英］杜格尔德·克里斯蒂：《奉天三十年（1883—1913）——杜格尔德·克里斯蒂的经历与回忆》，张士尊等译，湖北人民出版社 2007 年版，第 42 页。

⑤ 焦润明：《1910—1911 年的东北大鼠疫及朝野应对措施》，《近代史研究》2006 年第 3 期。

一泻千里，不可遏绝。[①] 最后侵入直隶（今河北省，包括天津）、山东，威胁京师。直至1911年4月，疫情才被彻底控制。此次鼠疫，给所波及地区人民的生命财产造成了巨大的损失。据相关资料统计，此次瘟疫死亡人数计为5.2462万人，其中黑龙江省1.5295万人，吉林省（包括哈尔滨）2.7476万人，奉天省5259人，旅顺大连76人，京奉铁路沿线1693人，京汉铁路沿线173人，津浦铁路沿线928人，山东省1526人。再加上其他未及统计的人数，死于此疫人员达到6万余人。[②]

面对重大的疫情，清廷朝野震动，皇帝连下谕旨，催令疫区督抚“赶速清理，务期早日扑灭”。[③] 并派伍连德为全权总医官，赶赴哈尔滨领导防疫事宜。1910年12月，伍连德与助手陈家瑞抵达哈尔滨，立即与助手解剖尸体，查找病源，迅即组织防疫队伍，采取隔离病患等有效措施控制疫情，并建议政府与日、俄协商，联合起来，共抗瘟疫。在伍连德的领导之下，疫情得到了很好的控制，为最终扑灭鼠疫奠定了基础。

在抗击鼠疫的过程中，东北地区的基督教传教医师也积极参加到防疫斗争中来，为扑灭这场瘟疫作出了一定贡献。在奉天的司督阁撰写了《论鼠疫》一文，对鼠疫发生的原因、染病症状以及防治措施等进行了详细的介绍，指出其发病原因在于微生虫进入人体“令身体改常发病”，“其毒有时入液核名为染核疫，有时入肺名为染肺疫”，发病症状“先觉身体困倦发冷，继而发烧，头痛甚，腰与四肢及胸前等处均痛，脉快、呼吸急，咳嗽咯血，身体颓败昏谵，二三日即死”，提出了注意居室清洁卫生、于火车站等处设立防疫所、焚烧染疫者所用衣物等具体防疫办法，[④] 为防治鼠疫提供了重要的参考。

同时，他还和盛京施医院的医护人员一起，积极投身于这场抗疫斗争。由于常年在奉天施医的声望以及司督阁和东三省总督锡良之间良好的个人关系，奉天地区防疫工作的重任便自然落在了他的身上，他被总督任命为“政府荣誉医学顾问”，所有有关事务都要与他协商，并在他同意的

---

① 中国科学院历史研究所第三所主编：《锡良遗稿·奏稿》第二册，中华书局1959年版，第1311页。

② 陈雁：《20世纪初中国对疾疫的应对——略论1910—1911年的东北鼠疫》，《档案与史学》2003年第4期。

③ 《盛京时报》1911年2月22日第2版。

④ 司督阁：《论鼠疫》，《盛京时报》1911年1月21日第3版。

情况下采取相应措施。在他的建议下，成立了“鼠疫预防委员会”，管理内外事务的官员、统率警察的主要官员、政府医院的官员，还有其他一些人参加了这个委员会。奉天地区的防疫工作便在以司督阁为首的委员会领导下卓有成效地开展起来，委员会征募了奉天城外一座寺庙作为鼠疫医院，为鼠疫的接触者们安排了6个与外界隔绝的营地，建立了对痰和血液进行检验的细菌实验室，并选择了一块坟地，一旦发现死亡者，迅速进行埋葬。城市划分为不同的区域，每个区域由一名具有一些医学知识的人来控制。还组建了由警察负责的清洁卫生队，发现可疑的人要及时报告。①

除了司督阁以外，盛京施医院的另两名英国医生也积极参加到这场抗疫斗争中来，为了使工作更有效率，他们进行了分工，司督阁负责全面指挥和指导工作，杰克逊医生承担火车站的检疫工作，杨医生则负责管理医院。在火车站检疫过程中，杰克逊因感染鼠疫而不幸身亡。他的无私奉献精神在社会各界引起了强烈反响。《盛京时报》对此进行了这样的报道：“英医查克逊君日前应督宪之聘在沈阳站办理防疫事宜，颇极认真，讵该医于二十五日突然染疫，延至午后一钟逝世，督宪闻悉此耗，哀悼不止，现已派员唁吊云。”② 文中“查克逊”即杰克逊的不同音译。在他去世一周后英国领事馆举行的追悼会上，锡良发表的演讲词，更是给予了杰克逊高度的评价：

我们辜负了皇帝对我们的信任，倍觉惭愧：我们已经让可怕的瘟疫蹂躏了神圣的故都盛京。

当灾难袭来的时候，大英帝国的国王陛下对每个国家都表现出同情。他的臣民，杰克逊医生，被他君主的精神所感动，以一种救世主的襟怀，把自己的生命交付给世界，在我们国家需要且请求帮助的时候，他豪爽地答应了。

当我们在瘟疫肆虐的地方战斗的时候，他毅然前来帮助；在垂死者的呻吟声中，他挣扎着照顾那些罹难者。

因劳累疲倦，瘟疫抓住了他，使其过早地永远离开了我们。任何

① ［英］伊泽·英格利斯：《东北西医的传播者——杜格尔德·克里斯蒂》，张士尊译，辽海出版社2005年版，第158页。

② 《奉天·英医染疫逝世》，《盛京时报》1911年1月26日第5版。

办法都不能掩饰我们的忧伤，任何语言都没法表达我们的悲痛。

杰克逊医生是一位接受过高等教育，且具有很高天赋的年轻人。他抱着传播医学知识和传播福音的崇高理想，来到满洲。在追求理想的道路上，他倒下了。长老会失去了一位最有前途的成员，而中国政府则失去了一位乐于帮助自己的伟大朋友……

为了表达感激之情，政府在城郊拨出一块地皮，作为杰克逊的墓地，周围用墙围起来。同时，总督锡良还以个人名义赠给杰克逊母亲1万银元作为抚恤金，杰克逊母亲马上把这些钱捐给了正要筹建的盛京医学院，总督深受感动，又为医学院追加了9000元捐款。①

在社会各界的共同努力下，这场鼠疫最终于1911年4月被扑灭了。在这场斗争接近尾声的时候，清政府邀请各主要国家的医学专家在奉天召开了“万国鼠疫研究会”，研讨鼠疫的性质、防疫和根除方法等。共有11个国家派出33名代表参加会议，司督阁因其在防疫过程中作出的突出贡献而被邀请莅会，会议主席由伍连德担任。清廷特派施肇基以钦差大臣身份参加了会议。会议从4月3日一直持续到28日，与会人员就鼠疫的起源、传染途径、临床症状、细菌学和病理学上的意义、抗击鼠疫的措施以及鼠疫对贸易的影响等方面问题展开了深入讨论。② 会议的科研成果于会后形成了长达500页的《1911年国际鼠疫研究会议报告》（英文）由马尼拉出版局出版，③ 为世界鼠疫的研究与防控作出了重要贡献。由于伍连德防治鼠疫的卓越功勋，清政府授予他蓝翎军衔并特赐进士。④ 司督阁也获得中国皇帝授予的“帝国宝石星勋章”和英国国王授予的“圣迈克尔和圣乔治勋章”。⑤

（二）战争中的慈善救济

19世纪后半期到20世纪30年代前的近半个世纪内，中国东北地区遭受了三次大规模的战乱，即甲午中日战争、义和团运动和日俄战争。战

---

① ［英］杜格尔德·克里斯蒂：《奉天三十年（1883—1913）——杜格尔德·克里斯蒂的经历与回忆》，张士尊等译，湖北人民出版社2007年版，第203—205页。

② 同上书，第213—214页。

③ 礼露：《中国现代医学先驱——伍连德》，《海内与海外》2005年第5期。

④ 张伟男：《东三省防疫处旧址和防疫泰斗伍连德博士》，《北方文物》2000年第4期。

⑤ ［英］伊泽·英格利斯：《东北西医的传播者——杜格尔德·克里斯蒂》，张士尊译，辽海出版社2005年版，第170页。

乱中，生灵涂炭，民不聊生。政府及社会各界的救助，成了饱受痛苦折磨的人渡过灾难、重新生活的希望。在东北的一些基督教传教士，本着人道主义精神，也投身于这些救助活动之中，向身受苦难的人们伸出援助之手，为他们脱离苦难作出了一定贡献。

1894 年，甲午中日战争爆发，战争初期，由于交通不便、消息隔绝，位于东北腹地的奉天并未感受到战争的威胁，社会秩序井然。直到当年 7 月末，驻守奉天的左宝贵接到朝廷旨令开赴朝鲜战场参战，这里的人们才感受到战争的威胁。也就在此时，在奉天的司督阁就已经开始了救治伤兵的工作。许多在平壤受伤的官兵住进了盛京施医院。盛京将军后来下了一道命令：所有伤员直接送到盛京施医院进行治疗。[①]

随着战争的发展，战局不利的消息逐渐为人们所知，奉天一带的人们开始出逃，许多富户移向关内，一般居民则纷纷下乡。盛京施医院的医疗工作也迅速减少，女医院已空无一人，男医院也只剩下一半患者。尽管盛京将军不断发布公告，安抚人心，但已经起不到任何作用，到 10 月 28 日早上，清军战败的消息已经广为人知，恐慌笼罩着整个奉天，城市处于骚乱的边缘。司督阁安排好可靠的人员管理教堂和医院后，便带着家人退避到营口。奉天的救助活动也就此告一段落。

随着司督阁南下营口，教会救治伤兵的工作也转移到这里。当战争的硝烟笼罩在营口上空时，激烈的战斗持续不断，由于当时中国军队中没有任何战地救护服务组织，很多伤兵因得不到及时救治而死。司督阁在营口地方官员的支持下，于 1894 年 12 月 3 日建立了营口红十字医院，是为中国历史上第一家红十字医院。医院设在一处租用的客栈内，共有 8 位医生，营口港的戴利医生被推举为负责人，全面主持红十字医院的工作。这些人中，除了从营口港军舰上来的两个人是外科医生外，其余的人都是传教士。[②]

医院刚开始工作的时候，前来救治的伤员并不多，一些前来接受治疗的士兵只是出于无奈，因为当时中国军队中没有疗救的任何手段。但早期接受治疗的人回去以后，讲述了在医院受到的照顾，人们奔走相告，消息

① ［英］杜格尔德·克里斯蒂：《奉天三十年（1883—1913）——杜格尔德·克里斯蒂的经历与回忆》，张士尊等译，湖北人民出版社 2007 年版，第 80 页。

② ［英］伊泽·英格利斯：《东北西医的传播者——杜格尔德·克里斯蒂》，张士尊译，辽海出版社 2005 年版，第 93 页。

在军队中迅速传开，官兵对医院的信任与日俱增，送到医院接受治疗的伤员开始多了起来。正如司督阁在一份报告中所说的那样："我们医院应诊的消息迅速传遍了全军。那些早期治愈出院的伤兵对于树立其后来者接受外国人治疗的信心起了很大作用，我们医院的伤兵数量也随着战争的继续而增加。"① 为此，医院不得不多租赁几家客栈，以容纳不断增加的伤员。诊疗工作一直持续到战争结束，在红十字医院存在的数月时间里，1000多名伤员在这里得到了有效治疗。②

传教医师们在战争中所表现出的无私奉献精神，在社会各界引起了极大反响。中国官员公开承认红十字会，并表示随时为红十字会的工作提供帮助。"甲午之役，营口红十字医院治疗伤兵，教会中西人士亲进汤药，夜以继日，兵士感激。"③ 战争结束后，光绪皇帝授予了红十字医院几位主要医生双龙宝星三级勋章，以表彰其在战争中所作的贡献。

而日俄战争中的教会救助活动是与中国第一个红十字会——上海万国红十字会的救助活动紧密联系在一起的，在战争过程中，东北地区的传教士和广大爱国信徒，与红十字会密切配合，在战区展开了如火如荼的救助工作，发挥了积极的作用。

1904—1905年，日、俄两大帝国主义列强为了争夺远东的霸权而在中国东北大打出手，中国东北地区成了战争的主战场。腐败的清政府宣布所谓"中立"，听任日、俄军队在中国领土上蹂躏，并发布《谕各省将军督抚日俄失和着按局外中立例办理并保护各国人民财产》的上谕，声称"日俄两国失和用兵，朝廷轸念彼此均系友邦"，并非"与中国开衅"，"应按局外中立之例办理"。④ 在中国东北战区的别国侨民通过各种途径陆续撤离，日、俄交战双方的伤兵悉由两国的红十字会相互救护，只有东三省的百姓在战火纷飞中颠沛流离，苦苦挣扎，忍受着本不应属于自己的灾难与痛苦。诚如一些资料所载："俄日构兵，奉天告急，辽东各郡邑生灵涂炭，载道死亡。在俄日两军各有会中人互相救疗，独我中国孑遗黎庶，

---

① 靳永震：《论甲午战争时期的红十字会医院》，《湖南第一师范学报》2006年第2期。

② ［英］杜格尔德·克里斯蒂：《奉天三十年（1883—1913）——杜格尔德·克里斯蒂的经历与回忆》，张士尊等译，湖北人民出版社2007年版，第89页。

③ 陈荫翘等修，宋作宾等纂：《海城县志》卷四，海城县公署县志馆1937年版，第19页。

④ 王彦威纂辑：《清季外交史料》第三册，书目文献出版社1987年版，第2848页。

不死于兵火即死于疾病流离，援手无从，呼天莫应。”[①] 上海记名海关道沈敦和、四川川东道任锡汾、直隶候补道施则敬等人满怀义愤，决定联合社会各界，“拟援万国红十字会例，力筹振救北方被难民人之策”。[②] 1904年3月3日，沈敦和邀集杨杏城、沈缦云等20余人，在上海英租界六马路仁济善堂召开东三省红十字普济善会成立大会。会上，与会人员草拟章程39款，就善会名称及立会宗旨、开办方式、救济宗旨、救助办法及组织形式等方面进行了阐释和规划。

根据章程，善会定名为“东三省红十字普济善会”，以“救济该省被难人民”为办会宗旨，决定“在沪设立总局，专为集款之所”，而于京津等处另设分局，“招留救援出难之人”，先由发起人“垫银十万两”立会，以后“各省如有助款入会者，不拘多寡，请寄上海总局，刊发征信录，并随时登报，以昭核实”。联络东北各界热心人士，共施援手。善会的救济宗旨：“无论南北方人，务先举令速离危地，以避大难。视专医疾病者，用意较深而愿力亦较宏厚，一切照料，必极周至，以军务平静为止。”为了避免俄、日交战双方对救助工作的阻挠，“红十字会旗制文凭，合先绘一图样，缮写俄、日两文呈请核验”，并“请俄、日两领事签字刊行，带往奉、吉，以免阻挠并疑为间谍”。参加救护的人员，“左袂缀有红十字旗式，以便行军一望而知，其制均归一律”，善会“建旗之处，与两国行军利害无碍，两国不得在此界限线内互施炮火，救济人所到之处，无害行军防堵及有关禁令者，概不能限止前往”。鉴于当时“奉天、吉林两省为最危迫”的现实情况，决定先从这两省展开救援，“黑龙江从缓”。料定“辽河迤东将来必为用兵之地”，“而其西皆平静”，被救助者“或至辽西，或至热河、朝阳、平泉，或至昌图迤北之康平、奉化，或至蒙古草地”，所到之处，“应请该地方官随时保护抚恤，支搭草棚给予粮食以为暂时养生之计”，如有不足之处，由善会拨款协助。“南人则或至海口牛庄，或由热河至京师、直隶，一经救出，得有生路，可即资遣回籍。”“遇救诸人，无论在舟在车，男女必分别，老幼必扶持。不得稍有陨越，以示慎恤。”善会实行董事制，“公举才望夙著，熟悉中外以及北方情形大员为董事，总理局务”，“另举西董事，与东三省教士联络举行，以免

① 《中国宜人红十字会说》，《申报》1904年3月5日。

② 《普济群生》，《申报》1904年3月11日。

外人拦阻”，同时，于“中西董事外”，“应另举筹款董事数人”[1]，等等。但由于东三省红十字普济善会尚未加入瑞士国际红十字总会，因而还不享有红十字会所应该享有的权利。所以，东三省红十字普济善会的难民救济行动未被交战的日、俄双方认可，救助难民的活动也就无法真正展开。鉴于此，沈敦和乃联络李提摩太等外国传教士多方奔走，最终于3月10日邀集中、英、法、德、美五国人士数十人在上海英租界公共工部局议事，宣告成立“上海万国红十字支会”（后定名为“上海万国红十字会”）。上海万国红十字会实行董事会制，在成立大会上，推选出45名董事，其中包括李提摩太、威金生等西董35人，沈敦和、施则敬等华董10人。[2]

上海万国红十字会为了尽快募集捐款，3月29日，由吕海寰领衔，盛宣怀、吴重熹、沈敦和等人联合向全国发出通电，呼吁捐款。通电发出后，立即得到社会各界的响应，各地绅商纷纷捐款捐物，各省督抚大员纷纷来电来函，对此善举表示赞赏，并积极拨款赞助。光绪帝也颁发谕旨，予以褒扬：“此会医治战地受伤军士，并拯被难人民，实称善举。现经中国官绅筹款前往开办，深惬朝廷轸恤之怀。”并颁发内帑银十万两，作为红十字会经费。

同时，中国驻英公使张德彝在瑞士日内瓦补签了《日内瓦红十字会公约》，中国由此正式加入国际红十字会，成为会员国。瑞士政府也将中国政府加盟国际红十字会一事通告缔约各国。7月12日，上海万国红十字会制定了《上海万国红十字会暂行简明章程》，对万国红十字会的名称、经费、宗旨、性质、任务等作了详细说明，声称此会“系中、英、法、德、美五中立国联合倡办，由中国政府知照两战国政府，转告战国军队将帅士卒，皆知此会，其名曰‘上海万国红十字会’”，“此会经费以电报、轮船、火车为三大宗均承北洋核准免费，卢汉火车亦免半费，蒙中国皇上钦奉皇太后慈恩颁帑，又承中西官商输助”，本会“专以医治战地因战被伤之战国及局外兵民救护，战地之无关战事因战被难人民”，会务“由上海公举中西总董主办，总董就近秉承中国钦差吕（海寰）、盛（宣怀）、吴（重熹）三大臣，随时随事，电牍咨商中国外务部、商部、南北洋大臣、各省大府，钦遵中国皇太后、皇上旨意，与中国出使日俄大臣、

① 《东三省红十字普济善会章程并启》，《申报》1904年3月3日。

② 周秋光、曾桂林：《中国慈善简史》，人民出版社2006年版，第251页。

日俄驻京大臣商酌维持，有劝捐办事之全权”。为体现红十字会的博爱精神，《章程》声明：“救护出险，无论华人、西人、何国人，均一体相待。”①

上海万国红十字会总部设在上海，但要组织救护队去东三省，路途遥远，诸多不便，为了更有效地开展救助工作，上海万国红十字会援引国际红十字会的相关规定，在“所有附近战地之紧要地方，由总董会议遴选中西绅董，缮给凭信，前往添设分会”。由于营口为关外军事战略要地，被灾民人又较多，上海万国红十字会遂于1904年4月6日在营口设立了第一个分会。② 随后，上海万国红十字会在兵灾严重的地区，联系当地绅商和外国传教士，在北方各地陆续开办了多处分会。自此，中西人士一起，以上海万国红十字会为中心，以东北及其他地区各分会为支撑，对战争罹灾民众展开了全面救助。战争期间及战后，上海万国红十字会筹集巨款，购运物资，赈济灾民，全活22.5138万人。救护出险、收治伤病、留养资遣、赈济安置总人数达46.7万人，因伤重不治而亡者仅331人。③

上海万国红十字会成立后，即联系东北各地绅商和外国传教士，于营口、辽阳、奉天、开原、铁岭、吉林、沟帮子、新民屯等处，设立分会。东北各地的传教士和广大爱国信徒，积极参与各地红十字分会的救助活动，他们不畏风险，救助伤员，赈济灾民，为更多灾民脱离苦难作出了一定贡献。

营口分会是上海万国红十字会在东北设立的第一个红十字分会，在分会建立过程中，魏雅各等外国传教士起到了非常重要的作用。上海万国红十字会建立以后，很快就募集了大量款项和救济物资，当他们要向东北难民提供援助时，却遭到了日、俄交战双方的阻挠，两国公使对此表示拒绝，他们认为，“他们各自的红十字会能够应对各种危急情况”。尽管清政府也出面提出要求，但日、俄政府的态度没有丝毫改变。李提摩太写信给魏雅各，请他想办法解决这一难题。魏雅各立即拜会了和自己有点私交的俄方将军，经过努力，最终得到对方的允诺，可以向俄军占领区内的中国难民发放救济。然后，魏雅各又写信给日方将军，说既然俄方同意国际

① 《上海万国红十字会暂行简明章程》，《申报》1904年7月29日。

② 周秋光、曾桂林：《中国慈善简史》，人民出版社2006年版，第251页。

③ 池子华、郝如一主编：《中国红十字历史编年（1904—2004）》，安徽人民出版社2005年版，第5页。

红十字会对中国人开展救助工作，他感到在这方面，日本不应该表现得比俄国更差。日方将军立即表示同意。这样，清政府无法解决的问题，魏雅各在短短几天内就完成了。随后，魏雅各立即致电李提摩太，申请电汇救济金，很快，款项就汇入了他在营口的账户里。其他救济物资也源源不断地从上海运至营口，再转运到灾区发放。① 营口分会建立以后，由美国领事密勒和魏雅各任董事，英国教会医院为营口红十字会总医院。② 医护人员积极开展战地救护、社会救济、社会福利等工作，安抚伤病人员，先后收治伤病员达 2.6 万人。③

除此以外，营口红十字分会还承担着救护难民、资遣难民出险的重要任务。为此，它准备了“中国大客寓一所，足敷容留难民四百人”，为难民提供居所和饮食。分会还与铁路部门协调，使难民获得乘火车免票的优惠待遇。截至 5 月底，“凡曾留宿给食者男女孺子已不下二千余人之多”。④ 至 10 月初，“中国难民曾栖息受餐者，为期或短或长，为数约在五千以上，均经遣送过江，交北洋分会分别遣回北省各处原籍”。⑤

1904 年 8 月，日、俄两军在辽阳一带展开激战，为就近营救难民，上海红十字总会“电商暨派员面商两战国”，但“日则婉辞，俄则直阻”，致使“辽东各医院均未能办理得手”，北洋大臣袁世凯交付东边道张锡銮救济金州难民的银两“亦难以运往赈抚”，在红十字会无法深入战地进行救助的情况下，传教士则扮演了重要角色，辽阳州商允“英医士以设立英国医院为名，实办红十字会事，医治伤病，招集流亡，款由红十字会及本省赈款分别支给”。⑥ 城郊附近民众得知后，纷纷前往，传教医师吴阿礼和医院医护人员积极参加救援活动。8 月 29 日—9 月 10 日，在医院就医者达 300 多人，其中死者 20 人，栖流所留养的妇女儿童达 800 人。⑦

---

① ［英］李提摩太：《亲历晚清四十五年——李提摩太在华回忆录》，李宪堂、侯林莉译，天津人民出版社 2005 年版，第 307—308 页。

② 蒋犟、刘延之：《中国红十字会第一个分会》，载陈志坚主编《红十字光彩》，辽宁人民出版社 1997 年版，第 1 页。

③ 刘延之：《博爱使者》，载陈志坚主编《红十字光彩》，辽宁人民出版社 1997 年版，第 47 页。

④ 《朱礼琦译营口红十字会总董魏伯诗德致李提摩太信》，《申报》1904 年 5 月 31 日。

⑤ 《牛庄西董密勒魏伯诗德致直督袁宫保信朱礼琦译稿》，《申报》1904 年 10 月 2 日。

⑥ 《增祺等密陈联络上海红十字会及北洋大臣办理灾民事宜片》，载辽宁省档案馆编《日俄战争档案史料》，辽宁古籍出版社 1995 年版，第 478 页。

⑦ 《牛庄西董密勒魏伯诗德致直督袁宫保信朱礼琦译稿》，《申报》1904 年 10 月 2 日。

吴阿礼除了利用医院救助难民以外，还利用自己的特殊身份，奔走于交战的日、俄两军之间，为使辽阳免遭战火而积极斡旋。日、俄两军争夺辽阳时，俄军以首山为制高点据守辽阳。日军为夺取辽阳，首先进攻首山，有时日军炮弹落在城西南隅，城内居民惶惶不安。吴阿礼骑着白马，手持白旗奔驰于日俄两军之间。要求日军不要向城内开炮。因当时正处于英日同盟时期，得到日军许诺。后又向俄军要求，撤到城外，也得到俄军同意。最终保全了辽阳城，没有遭受兵火的洗劫。[①] 吴阿礼的这些义举，受到盛京将军增祺的高度评价，称其“利济情殷，见义勇为”。[②]

辽阳战役结束以后，大批难民开始涌入奉天，“在南郊的主要大街上，有时会出现连续不断的难民队伍……骡、驴、马、牛，所有能用的牲畜都用上了，拉着农用大车，上面载着粮食、烧柴，或家里的铺盖和衣服，而妇女和孩子就蜷缩在上面。还有很多步行逃难的人，多数情况是男人挑着东西，妇女抱着孩子，拖着疲倦的双腿，慢慢地走着”。为了援救难民，盛京将军增祺组织成立了救济委员会，委员会由英雅各、司督阁以及两名中国官员组成，同时，上海万国红十字会总部也决定在奉天设立分会，任命司督阁和英雅各为他们的全权代表，授权他们动用所需要的资金。一个接一个难民营建立起来。奉天的4个教会医院都相当繁忙，有为男人们治疗的医院，也有为妇女治疗的医院，还有专门治疗斑疹伤寒、天花和其他传染性疾病而临时设立的诊所。英雅各把所有的时间都用在救济工作上，司督阁则尽量从医院抽身出来，参与其中。除了对17个分散在奉天各地的难民营进行医疗监督和每天的视察之外，还有医院和诊所的工作需要司督阁医生。当时的奉天，到处都是难民，寺庙里、剧院里、客栈里、教堂的院子里……1905年的前3个月，奉天教会收留的难民超过1万人，而政府收留的难民则超过3.8万人。[③]

为了对战争造成的具体损失情况有一个详细的了解，以便于进一步赈灾工作的开展，魏雅各奉上海总会派遣，从营口亲赴“岫岩、海城、盖

---

① 柳兆卿：《基督教传入辽阳》，载辽阳市政协文史资料研究委员会编印《辽阳文史资料》第5辑，1990年版，第127页。

② 《增祺为辽阳知州禀报会同英国吴大夫设立同善会招抚难民事给奉天善后总局札》，载辽宁省档案馆编《日俄战争档案史料》，辽宁古籍出版社1995年版，第489页。

③ ［英］杜格尔德·克里斯蒂：《奉天三十年（1883—1913）——杜格尔德·克里斯蒂的经历与回忆》，张士尊等译，湖北人民出版社2007年版，第155—157页。

州一带查勘今年（1904年）夏间曾遭兵燹各处情形”。返回后，魏雅各根据各地灾情，向总会提出了具体赈济方法与措施三条：“岫岩之东、顺窑之南各属未曾受灾，无需赈济；盖州、海城各属被扰者有三百村，计遭难者八千四百家，约共男女五万名口；以上约三分之二尚能支持，暂时可以无忧，其余一分则冬间必需赈济也。”并结合调查分析情况，拟出两种救济方案，供政府参考：“请军宪于被难地方设立官米局数处，以资平粜；本会当承办赈济极贫之户，即在官米局散给米票，以便凭票领米也。”①

1905年1月18日，清政府电饬南洋大臣周馥转饬上海万国红十字会总董，“多延员绅，速拨巨款，前往奉省，会同地方官，广施救济，以全民命”。上海万国红十字会接旨后，迅速筹集资金，并增派史善贻、谢文虎、邓笠航等人前往东三省，协助营口西董魏雅各等共同办理赈济事宜。史善贻等人抵达营口后，与魏雅各等人商议决定，沈阳以南一代的赈灾任务，由刘芬等会同魏雅各负责办理，沈阳附近及沈北一带，则由史善贻等人负责。计议停当，他们就在沈阳小西关设立了上海万国红十字会东三省协赈总局，具体负责东北37处的放赈事宜。②

日俄战争中，日、俄两军在中国土地上最后一次大规模争夺战是奉天大会战，是役，俄军投入40万兵力，日军也投入30多万兵力，战役从1905年2月下旬一直持续到3月10日，最终以日军攻陷奉天，俄军败退而告终。③ 奉天大会战，给无数中国居民带来巨大灾难。奉天府尹在“道上遇见穷民数十次，有四五十一伙的，有一百多一伙的，来拦舆喊冤，哭声震地”，诉说他们“家产房屋，烧掠已空”的苦难。④ 人民在死亡线上挣扎。俄军从奉天败退后，大批伤员涌入奉天的教会医院。在战役的最后一天清晨，伤员陆续来到盛京施医院，“上午9点钟，手术室开始忙碌，一个接一个的中国人和俄国人被抬了进来，整整一天，我们一直忙个不停”。随着伤员涌入奉天的还有大量的难民。据估计，从战争开始到结束，除逃到新民屯和其他地方的数千难民之外，进入奉天的难民总数约9

① 《译西历一千九百零四年十一月十七日字林西报所登牛庄魏伯诗德致上海红十字总会函》，《申报》1904年12月19日。

② 周秋光、曾桂林：《中国慈善简史》，人民出版社2006年版，第254页。

③ 王芸生：《六十年来中国与日本》第4卷，大公报社出版部1932年版，第225页。

④ 《直隶白话报》第8期“纪事”，转引自杨余练等《清代东北史》，辽宁教育出版社1991年版，第282页。

万人。[①]

应该看到，东北地区教会的救助活动是中国红十字会救助活动的一个重要组成部分，传教士及广大爱国信徒与中国红十字会一起，为解救深受战争蹂躏的灾区人民作出了重要贡献。一些著名的传教士，在战争结束后，受到了中国朝野人士的嘉许。直隶总督袁世凯给司督阁亲笔写了一封感谢信，代表朝廷向他表达了谢忱之意：

> 尊敬的克里斯蒂（即司督阁，作者注。）先生：
>
> 因为您在日俄战争中对沈阳及沈阳周围地区那些无家可归和穷困人们仁慈和及时的帮助，无私地为他们提供食物、衣服和药品，请允许我，直隶总督，代表朝廷对您表示感谢。我真诚地希望在上帝的保佑下，光大您的普世之爱，在您一直深深热爱着的中国人民中间继续从事您的工作。
>
> 祝您健康愉快！
>
> 您的真诚朋友直隶总督袁世凯
>
> 1905 年 7 月 7 日于天津[②]

吴阿礼因在日俄辽阳会战时出面协调而使城内居民免遭战火，事后，城内绅商各界向吴阿礼赠送万民伞，以表达感激之情。[③] 这也说明，真正帮助中国人民的朋友，中国人民是不会忘记的。

第三节　基督教慈善事业对东北社会的影响

一　教会慈善事业与基督教在东北的传播

前文已经谈到，基督教开办慈善事业的根本目的是辅助发展传教事业，慈善活动是为了传教工作服务的，传教是开展慈善事业的根本出发点

① ［英］杜格尔德·克里斯蒂：《奉天三十年（1883—1913）——杜格尔德·克里斯蒂的经历与回忆》，张士尊等译，湖北人民出版社 2007 年版，第 158—161 页。

② ［英］伊泽·英格利斯：《东北西医的传播者——杜格尔德·克里斯蒂》，张士尊译，辽海出版社 2005 年版，第 122 页。

③ 柳兆卿：《基督教传入辽阳》，载辽阳市政协文史资料研究委员会编印《辽阳文史资料》第 5 辑，1990 年版，第 127 页。

和归宿。所以，在教会所有的慈善活动中，都伴随着直接或间接的传教活动。这些带有慈善性质的社会事业，在一定程度上弱化了东北民众对基督教的排斥心理，对扩大教会影响产生了积极的作用。传教士每次救灾赈济活动，都在一定程度上促动了教会事业的发展。在1888年抗击洪水的赈灾活动中，传教医师吴阿礼在海城一带积极救助民众，深得信赖，他乘机传教，“入教者超千人。”[①] 其他地区的教会也纷纷参加到这场抗洪救灾的活动中，并因此推动了教务的发展。资料对此进行了这样的记述：“一八八八年，淫雨成灾，教会施赈，受感归教者颇不乏人。”[②] 而在甲午战争中，以司督阁为代表的传教士积极组织红十字医院参加救援工作，同样为基督教的发展赢得了机会。事后，司督阁这样写道：“红十字医院的良好影响不仅表现在治疗伤员和抢救生命方面，所有接触红十字医院的人，都留下一个难以磨灭的印象。直接的基督教宣传很少，但可以明显地看到那些逐渐康复的伤员自愿参加在中国教堂举行的礼拜仪式。数月之后，他们中的一些人接受了洗礼，其中的一位我们现在也比较熟悉，他已经成为邻省教会中一位著名的基督徒。另外，至少数百人带走了一些基督教知识，数百人以更友好和感激的态度看待原来他们所讨厌和轻视的外国人。”[③] 类似的记载几乎在每次赈灾活动中都可以看到，至于收养孤幼、救济贫民之类的善举，也会在人们心里产生潜移默化的积极影响，这些，对于基督教在近代东北的发展无疑是有着积极推动作用的。

二　教会慈善事业对东北民众的影响

教会开办慈善事业固然是为发展传教事业服务的，但这些慈善事业因其本身所具有的仁爱性质，在客观上对近代广大东北民众产生的积极影响却是显而易见的。近代东北地区天灾人祸频仍，人民生活苦不堪言。在战乱和天灾期间，东北的基督教传教士积极参加救灾工作，为减轻人民痛苦尽了一份力，尽管这些活动的出发点是为了扩大教会的影响，但对于挣扎在痛苦边缘的东北人民来说，还是起到了一定的积极作用。在此期间作出突出贡献的一些传教士，也因此被广大东北民众所感念和铭记。司督阁，

---

① 辽阳县志编纂委员会办公室编：《辽阳县志》，新华出版社1994年版，第678页。

② 满洲基督教联合会编：《满洲基督教年鉴》，满洲基督教联合会1938年版，第93页。

③ ［英］杜格尔德·克里斯蒂：《奉天三十年（1883—1913）——杜格尔德·克里斯蒂的经历与回忆》，张士尊等译，湖北人民出版社2007年版，第89页。

东北基督教传教士的杰出代表，在其长达40余年的施医布道生涯中，他以精湛的医术解除了众多患者的病痛，并在救灾活动中挽救了无数灾民的生命，在他结束东北的施医布道生涯返回祖国以后，东北民众并没有因为其离去而忘记他，人们在其亲手缔造的盛京施医院前面为其竖立了一座青铜半身塑像，在安放塑像的仪式上，张学良将军亲手揭下塑像上覆盖着的中国旗帜。在花岗岩基座上面有一段中文铭文，叙述了他在沈阳的劳动，并对其作出的贡献表达了感激之情，最后，用以下话语结束了全篇："为了保持对他的永久记忆，竖立这座青铜雕像的一笔钱已经被筹集起来，如上对他生活的简短叙述，作为对所有阅读者的一种激励，已经被镌刻在石头上。"① 司督阁只是广大传教士中的一位典型代表，其间，还有许多默默无闻地为广大东北民众奉献爱心的传教士，他们的一些故事至今仍流传在当地民众当中。人们铭记他们，往往并不是因为他们带来的基督教，更多的则是其救苦救难的善举。

① ［英］伊泽·英格利斯：《东北西医的传播者——杜格尔德·克里斯蒂》，张士尊译，辽海出版社2005年版，第252页。

第七章　东北的反教会斗争

基督教在近代东北传播的过程中，一些传教士以不平等条约为护符，打着传播宗教的幌子，干着与传教无关的事情，甚而利用特权，侵犯中国主权，也有一些不法教徒利用教会特权，仗势欺人。这些背离基督教传播宗旨的行为，激起了东北人民的强烈愤慨，引发了一些社会矛盾。从传教士踏上这片土地之日起，民众各种形式的反教斗争便持续不断，一直延续了半个多世纪。

第一节　义和团运动前的反教会斗争

义和团运动以前，是基督教在东北传播的初期阶段，教会势力还不是很强大，民众的反教会斗争也不是很激烈，还没有形成系统的、大规模的反教会斗争。下面，仅以引发反教斗争的因素为线索，将这一时期东北地区的反教会斗争情况缕叙如下：

一　政治因素引发的反教会斗争

近代以来，帝国主义列强强迫清政府签订的一系列不平等条约，其中的相关条款为基督教在华传播创造了便利条件。与此同时，这些特权也往往成为中国民众把传教士和列强侵华分子等同看待的一个主要原因。其结果便是一旦遇有涉外政治风波，民教矛盾突出的地方便会伴生着反教事件。1870 年，天津教案发生后，迫于帝国主义列强的压力，腐败的清政府执行避战求和的政策，最终以惩凶、赔款的方式结案。在这场教案中，天津知府和知县被革职充军，判处死刑 20 人，流放 25 人，赔款 49.7 万余银两。民众在这场斗争中的表现和腐败的清政府却是截然相反，当那些在中国国土上作恶多端的侵略分子遭到惩办后，民众无不欢欣鼓舞。美国驻华公使于当年8月24日给政府的报告中，提到当时在天津曾出售过好几万把印有人民英勇杀敌国画的扇子，“这批扇子是为了迎合人民情绪而制作的，这种图案得到畅销是因这样一个无可争辩的事实：即在人民中间对此次暴乱的结果一点也没有惋惜或悲伤的心情。毫无疑义，在天津，绝大多数人民的意见是赞成这次暴乱的”。[①] 屈服的是腐败政府，人民是不屈的，这次事件以后，各处反教情绪高涨，连在东北边陲的传教士都能感受到当地民众的强烈排外情绪，“在奉天，没有人欢迎令人厌恶的洋鬼子，传教士们无法在此立足”[②]。

1883年，中法战争爆发后，法国的侵略行径再次激起国人对“洋人”的仇视情绪，在华的传教士成为人们讨伐的主要目标之一。司督阁在自己的回忆录中这样记载了当时在奉天遭到反对的情形：“反对我们的标语和布告张贴于城内，而且有时就贴在我们的大门上。为把我们赶走，人们尝试了各种努力。我的助手和仆人在大街上受到恐吓，人们用脏话谩骂，有时甚至向我们扔泥巴和石块，并不止一次扬言要烧毁我们的房子。为了看到底会怎么样，大批的人群聚集在附近，特别兴奋地议论着。虽然没有可怕的结果发生，但在当时，还是非常让人担忧的。”[③]

1894年，甲午中日战争爆发，日本帝国主义的对华侵略行为，引发了中国民众的强烈愤慨。特别是在东北，在华的洋人被认为是与日本人无异的同类，应该被杀掉。一位率军路过奉天奔赴前线的满族官员在奉天驻留时曾对当地官员说：“为什么我们在这里耽搁功夫而不直接去朝鲜？奉天城里有没有外国人？让我们马上把他们杀了。”[④] 不久，在辽阳便发生了传教士被杀的事件。

1894年8月10日下午，奉调开赴朝鲜平壤的吉林马队官兵路过辽阳，就地休整，安顿好食宿以后，几个士兵就到旅店外闲游，恰逢英国教堂正在讲演布道，士兵们就到教堂内听讲，其后因与“教民驳辩”，“斥

① 顾长声：《传教士与近代中国》，上海人民出版社2004年版，第139—141页。

② ［英］杜格尔德·克里斯蒂：《奉天三十年（1883—1913）——杜格尔德·克里斯蒂的经历与回忆》，张士尊等译，湖北人民出版社2007年版，第19页。

③ 同上书，第5页。

④ 同上书，第75页。

其传教之非”，双方发生口角并厮打起来，教堂的门窗器具均被砸毁，一名士兵面部也被堂内之人打伤，口内流血。传教士李雅各见教堂有兵滋闹，即同教民刘清兰去州署控报，途中被几名士兵赶上，一名士兵顺手操起街旁铺户所放木扁担向李雅各头上殴打，先将李雅各打翻在地，随后与其他几名士兵一起，“各持扁担及身带马刀等械向李雅各、刘清兰乱殴”，致使李、刘二人身上多处受伤。辽阳知州徐庆璋闻讯后，即派人前往弹压，几名士兵均“各散走回店”。徐庆璋查验李雅各、刘清兰所受伤情，派人抬回医治，随即找来营官依陞阿，要求“查究滋事逞凶之人”，依陞阿向士兵查询，各哨兵丁均不承认，该营官恐怕士兵再闹事，就向徐庆璋告称，在路上查明元凶后再行交送。次日即拔队起行。在救治传教士的过程中，刘清兰受伤较轻获救，李雅各却因伤势过重于8月16日身亡。[1]

事情发生后，很快上报朝廷，因事件中有英国传教士被杀，清廷对此高度重视，8月20日即发下谕旨，要求地方严查此事，谕旨声称，“出征军士，中途骚扰，已干军律，况毁伤教士，并有英人在内，事关交涉，现当用兵之际，尤恐易生枝节，统带营官，漫无纪律，深感痛恨，著定安、裕禄先行据实严参，并将滋事凶犯迅速查拿到案，严行惩办，不得稍涉宽纵，嗣后官兵经过地方，务当责成统带之员，严加约束，倘有似此逞凶滋事者，即以军法从事”。[2] 措辞严厉，地方官员不敢怠慢，经过审问，得知此次殴毙李雅各的主犯是王江，另有从犯富昌、富祥、永亮、来喜等人。情况查明，清廷迅即作出处理，并将处理结果通报英国公使欧格讷，首犯王江被“即行正法，以肃军律”，从犯富昌、富祥、永亮、来喜等人“均按律加等发边远充军”；李雅各尸体成殓后，送交营口英国领事馆；“砸毁讲堂器具等项”，“饬辽阳州代为修整”，“并严行出示晓谕各处兵民，并饬各该地方官随时严查，倘再有不守纪律之兵滋扰教堂，即行严拿重惩”。同时受到惩处的还有一名叫恩顺的士兵，他虽然没有参与辽阳殴击教士之事，但他在随军经过铁岭所属懿路站时，曾经搅闹当地教堂，推倒了堂内书桌，“究属不守军律”，被革去军籍，“治以军法，重加鞭责，

① 《总署收军机处交出定安等抄折 折陈吉林兵在辽阳殴毙英教士一案情形所有官兵经按律议拟办结》，载吕实强主编《教务教案档》第5辑，中研院近代史研究所1977年版，第2454—2455页。

② 《清实录》卷345，中华书局1987年影印本，第56册，第416页下栏。

插箭示众，以昭惩戒”。[1]

英使欧格讷接到清政府的照会后，对此处理结果表示不满，向总理衙门发出照会，进一步提出以下几项要求：一、抚恤家属。李雅各的家属应该获得赔偿，“恤款之数似不能少于纹银七千两”。二、案犯量刑问题。对首犯采取“绞决处死”的方式不满，认为应该对其处以极刑——斩决，觉得如此“从轻绞决”，“岂非将儆戒成效顿形消减乎?”三、对邸钞关于此事报道不满。他看到八月十七日邸钞中奉省定、裕二大臣奏办此案折内，并未将上谕内容“逐句全载”，其中所有“殊甚痛恨字样，概未录入”，认为此举“殊觉歉然”。因为“民间除阅视京报之外，不能另有他文可知此案情形”，“报内并不将大皇帝如何痛恨此等殴伤洋人罪犯语句昭然揭示”，会蒙蔽视听。四、对奉省定、裕二大臣奏办此案折内叙述“该犯与教民角口，斥其传教之非”等语句的表述不满，认为这样叙述不利于宣传“朝廷实力保全各国人民之意”。[2] 清廷很快对欧格讷的照会作出了答复，对于其第一项要求，表示接受，而对其他几点，并未同意，并逐项进行了说明，关于对首犯的量刑问题，“中国办案悉以律例为主，凡斩、绞死罪之立决者，皆谓之正法。该犯由绞监候改为立决，系属从重办理，已足以昭炯戒”。关于邸钞摘录问题，“惟向来京外各衙门奏折，凡有上谕，皆只节录数语，并不全载，或以等因字样括之，向来体例如此”。至于奏折内所称“该犯斥传教之非一节，此系叙述口角起衅之由，并无关碍”。[3]

在以上几个事例中，民众的反教行为尽管带有一定程度的盲目排外色彩，但在当时的历史条件下，这些行为是人民在国难当头情形下爱国思想的一种变相反映，也是基督教近代入华借助不平等条约特权发展教务带来的结果。

除此以外，一些传教士在自身享受不受中国法律管辖的“治外法

---

① 《总署行北洋大臣李鸿章文 辽阳教案已分别发落完结并照会英使》，载吕实强主编《教务教案档》第5辑，中研院近代史研究所1977年版，第2469页。

② 《总署收英国公使欧格讷照会 吉林兵殴毙教士案应给予抚恤首犯绞决实嫌过轻此案前后情形请在奉天一带出示晓谕》，载吕实强主编《教务教案档》第5辑，中研院近代史研究所1977年版，第2470—2471页。

③ 《总署给英国公使欧格讷照会 辽阳教案已从重办理出示及恤款各节当再催盛京将军迅速分别办理》，载吕实强主编《教务教案档》第5辑，中研院近代史研究所1977年版，第2473页。

权”的同时，还把这些本身就不合理的特权肆意扩大、延伸至中国信徒，在民教冲突中包庇教民，干涉司法。在有些民教争讼的案件中，一些不法之徒往往是挑起民教争端的肇事者，而一些传教士不问是非曲直，一味包庇教民，甚至包揽词讼，逼令地方官让步，从而激起民怨，促生反教情绪。高积善在吉林购买房产引发纠纷一案，便是一桩典型的滥用“治外法权”的案例，此事详情前文已述，此不赘述。在这场风波中，腐败的清政府不敢得罪洋人，最终以压迫地方官妥协而收场，中央政府的这种媚外做法，使得地方官员在处理民教争端的时候就只能“袒教而抑民”了。一些不法教徒也往往趁机利用教会势力，横行乡里。据材料记载，“农安县下元宝洼奉教者横暴，为当地人民所嫌恶”，但由于地方官对此采取“敬而远之”的态度，① 当地民众也只能是敢怒而不敢言。长此以往，民怨难伸，势必激起人民的反抗情绪。正如《奉天通志》所载：“光绪间教士袒庇信徒，代理词讼，奸民投身其间，倚为护符，往往借其势欺凌良善，遂引起人民仇教思想。”② 由此观之，基督教借助政治特权发展教务，乃是近代中国教案之所以发生的根本原因所在。

二　经济因素引发的反教会斗争

经济因素引发民教冲突，多是由房产纠纷引起的。传教士到达东北以后，要把布道工作持久地坚持下去，就必须得有一个立脚点，首要解决的便是居住问题。近代以来，尽管传教士凭借条约特权取得了在华购置田产建屋定居的特权，但由于当时特殊的历史背景，中国人民仍不愿和外国人发生房产交易，以免给自身带来不便，在此情形下，毋庸说购买房产，即便是租赁房屋也是一件很困难的事情。为了获得立足点开展传教工作，一些传教士不惜利用各种手段，甚至包括欺诈等有损教会声望的做法，往往由此激起矛盾，冲突也由此而生。因为此类纠纷常常引发涉外事件，所以地方官员对此格外重视，遇有外人和当地民人发生房产交易事宜，便会审慎介入其间，小心处理，以防因此发生事端。

1874 年，盖州城巡查兵役常盛、邱大德在巡查街道时，发现传教

---

① ［日］守田利远：《满洲地志》下卷，丸善株式会社 1906 年版，第 239 页。

② 王树楠等：《奉天通志》卷 99，东北文史丛书编委会 1983 年影印本，第 2273 页下栏。

士罗约翰在城内衙门弄子租得庄姓坐北向南房屋一所，正在“雇人彩画”，由王景安看守门户，“声称欲在讲书堂开讲”。遂把此事马上禀告上司，盖州城守尉、知县得报后，经过进一步核实情况，共同呈报给盛京将军崇实，崇实得报后，一方面马上呈文报知总理衙门；另一方面指示盖州城守尉和知县就来函中“未声明”之处，如“房主庄姓，系属何项人民，究唤何名，租价若干，是否写立租契，其中有无窒碍商民之处”等情况，进一步“饬查明确”，“以凭核办”。在进一步的调查中，情况逐渐明朗，具体详情，我们可由房屋主人庄观海的供词中得知：

> 小的是案下在城社七甲民，年四十一岁，在治城南八里远小黄旗居住，读书为业，父母俱故。小的兄弟二人，胞兄庄学海分居各度，情因这城里衙门弄子有小的房屋一所，前屋一间，后屋二间，本年二月间，有先不认识人王景安要租小的这处房屋，声称开设书铺生理，那时小的因与王景安素不相识，没有应允，他就走了。到了四月间，王景安同小的邻人石匠王成智到小的家，仍是要租小的这处房屋。王成智声称他在营口作过石工，与王景安相识，王景安租屋是要开书铺生理，并没说出是外国人开讲书堂的话。王成智情愿承保，言明每年租价钱三百吊，写立租契为证。后来不料王景安与英国传教士罗约翰在小的这屋内开设讲书堂，讲的是耶稣书籍，虽无违碍商民情弊，因他们是外国人，小的就不愿租给他这房屋，当向王景安说情愿退回租价，教他搬出，随教人王景安不肯搬出，小的亦没法了。今差蒙传到案审讯，随耶稣教人王景安租小的这房屋，设立讲书堂是在屋内，讲的是耶稣书籍，与商民并无有窒碍，倘嗣后若有别故，小的甘领咎处，不敢谎供，是写等供。

情况查明后，崇实认为，既然中英条约中对于英国人在“各口并各地方意欲租地盖屋，设立栈房、礼拜堂、医院、坟墓”等，允准“均按民价照给”，“不得互相勒措”。那么，现在罗约翰在盖城租房，欲立讲书堂，尽管条约内没有相关条款，但“核与该国租地盖屋，设立礼拜堂，无甚区别”。据此，并未对此事马上采取断然措施。正在此时，又接到报告，因英国讲书堂无听讲书之人，罗约翰遂将房屋交还给庄观海回国去了。崇实具文将事情原委呈报总理衙门，事情就此完结。[①]

此事因罗约翰的主动离去而未进一步引发争端，但并不是所有的事情都能如此简单。上文中高积善就因购买房产引发了激烈的冲突，最终以清政府妥协，高积善得偿所愿而收场。尽管清政府是因担心引起涉外事件而被迫采取的举措，但这种“袒教抑民”的做法并不能彻底解决问题，相反，由此造成的积怨却为以后更加激烈的冲突埋下了隐患。

三 文化因素引发的反教会斗争

除了政治、经济等方面因素引发民教冲突外，社会文化因素也是民众反教的一个不容忽视的方面。在思想信仰方面，基督教进入东北以前，这里就有萨满教、佛教、道教、伊斯兰教、儒家思想以及民间俗信等。由于人的思想信仰具有一定程度的排他性，基督教进入东北地区以后，其思想信条和这些传统观念势必会发生抵牾。司督阁初抵东北时，就深深感受到了这种思想信仰上的排斥氛围。东北地区尽管“在宗教信仰盛行年代留下的古代神祠和寺庙相对较少”，“制度化宗教，如佛教和道教，可能比中国其他地方要弱一些”，但是，这里“传统信仰和迷信的统治势力还很大”，“像所有人一样，那里的人们除了他们自己之外，把任何外人的知识都拒之门外”。有一次，他和罗约翰一起从城里步行回家，顺路前往狐仙庙附近的市场去游览，可那座狐仙庙是当地人求医治病的圣地。消息传开后，密集的人群包围过来，骚乱出现了。砖头石块扔向他们，可常常错过目标，打在其他人身上，由此，骚乱更为剧烈。最后，两人幸运地逃了出来，除了身上的块块青肿之外，没有重伤。

此外，中西文化之间的另一个差异，突出反映在西医治疗方面。前文已经叙述，医学传教是传教士在东北的主要活动方式之一。由于中西诊疗观念和方法有着很大的差异，传教士早期的医疗活动并不被人们所认可，由此产生的疑虑和误解，也往往是引发民教冲突的一个因素。1884年夏季的一天，一位法国天主教神父到司督阁在奉天开设的诊所就医，当时，司督阁院子的门房里有两个房间，外间做诊室，里间做休息室。在奉天见到一位西方人，那不是一件容易的事，因此司督阁就把他邀请到自己的休

① 《总署收盛京将军崇实文 英教士罗约翰租屋已交还房主》，载吕实强主编《教务教案档》第3辑，中研院近代史研究所1975年版，第1922—1923页。

息间，在里面交谈了一段时间，然后那位法国神父坐着自己的马车离开了诊所。第二天，荒诞的谣言在城内外广为传播，大意是说那位法国神父和司督阁订立了一个邪恶的计划，他们要得到孩子们的心脏和眼睛，当那位法国神父前来拜访的时候，在他的长袍下面藏着一个小孩，到诊所后，由司督阁取出那个孩子的眼睛和心脏，并付给法国神父费用，然后通过他的马车把孩子的眼睛和心脏送到营口港船运国外。很多人相信了谣言，愤怒的人群聚集在诊所大门外，场面非常混乱。尽管没有发生骚乱，但这个谣传的影响在数月之后才被消除。① 类似的事件在其他地方也时有发生。1891 年 6 月，传教医师吴阿礼从奉天回到辽阳后，发现城内民情激昂，各种荒谬的谣言广为传播。传言洋人正在收买虱子，两三文钱一只，蘸上毒药，然后在百姓中间撒播开来，谁被叮上一口，就会很快死去。这看上去是很荒唐的传闻，可是对当地百姓却产生了很大影响，以致很长时间百姓都不敢到教会开设的医院里就诊。在农历大年初一到初三，教会门诊部虽然照常开门，但前来看病的人每天大约只有 15 人，而不是平时的 70—100 人。② 可见当时老百姓如何的担惊受怕。这些疑虑和误解，一方面源于当地民众对西医的不了解；另一方面则是近代列强对华侵略造成的民众对洋人的不信任。

当然，近代东北人民反教会斗争的原因绝不仅仅是以上几点，还包括诸如利益纠葛、偶发事件等诸多因素的影响，东北地区人民的反教会斗争，往往是诸多因素综合影响的产物。

第二节 义和团运动期间的反教会斗争

一 东北义和团运动发展概况

1900 年，轰轰烈烈的义和团运动以烈火燎原之势迅速席卷了北部中国。东北人民长期积蓄心头的反教怒火，也由此被触燃。东北义和团运动的兴起除了这一原因外，还与帝俄在东北的殖民侵略活动有着直接的关系。甲午中日战争以后，俄国导演了“三国干涉还辽”的闹剧，并以此

① ［英］伊泽·英格利斯：《东北西医的传播者——杜格尔德·克里斯蒂》，张士尊译，辽海出版社 2005 年版，第 38—50 页。

② 《吴阿里致班迪诺函》，载中国第一历史档案馆、福建师范大学历史系合编《清末教案》第五册，中华书局 2000 年版，第 306—307 页。

作为向清政府索取利权的筹码，诱胁李鸿章签订了《中俄密约》，取得了在中国东北修筑中东铁路的特权，把侵略魔爪伸入中国东北腹地，后又进一步把中国东北划为它的"势力范围"。民族危机引发了一些有识之士的忧虑，沙俄"议修铁路"，"又租我旅顺大连湾为通商码头"，形势"如布旗然，东省三子已作叫取之势，独惜京师门户听人把守，倍切杞忧耳!"[①]岌岌可危的形势，激发了人民的反帝豪情，在山东、直隶义和团迅猛发展热潮的引领下，东北地区义和团运动也迅速发展起来。

1900年2月间，营口就有人开始练拳。其中，"有无数幼童皆往演练"，"询以练此何意，则众口一词，皆以预备杀逐洋人为言"。[②] 3月，锦州一带"练拳、习刀日盛一日"。广宁有提倡习拳者多人。"凡受教民欺凌者，一唱百和，妇孺皆起。"大法师郭成在城内西街惠隆店设神坛，挂起"扶消灭洋"的黄旗，参加者千余人。城外村屯亦有义和团活动。[③] 5月间，有名张老道者，遍行辽东乡邑，教人拳法。其始，人皆以儿戏目之，其继愈习愈多，无论农商贫富，幼男少女，举皆练拳，男称义和拳，女称红灯照。[④] 盖平、海城、兴京、宽甸、开原、铁岭、辽阳等地，都开始发现义和团。据资料记载，在辽阳，"下等社会幼壮男女托鬼神名，自称扶清灭洋，红黄巾衣，遍地若狂，持刀跳踯，不畏枪炮"。"其始术亦颇验，故附和者日众多"，"持刀大呼，自称某神某佛，大约为正经正史之所不载，男曰义和拳，女曰红灯照。有八九岁孩童亦如狂如痴而随之，由城墙跳下，仍能直立而不仆"。[⑤] 当义和团在奉天境内迅速发展的同时，吉林和黑龙江地区也出现了义和团活动。1900年春夏之交，有义和团法师"流入长春，教人书符箓"，练拳"仇洋"。[⑥] 长春附近州县关于义和团的消息迅速流传开来。省城吉林，也有人在暗中练习义和拳。时人记载，在省城，"四五月间，忽然从山东传来一片义和拳的谣言，没见过的事，也并不着意"。到了6月27日，"城内也有暗中学习的"。[⑦] 随后，怀

① 曹廷杰：《东三省舆地图说 附录》，载《辽海丛书》，辽沈书社1985年版，第2266页。

② ［日］佐原笃介、浙西沤隐：《拳事杂记》，载中国史学会《中国近代史资料丛刊·义和团（一）》，上海人民出版社1957年版，第239页。

③ 北镇县地方志编纂委员会编：《北镇县志》，辽宁人民出版社1990年版，第494页。

④ （清）李杕：《拳祸记》下册，土山湾印书馆1909年版，第229页。

⑤ 白永真：《辽阳县志》全五册，成文出版社1973年版，第836、1757页。

⑥ 黎光、张璇如：《义和团运动在东北》，吉林人民出版社1981年版，第41页。

⑦ 也愚辑：《庚子教会华人流血史》，文海出版社1973年版，第235页。

德（今公主岭）、双城、伊通、阿什河（今黑龙江阿城）、三姓（今黑龙江依兰）等地，都开始出现义和团。

不久，齐齐哈尔也发现了义和团活动。1900 年 4 月，俄国驻守在富拉尔基的中东铁路护路队某骑兵连的一名译员，听到从齐齐哈尔来的人说，“城里和近郊出现某些陌生人，他们会各种神奇的法术”，“这些人可以使自己的身体刀枪不入”。很快，“关于中国神仙的神秘弟子的故事”，便在居民中流传开来。[①] 6 月，在义和团首领张拳师的倡导和组织下，齐齐哈尔市内开始设坛练拳。成年人的拳坛设在京剧院西胡同内，由一位姓方的拳师率领；少年拳坛设在城隍庙顺福胡同；妇女拳坛设在北关三皇庙胡同。[②] 之后，呼兰、北团林子（今绥化）等地也开始出现义和团的组织和宣传活动。

面对蓬勃发展的义和团运动，清廷上下惊恐万状，恐怕由此引发大规模的动乱。5 月 29 日，清廷谕令京外地方官员，“现在人心浮动，遇事生风，凡有教堂、教民地方，均应实力保护，俾获安全而弭祸变”。对义和团要“严拿首要，解散胁从”。据此，东北地方官府纷纷贴出严禁“练拳惑众”的告示，声言“为首者斩，为从者斩监候”，开始了对义和团的镇压活动。6 月 24 日，兴京副都统查出庆泰和铺伙王凤春、郭殿元等练拳习武，当即将人拿获，“枷号示众”，以示惩儆。[③] 但是，镇压并未收到政府所预想的效果，相反，在全国义和团运动的推动之下，东北地区的义和团运动却迅速发展起来。6 月 12 日，营口全城发现义和团的反帝揭帖，上面写道：“兹因天主耶稣欺神灭圣，不遵佛法，上神收伏云雨；下降百万神兵，扫除外国洋人。”“佛门弟子义和团，上能保国，下能护民。”[④] 就连奉天省城，也发现了义和团的活动。自 6 月间，“省城内外居民，有

① ［俄］戈利岑：《中东铁路护路队参加一九〇〇年满洲事件纪略》，李述笑、田宜耕译，商务印书馆 1984 年版，第 152 页。

② 黑龙江省博物馆历史部编：《黑龙江义和团的抗俄斗争》，黑龙江人民出版社 1978 年版，第 8 页。

③ 《兴京副都统发布不得传授拳法误信邪教的告示》，载辽宁省档案馆、辽宁社会科学院历史研究所编《东北义和团档案史料》，辽宁人民出版社 1981 年版，第 6 页。

④ 《英国驻营口税务司包罗关于义和团在营口活动及俄兵攻占营口情形致总税务司赫德、副总税务司裴式楷、代总税务司戴乐尔的函》，载辽宁省档案馆、辽宁社会科学院历史研究所编《东北义和团档案史料》，辽宁人民出版社 1981 年版，第 27 页。

演习义和团拳者，不知传自何人，三五成群，聚散无定”①。6月中旬以后，义和团运动在奉天迅速发展起来。一个日本记者这样记述了当时的情况：“现在奉天南数城拳匪蔓延，几至不可收拾。”②

清朝统治者面对声势浩大的义和团运动，特别是“京城蔓延已遍，其众不下十数万”的情况，深感“剿之，则即刻祸起肘腋”，要把义和团镇压下去深感力不从心。同时，帝国主义以保护侨民为由组成联军分批由天津乘车赶赴京城。慈禧在面临被义和团和帝国主义列强把她推下统治宝座的双重压力下，连续召开御前会议，最终于6月21日决定对外宣战。在宣战诏书中，声称要对列强“大张挞伐”，与其“一决雌雄”。并明令嘉奖义和团为“义民”，令各省督抚“招集成团，藉御外侮”。③ 清廷此举为义和团在东北地区的迅速发展，创造了有利条件，并推动了反教会斗争进入高潮。东北各地义和团纷纷行动起来，焚烧教堂，惩办作恶多端的传教士和教徒。

义和团在东北的迅猛发展，触及了俄国在中国东北的侵略权益。义和团运动在东北兴起之时，便把矛头指向了俄国侵略者，在中东铁路沿线，反对俄国人的行动不断发生。有人记载，在6月，“满洲地方之华人，恒有与俄人为难情事”。④ 清廷对外宣战以后，义和团的抗俄斗争也迅速发展起来。6月末，辽阳城外的铁路被“尽行拆毁”，并烧毁了桥梁。“俄人忿甚，与之战斗”，“俄之男妇被杀不少”。⑤ 7月1日下午，刘喜禄、张海亲率义和团民烧毁了沙俄为修筑中东铁路支线设在沈阳的铁路公司。随后，奉天境内铁岭、开原、昌图等地，义和团民和仁字军一部分爱国士兵，为了阻止“护路军”司令葛伦格罗斯由哈尔滨率军南犯，他们进攻中东路车站，毁铁路，砍电线，拔掉“护路军”哨所。⑥

义和团民和广大爱国官兵的抗俄斗争在奉天境内如火如荼展开的同

① 《盛京户部侍郎清锐等折》，载明清档案馆编《义和团档案史料》上册，中华书局1959年版，第220页。

② ［日］佐原笃介、浙西沤隐：《拳匪纪事》，载沈云龙主编《近代中国史料丛刊》第83辑，文海出版社1967年版，第239页。

③ 李文海等：《义和团运动史事要录》，齐鲁书社1986年版，第186页。

④ ［日］佐原笃介、浙西沤隐：《拳匪纪事》，载沈云龙主编《近代中国史料丛刊》第83辑，文海出版社1967年版，第189页。

⑤ （清）李杕：《拳祸记》下册，土山湾印书馆1909年版，第229页。

⑥ 黎光、张璇如：《义和团运动在东北》，吉林人民出版社1981年版，第57、62—63页。

时，吉林、黑龙江地区的反俄斗争也迅速发展起来。1900年7月13日下午，长春“府西小孤榆树俄修房屋”被义和团民焚毁。[①] 15日，义和团向宽城子车站发动攻势，俄人纷纷逃窜。与此同时，哈尔滨、齐齐哈尔等地的抗俄怒火也纷纷燃烧起来，义和团民和爱国清军一起，拆铁路，毁电线，打击俄国侵略者，抗俄烽火在中东铁路沿线形成燎原之势。

沙皇俄国早就有吞并中国东北的企图，义和团运动在东北的兴起与发展，为其实现侵略野心提供了极好的借口。1900年7月，沙俄以镇压暴乱、保护中东铁路为由，悍然派遣7路大军，向中国东北发动了大规模的武装侵略。

但是，就在义和团和广大爱国军民同心协力，共同抗击沙俄侵略者时，7月22日，慈禧却谕令增祺、长顺、寿山、晋昌等人：“现在中外开衅，将来收束地步，亦不能不预为筹计。……至此次衅端，本由拳民而起。拳民首先拆毁铁路，我仍可作弹压不及之势，以明其衅不自我开。各该省如有战事，仍应令拳民作为前驱，我则不必明张旗帜。方于后来筹办机宜无可窒碍。”[②] 这充分暴露了清政府对外宣战的真实目的，不过是借帝国主义之手镇压义和团而已。在清政府的暗示之下，不久，东北一些地方官吏开始对义和团采取镇压手段。8月8日，义和团法师敬际信带领60名团民来到吉林城，“阖城官员接出城外”，“惟将军长顺推故外出”，[③] 当时，长顺正派人到哈尔滨和俄军指挥官萨哈罗夫、总监工茹格维志谈判投降条件，长顺害怕敬际信率领义和团赴哈尔滨作战，破坏“和谈”，13日晚，煽动当地一部分受官府控制较严的义和团民杀害了敬际信。[④]

在义和团运动发展过程中，盛京义和团练大臣清锐等人认为，义和团民“恃众跋扈”，“目无法纪”，“深恐酿成事端”，由省城附近乡团中，调勇丁一千名进城，“以严防肘腋之变”。这些措施，激起城内义和团更坚决的斗争，制造印信，“四散传单”，准备进攻“官帖、军械两局”。8月11日，清锐等人派兵逮捕了盛京义和团首领刘喜禄，按办理土匪章程

---

① 《吉林将军长顺折》，载明清档案馆编《义和团档案史料》上册，中华书局1959年版，第323页。

② 《军机处寄盛京将军增祺等上谕》，载明清档案馆编《义和团档案史料》上册，中华书局1959年版，第360页。

③ 也愚辑：《庚子教会华人流血史》，文海出版社1973年版，第238页。

④ 中国科学院吉林省分院历史研究所、吉林师范大学历史系编：《近代东北人民革命运动史（旧民主主义革命时期）》，吉林人民出版社1960年版，第125页。

予以杀害。随后，他们通饬外城各州县，对义和团“一律查拿法办，以绝根株”。[①] 正在围攻三台子教堂的义和团民，有的被“捕拿正法”，有的被强迫“遣散”。[②] 8月，铁岭知县孟宪彝接到清政府剿办义和团的命令，他马上“督练勇捕之”，逮捕了侯、杨二法师，当即斩首。[③]

清朝反动统治者对义和团的血腥屠杀政策，给帝国主义的入侵扫平了道路。8月14日，八国联军攻陷北京，慈禧携光绪皇帝仓皇逃往西安。在东北，沙俄侵略军也是进展迅速，8月4日，俄军攻占营口，30日，攻陷齐齐哈尔。9月22日，攻陷吉林。10月1日，沈阳沦陷。慈禧在西逃途中，发布了一道“剿匪”上谕，把一切责任都推给义和团。说什么“此案初起，义和团实为肇祸之由，今欲拔本塞源，非痛加铲除不可”。从此，中外反动派携手合作，共同绞杀义和团。在帝国主义和清政府的联合剿杀下，轰轰烈烈的义和团反帝爱国运动失败了。但由义和团点起的反帝斗争怒火在东北大地上并没有被完全扑灭，各种形式的反帝斗争一直持续到1904年前后。

二 反教会斗争情况

义和团运动爆发的时候，基督教会的势力尚未到达当时的黑龙江地区，故义和团反对基督教会的斗争主要发生在奉天和吉林地区，义和团反教会斗争的主要形式是焚烧基督教堂、传教士与教徒住宅和打击传教士与教徒等。

清政府对外宣战以后，东北各地义和团纷纷行动起来，焚烧教堂以及教士和信徒住宅。6月30日下午二时许，奉天城内的义和团在首领刘喜禄等人的带领下，来到大东门外的苏格兰长老会教堂，放火焚烧。当时，躲藏在暗处的奉天东关教会牧师刘全岳亲眼目睹了教堂被焚的情景：“他们（义和团民——作者注）把大捆的高粱秆子运到教堂里堆起来，然后在上面浇上煤油，几分钟后，火焰升腾起来，在院内院外的人群中响起了热烈的欢呼声。‘看，外国人完了！’人们大声地叫喊。……时间不长，传来剧烈的爆炸声，教堂的高塔倒下了。”东关基督教堂被焚毁后，人们

---

① 《盛京户部侍郎清锐等折》，载明清档案馆编《义和团档案史料》下册，中华书局1959年版，第913页。

② （清）李杕：《拳祸记》下册，土山湾印书馆1909年版，第259页。

③ 陈德懿：《铁岭县志》全四册，成文出版社1974年版，第1261页。

又赶赴东郊盛京施医院及传教士住宅区。在义和团到达小河沿之前，多数助手以及住院患者都逃离了盛京施医院，只有魏医生留了下来，希望能够侥幸保全医院。当一伙义和团来到医院的时候，魏医生在大门口迎接他们，说话非常礼貌和客气，他请求他们不要破坏医院，这些人同意了，并离开了这里，但几分钟以后，更多的义和团闯进来，魏医生请他们喝茶，他们根本不买账，粗鲁地把他推到一边。越来越多的人涌进医院，窗户、瓶子，遇到什么砸什么，然后，放火点燃了房屋。魏医生看到大势已去，便跑到电报局给早已逃离的司督阁拍发电报，报告了这里发生的一切后，也逃回了自己的家乡。就在当天，紧邻盛京施医院的传教士住宅也被焚毁，位于奉天西郊的爱尔兰长老会的建筑以及圣经会同样被焚烧，“全城六个布道堂也遭到同样的命运”。[①]

7月1日，义和团民已经将奉天城内外各洋人讲书堂及俄国铁路公司等拆毁殆尽，只剩下德胜门外法国天主教堂（即天主教盛京总堂），该堂建筑坚固，拥有包括主教署、育婴堂、礼拜堂和钟楼在内的中西式房舍百余间，在主教纪隆的指挥下，教徒在天主教堂内“排列枪炮，拒杀拳民”。当天下午，义和团民来到天主教堂门外时，“堂中开枪”，当场有三名团民中弹倒地身亡，团民遂前往将军署向增祺“索兵助战”，[②] 谁知增祺却借机阻挠和破坏义和团运动的发展，亲手杀害了几名义和团民。义和团民又到盛京副都统晋昌衙署求助，晋昌闻知此事，赶到将军府衙质问，增祺“无言可答”，晋昌说：“军事与汝无干，我带队攻打教匪。”[③]次日，晋昌亲自率兵数百，携炮数尊，和义和团民一起攻打天主教堂，在官军的帮助下，天主教堂很快便被攻陷，愤怒的义和团民放火焚烧了教堂，主教纪隆也葬身火海之中。

奉天义和团运动的蓬勃发展，带动了其他地区义和团运动的高涨，各地义和团民纷纷拿起武器，向本地教会发起进攻，掀起了焚毁教堂的高潮。在义州，县城东街基督教堂10余间均被焚毁，教徒杨万山被抄家，

---

① ［英］杜格尔德·克里斯蒂：《奉天三十年（1883—1913）——杜格尔德·克里斯蒂的经历与回忆》，张士尊等译，湖北人民出版社2007年版，第120—121页。

② （清）李杕：《拳祸记》下册，土山湾印书馆1909年版，第229—230页。

③ 《恒春关于探报奉天城内义和拳活动情况的呈文》，载辽宁省档案馆、辽宁社会科学院历史研究所编《东北义和团档案史料》，辽宁人民出版社1981年版，第8页。

教民四出逃避，边门子等处教会也相继被烧。[①] 在盘山，义和团也行动起来。各地团勇腰束色带，头裹红巾，手持大刀，口念咒语，高喊口号，包围了各处的教堂。田庄台的传教士被驱走，教堂被焚毁。盘山、高升、沙岭等地的教堂也均被捣毁。[②] 在海城，城内及虎庄屯等处教堂均被焚烧，“约计一百余间”。[③] 到7月末，铁岭、开原、新民、辽阳、盖县、营口、新宾、锦县、岫岩、朝阳、辽中等地的外国教堂，几乎全被义和团烧光。[④] 事后统计，奉天境内在义和团运动期间，共烧毁房屋7500余间。[⑤]

奉天地区义和团运动的迅猛发展，直接推动了吉林地区义和团运动的高涨。在吉林境内，由于吉林将军长顺等人极力阻挠义和团运动的发展，省城吉林、哈尔滨城内的义和团运动一度受挫，但在吉林、哈尔滨附近一些州县，义和团运动却迅速高涨起来。1900年7月9日巳刻，伊通州义和团民率先把城西的天主教堂“焚毁净尽”，[⑥] 当义和团民到达临街的基督教堂时，见堂内“教匪业已逃逸”，遂“暂未烧毁”。[⑦] 7月15日，长春府城内天主堂、城外耶稣堂被焚。[⑧] 在这场运动中，长春府境内五处基督教建筑，有三处被焚毁，即英国施医院、牧师府和大夫府，被焚房屋98间，“各处物件、器皿、治病药材全行损失”，讲书堂和圣书会二处房屋虽未被焚，但“书籍器皿亦尽损失”。[⑨]

7月下旬，吉林城内义和团民也积极行动起来。7月25日，有义和团

---

① 辽宁省义县人民政府地方志办公室编：《义县志》，沈阳出版社1992年版，第685页。

② 《义和团运动盘山人民的反帝斗争》，载政协辽宁省盘山县委员会文史资料研究委员会编印《盘山文史资料》第2辑，1983年版，第37页。

③ 《海城县知县荣善关于民房被烧乏资修理拟请发款抚恤给增祺、玉恒的禀文》，载辽宁省档案馆、辽宁社会科学院历史研究所编《东北义和团档案史料》，辽宁人民出版社1981年版，第77页。

④ 武育文、孙仁奎：《义和团运动在辽宁》，《辽宁日报》1984年1月5日第3版。

⑤ 《彭英甲、李席珍、恩厚给增祺、玉恒的禀文》，载辽宁省档案馆、辽宁社会科学院历史研究所编《东北义和团档案史料》，辽宁人民出版社1981年版，第164页。

⑥ 《吉林将军长顺折》，载明清档案馆编《义和团档案史料》上册，中华书局1959年版，第323页。

⑦ 《恒春关于伊通州义和拳烧毁教堂情形的呈文》，载辽宁省档案馆、辽宁社会科学院历史研究所编《东北义和团档案史料》，辽宁人民出版社1981年版，第287页。

⑧ 《吉林将军长顺折》，载明清档案馆编《义和团档案史料》上册，中华书局1959年版，第323页。

⑨ 《长春府为呈报府属英法教堂损失情况的详文》，载辽宁省档案馆、辽宁社会科学院历史研究所编《东北义和团档案史料》，辽宁人民出版社1981年版，第440页。

20余名，来到朝阳街施医院，“手持香火，口念符咒，用扇鼓舞，登时火起”，烧毁了施医院瓦正厢房29间。次日中午，又烧毁了传教医师高积善的住房12间，同时被焚的还有西营洋人住房119间、板棚78间。27日，义和团又到团山子基督教堂，烧毁教堂瓦房17间，传教士杜荣本住宅9间亦同时被焚。[①] 吉林全省基督教在义和团运动中被焚毁房产包括施医院、教堂及教民住宅总计408间。[②]

义和团民在焚烧教堂等建筑的同时，也对传教士和教徒进行了打击。由于一些外国传教士在义和团运动初期即闻讯逃走了，所以，遭受义和团打击的主要对象是中国基督教信徒。从一些资料记载来看，义和团运动期间在东北的基督教传教士并无被杀情形，比较权威的资料应该是盛京将军增祺和吉林将军长顺在义和团运动善后处理完毕后上奏朝廷的奏折，在两位将军的奏折里，代表教会谈判的几位传教士只就被毁财物提出赔偿，均未提及教士被杀问题。但在长顺的奏折内却提到“被害教民”之事。[③] 教民被杀之事俱已提及，如有外国教士遇害，似乎没有不提的道理，作为向政府索要赔偿的筹码来说，教士被杀要比教民被杀之事不知要重多少倍。由此可以推断，整个运动期间，东北地区的基督教传教士无人遇害。

至于基督教徒被打击的情形，也是情况各异。但总的来说，并不像一些资料记载的那样严重，如《东北西医的传播者——杜格尔德·克里斯蒂》书中有这样的记述：“当对这几个月的死亡名单进行统计的时候，人们吃惊地发现，不少于300名新教徒已经确知被义和团杀害。”[④] 《拳祸记》中说，在义和团运动中，吉林和黑龙江地方，“教堂尽毁，惟二三处尚存，育婴堂、小学堂等毁灭无遗”[⑤]。这些记述都在一定程度上存在对事实真相的夸张和歪曲。

其实，东北地区义和团运动中，受到民众惩办的多是一些恃教为恶、

① 《吉林知府详报义和团在属境烧毁教堂洋房等情形》，载辽宁省档案馆、辽宁社会科学院历史研究所编《东北义和团档案史料》，辽宁人民出版社1981年版，第319页。

② （清）朱寿朋：《光绪朝东华录》第五册，中华书局1958年版，第5050页。

③ 《增祺的奏折》，载辽宁省档案馆、辽宁社会科学院历史研究所编《东北义和团档案史料》，辽宁人民出版社1981年版，第168页；（清）朱寿朋：《光绪朝东华录》第五册，中华书局1958年版，第5050页。

④ ［英］伊泽·英格利斯：《东北西医的传播者——杜格尔德·克里斯蒂》，张士尊译，辽海出版社2005年版，第110页。

⑤ （清）李杕：《拳祸记》下册，土山湾印书馆1909年版，第264页。

民愤极大的教徒，当然，其中也不乏打击面过大、致使一些无辜信徒受难的情形存在。而绝大多数教徒并未在运动中被杀，这主要是由于以下几方面原因所致：一是在义和团民焚烧教会房产的时候，许多教徒都闻讯躲藏起来。在奉天教堂被焚毁的时候，许多基督教徒意识到，“义和团劫掠和焚毁外国人财产的时候，正是自己逃命的绝好机会”。“那天夜里，几乎奉天所有的基督徒和他们的家属都逃走了。”[①] 许多教徒因而躲过了团民的搜查与打击。二是季节为基督徒藏匿提供了便利条件，义和团运动发生在夏季，茂密的庄稼地和深山的密林成为逃难的基督徒躲过劫难的避难所。三是政府为避免滥杀而采取的相应措施，使许多教徒幸免于难。在义和团运动逐渐高涨的情况下，1900 年 7 月 16 日，清廷发布上谕，谓“教民如果改过自新，自应网开一面，倘仍聚众抗拒，形同叛逆，即著激励兵团，严行剿办”。[②] 东北地方官员在接到上谕后，即各处张贴告示，敦促教民认清形势，及时悔悟，以保全性命。吉林将军长顺为敦促教民改过反教而发布的告示中说，“查近来教民之多，几于无处蔑有”，“其中有被洋人利诱甘心入教者，有为官绅威逼不得已借教为护符者”。尽管入教动机不一，“然究其实，仍是中国之子民，朝廷本无歧视者也”，“现在洋人已去，拳民遍地，在教者无论天主、耶稣，均已一无足恃”，“此时有愿反教者，伊等仍视若平民”，如今“仰见圣度宽容”，“自示之后，尔教民等务即幡然改过”，“如是则身家可全，性命可保”，“倘仍执迷不悟，怙恶不悛，仍然聚众抗拒，甘为叛逆。不特团民不能容，本将军、本副都统定为遵旨，激励兵团，严行剿办”。[③] 本来，在这些告示出示之前，一些地方的义和团在处理教徒时就已经采取相对灵活的方法，而不是一味处死。在法库，义和团除对一些罪大恶极、民愤极大的教徒严加惩处外，对那些诚心悔过、求饶认罪的教徒，则给予自新之路。[④] 告示出示以后，许多地方的基督教徒为保全身家性命，通过各种方式表示放弃信仰，从而免遭祸

---

① ［英］杜格尔德·克里斯蒂：《奉天三十年（1883—1913）——杜格尔德·克里斯蒂的经历与回忆》，张士尊等译，湖北人民出版社 2007 年版，第 121 页。

② （清）李杕：《拳祸记》下册，土山湾印书馆 1909 年版，第 271 页。

③ 《长顺为敦促教民改过反教而发布的告示》，载辽宁省档案馆、辽宁社会科学院历史研究所编《东北义和团档案史料》，辽宁人民出版社 1981 年版，第 298—299 页。

④ 法库县志编纂委员会编：《法库县志》，沈阳出版社 1990 年版，第 224—225 页。

害。在辽阳，信教者只要经官出教或跨十字架表示放弃信仰，即可免于惩罚。[①] 为此，有一些人想出一个新办法，即拟定一种证明文书，说明持有者已经和基督教断绝了关系。这些文书卖给数千名基督徒，或者代表基督徒的亲戚朋友，而有些基督徒自己并不知道。[②] 方法不一而足，许多被捕的基督徒因此而保全了性命。尽管关于义和团运动期间东北地区基督教徒被害情况很难有一个准确的统计，但从一些资料中仍可看出一些端倪，在吉林将军长顺的奏折中提到，劳但理为索要赔款时开列的清单中，吉林全省被害基督教民为 9 名。[③] 而傅多玛在和盛京将军增祺的代表谈判前，因罗约翰牧师事先声明，义和团运动中被害教民，“死者既不可以复生，即毋庸再事追究”。[④] 所以在后来谈判中并未提及教民被杀情事，奉天境内教民被杀情形由此不得而知，这些记载从一个侧面为我们勾勒出了当时东北地区基督教徒在义和团运动中遇害情况的大致轮廓。

三　反教会斗争的善后处理

随着东北地区义和团运动发展的式微，善后处理问题逐渐提到日程上来。反教会斗争的善后处理工作，主要从两方面展开，一方面是关于义和团运动期间教会被毁财物的赔偿问题；另一方面是日后民教如何相安的问题。围绕着这些问题，中外双方代表 1901 年就开始进行谈判，教会方面的代表是英国传教士罗约翰、傅多玛和劳但理，他们代表英国政府和东北地方政府进行交涉。

交涉的首要问题是赔款。奉天省赔款议案之一是和长老会交涉，由长老会方面代表傅多玛牧师和政府方面代表彭英甲、李席珍、恩厚负责筹议。谈判伊始，傅多玛即开出 180 余万两白银的索赔清单，主要包括“教民焚失房屋、财产、铺户货物等项”核计需款 120 余万两，“被焚房屋七千五百余间”核银 60 余万两。面对如此巨额赔付款项，在“赔偿款项不可摊派于民”的情况下，几位政府代表深感“奉省财力之绌”，“即

---

① 张振华：《辽阳市基督教简史》，载辽阳市政协文史资料研究委员会编印《辽阳文史资料》第 3 辑，1987 年版，第 61 页。

② ［英］杜格尔德·克里斯蒂：《奉天三十年（1883—1913）——杜格尔德·克里斯蒂的经历与回忆》，张士尊等译，湖北人民出版社 2007 年版，第 124 页。

③ （清）朱寿朋：《光绪朝东华录》第五册，中华书局 1958 年版，第总 5050 页。

④ 《增祺、玉恒致奕劻、李鸿章函》，载辽宁省档案馆、辽宁社会科学院历史研究所编《东北义和团档案史料》，辽宁人民出版社 1981 年版，第 164 页。

折半亦难应付”，遂向傅多玛提出削减赔款的建议，但“该教士执意甚坚，未肯稍减”。后“经逐日磋商”，“理喻情遣，无微不至”，最终傅多玛“许以五十七万两分年交付”。但在交款期限问题上，又发生分歧。彭英甲等人“以奉省支绌情形，婉言劝谕”，说服了傅多玛同意以 3 年为限交款。但傅多玛表示须与英国驻营口领事商定方可最终确定，谈判遂暂时停顿。傅多玛从营口请示领事回奉后，谈判继续开始，傅多玛把从营口带来的“约章一纸”交到几位中方代表手中，彭英甲等人发现，该约章“与原拟大相刺谬”，其中“偏重教民之处为多”，遂和傅多玛将约章与原拟条款“互相参证，删其偏护”，重新拟定了 12 条条款，经过“反复辩诘，开陈大义”，最终订立条约，于 1902 年 6 月 3 日“彼此画押定议”。[①] 此外，在条约签订以前，1901 年 8 月 10 日，罗约翰曾向官府筹借市银 3000 两，“垫付教会用度”。因在和基督教传教士谈判中，奉天地方官员感觉“各牧师均能共体时艰”，“和平商议，极力核减，深堪嘉尚”。所以，罗约翰先前所借银两就“毋庸在于五十七万两内扣留”，“作为赏与教民，以表彼此和睦之谊，而昭督、抚宪爱民如子之心也”。[②] 地方官员们就这样，于赔款之外又“大度”地“赏与”教会 3000 两白银。长老会在奉天省实际获得的赔款总额是 57.3 万两白银。

除此以外，奉天省内还有美以美会赔款问题。1902 年 11 月 19 日，美以美会驻北京教士贺庆、驻山海关教士白雅各等向宁远州衙署致函，提出 10 万吊（约合银 1.2 万两）的索赔要求，[③] 宁远州知州赵臣翼奉命与其交涉，最终于 1903 年 1 月 24 日订立《议结美以美会耶稣教案条约》6 条，东北地方政府共赔款 5 万 2500 吊（约合银 7500 两），其中 5 万吊“为赔偿教民所失财物及抚恤之款”，由教会自行核实分给，另 2500 吊为“赔修教堂之款”。所有款项于合同订立之日起，“于一个月内如数付清”。[④]

---

① 《彭英甲、李席珍、恩厚给增祺、玉恒的禀文》，载辽宁省档案馆、辽宁社会科学院历史研究所编《东北义和团档案史料》，辽宁人民出版社 1981 年版，第 164—165 页。

② 《奉天全省耶稣教恤赔成案》，载李毅《开原县志》全四册，成文出版社 1974 年版，第 876 页。

③ 《宁远州知州赵臣翼给增祺的禀文》，载辽宁省档案馆、辽宁社会科学院历史研究所编《东北义和团档案史料》，辽宁人民出版社 1981 年版，第 173 页。

④ 《议结美以美会耶稣教案条约》，载辽宁省档案馆、辽宁社会科学院历史研究所编《东北义和团档案史料》，辽宁人民出版社 1981 年版，第 176 页。

吉林省赔款谈判由长老会代表劳但理会同政府方面代表文韫、富荫等人进行磋商。劳但理等人到达吉林之时，适值天主教北满教区主教兰禄业代表法国政府与吉林地方政府就天主教在吉林遭受损失索要赔偿问题进行谈判，他便静观形势，“绝口不言赔恤”。等到天主教赔款完议后，劳但理即交出索赔清单，包括施医院、耶稣教堂、教民被焚毁、拆毁房屋共408间，被害教民9名，以及失去银钱等财物损失，并声称，“此次来议赔款，专为受教人所损房产等物索赔”，总计白银12万两，至于所有杀害教民之“匪徒”，则“宽其既往”，不予追究。最终，经政府代表的“再四磋商”，才以市钱27万吊（约合银9万两）的赔偿总额达成协议。于合同签押之日，先交钱一半，其余一半，于次年冬月交清。[①]双方于1903年1月16日签订《吉林耶稣教案合同》8条。吉林的基督教赔款问题就此完结。

在处理义和团运动后民教如何相安的问题上，东北地方政府紧密配合朝廷，先采取打压民众反教情绪的手段，平息民众的反教行动。然后，对于教民的行为也进行了适当的规范，希图以此彻底解决民教纷争，使其和平相处。

1900年12月24日，侵华列强将《议和大纲草案》交与奕劻，三天后，清廷即谕令奕劻等，对列强提出的要求“不得不委曲求全，所有十二条大纲应即照允”，只是就其中的一些细节问题，要他们“设法婉商磋磨，尚冀稍资补救”。随后，1901年2月1日，清廷又连下两道谕旨，首先，“责成各直省文武大吏通饬所属，遇有各国官民入境，务须切实照料保护”，如有“不逞之徒”“凌虐戕害洋人”，地方所属应“立即驰往弹压，获犯惩办”，如果地方官员对此“漫无觉察”，“甚至有意纵容，酿成巨案”，“或另有违约之行不即时弹压犯事之人，不立行惩办者”，即“将该管督抚文武大吏及地方有司各官，一概革职，永不叙用”，且“不准投效他省希图开复”。同时，针对民间私自立会问题，降旨严禁，“自此次严谕之后”，“如再有怙恶不悛之徒，私立仇教各会，持械格斗，公然劫掠”，“除将为首之人严密查拿，尽法惩治外，其甘心从逆焚杀有据者，亦即按照惩办土匪章程一律问死，绝不宽贷”。并谕令各省将军督抚大吏，“将此次谕旨刊刻誊黄，遍行张贴，务使家喻户晓，勉为善良”。

---

① （清）朱寿朋：《光绪朝东华录》第五册，中华书局1958年版，第总5050页。

1901年3月31日，在议和大纲基本确定下来之后，奕劻、李鸿章再次札饬地方政府，按照列强要求将所下谕旨张贴两年，“俾众周知，永禁军民人等人仇视诸国各教会，违者问死”。以这种高压政策压制人民的反教情绪。东北地方政府接到命令后，即“将上谕两道，恭录刊刷誊黄，通饬旗民各地方官一体遵照，无论大小城镇村落遍行张贴两年。如期内有剥落损失，随时请发补行粘贴”。①

此外，东北地方政府还发布告示，从舆论上压制人民，不许民众妄谈时事，对教会的布道活动，也予以保护。1901年3月，盛京将军增祺和府尹玉恒联合发布告示，严禁散播流言，议论时政，告示中说，现在和议已成，东三省仍归我版图，奉天为根本重地，风俗素称纯古，当今大乱初平，自应各安本业，以冀渐复元气，共跻承平。但有无知之人，造谣惑众，或者颠倒黑白，借故生事，甚至杜撰谣言，谬论军政。这些流言蜚语，转相传说，“流弊所及，不惟莠言乱政，必致妄言妄听”。为此，通饬所属地方官员，严加查禁，并派人秘密调查，发现造谣惑众之人，即行缉拿法办，“加等严惩，治以重罪”。② 1901年12月，罗约翰牧师准备在奉天钟楼北讲书堂进行讲道，担心无赖匪徒搅扰，恳请奉天交涉总局出示晓谕，予以保护。奉天交涉总局遂于12月5日发布告示，声称洋人传教系属劝人为善，应该享有条约规定的保护利益，“上年拳教互仇，致酿巨祸，半由匪人之蛊惑，半因愚民之无知。现在中外仍敦和好，该牧师设堂讲道，自应加意保护，以符约章而免滋事”。自告示发布之后，如有匪徒敢在该讲书堂搅扰者，“定予严拿到案，从重惩办不贷”。③

除了对民众进行压服之外，东北地方政府还通过与各教会签订的善后条约，对日后教民的责任和义务进行了规定，以期民教永远和睦。如在奉天省与基督教会订立的条约中，第八条规定：“教民所欠新陈钱粮税务，照章完纳，不得以遭乱藉口抗不缴纳。如有故意恃教抗欠者，准地方官照例追完。至应摊官项银钱，除迎神赛会照章不摊外，其余善举及各项差

① 《增祺为谕旨永禁军民仇视诸国各教会刊刷誊黄张贴两年事给交涉局的札文》，载辽宁省档案馆、辽宁社会科学院历史研究所编《东北义和团档案史料》，辽宁人民出版社1981年版，第78页。

② 《增祺、玉恒关于严禁布散流言妄谈时事的告示》，载辽宁省档案馆、辽宁社会科学院历史研究所编《东北义和团档案史料》，辽宁人民出版社1981年版，第79页。

③ 《交涉总局为严禁搅扰英牧师讲道的告示》，载辽宁省档案馆、辽宁社会科学院历史研究所编《东北义和团档案史料》，辽宁人民出版社1981年版，第183页。

徭，仍须照常摊纳，以睦乡邻而尊国体。”第九条规定：“教民、平民均系中国赤子，自此次立约之后，务要彼此相安，永归和好。如有不平之事，务须呈请地方官秉公讯断，不准私自寻仇争斗。具呈时亦不准书写教民字样，违者不理。堂讯时宜遵国法长跪听审，违者治罪。地方官亦宜持平办理，如有晓谕，亦不得独分别教民、百姓字样。至教民若有恃教抗官、干预公事者，准地方官查明实在劣迹，知会该管牧师讯实立革出教，归案惩办。至地方官与各教士尤宜互相亲敬，以期遇事易办，彼此灭猜疑之见。”①

由上述东北地方政府对义和团运动的善后处理手段，我们可以看出，东北地方政府对民众的打压力度要远远超过对教民的约束程度，这种强权政治下的善后处理方式，不可能从根本上解决民教之间的矛盾。一旦遇有合适的土壤，它便会以另外一种方式表现出来。

第三节 非基督教运动期间的反教会斗争

在五四新文化运动思想的感召和第一次世界大战后巴黎外交和会上中国外交失败的刺激下，20世纪20年代，一场反对基督教的风潮首先在上海爆发，然后迅速向北京及全国各个城市蔓延。② 此即被一些学者称为“基督教在中国所遭遇的第四次反对”③ 的“非基督教运动”。这场运动因1922年4月世界基督教学生同盟在清华大学召开第11届大会而引发，到北伐战争后期，随着国民党政策的转变而逐渐沉寂下来。这场席卷全国的反教运动，在东北地区也同样激起了波澜。

一 非基督教运动初兴在东北引起的反响

1922年2月26日，上海一些青年学生为反对世界基督教学生同盟第11届大会在北京清华学校开会，邀集“各校同志”召开组织筹备会议，决定成立“非基督教学生同盟”。3月4日，筹备会召开第二次会议，会上议定了《非基督教学生同盟章程》。《同盟章程》规定：同盟“以反对

① 《奉天全省耶稣教恤赔成案》，载李毅《开原县志》全四册，成文出版社1974年版，第875—876页。

② 杨天宏：《基督教与近代中国》，四川人民出版社1994年版，第122页。

③ 王治心：《中国基督教史纲》，上海古籍出版社2004年版，第227页。

基督教为宗旨”，“凡赞成本同盟之宗旨，热心同盟事务者，皆得为本同盟之会员”。按照《章程》规定，会议还选出了同盟执行委员，组成执行委员会。其成员包括书记1人，干事4人，共同负责召集同盟会议并主持日常事务。[①] 非基督教学生同盟由此成立。3月9日，非基督教学生同盟发布宣言，指出“各国资本家在中国设立教会，无非要诱惑中国人民欢迎资本主义；在中国设立基督教青年会，无非要养成资本家的良善走狗”，因此，“我们要反对资本主义，同时必须反对这拥护资本主义欺骗一般平民的现代基督教及基督教会”。世界基督教学生同盟，“为现代基督教及基督教会的产物，现在眼见这些资本家走狗，在那里开会讨论支配我们，我们怎能不起而反对？”最后号召人们，“起！起！起！大家一同起！”[②] 以此为开端，非基督教运动在全国迅速发展起来。

非基督教运动发生后，奉天的各种报刊对此事进行了大量的报道，《盛京时报》从3月22日—4月12日期间，先后以《废教同盟》、[③]《废教运动的大爆发》、[④]《非教同盟加入颇多》、[⑤]《非教同盟会之声明》、[⑥]《非教运动之与兴论》、[⑦]《非教同盟之通电及应声》[⑧] 等为标题，对非基督教运动发生的背景及进展情况进行了报道。但此时适值第一次直奉战争一触即发之际，在张作霖高压政策之下，非基督教运动在东北地区并未发展起来。司督阁回忆起当时的情况时，有过这样的记录：“1922年，世界学生基督教联盟在北京召开大会之后，这种煽动更为突出。大规模的集会引起了更多的争论和冲突。从某种意义上说，那是非常成功的，从全国各地医学院来的大批代表煽动起反对的浪潮，为了取缔基督教的教育机构做了很多艰苦的努力。在各个医学院，出席宗教仪式必然受到特别的公然抨击。基督教青年会，在这个国家一直是最受欢迎的组织，也失去了自己的很多优势。与大多数省份比较起来，满洲反基督教的情绪不高，盛京施医

① 杨天宏：《基督教与近代中国》，四川人民出版社1994年版，第122—123页。

② 王治心：《中国基督教史纲》，上海古籍出版社2004年版，第229页。

③ 《废教同盟》，《盛京时报》1922年3月22日第1版。

④ 《废教运动的大爆发》，《盛京时报》1922年3月23日第2版。

⑤ 《非教同盟加入颇多》，《盛京时报》1922年4月4日第2版。

⑥ 《非教同盟会之声明》，《盛京时报》1922年4月6日第2版。

⑦ 《非教运动之兴论》，《盛京时报》1922年4月7日第2版。

⑧ 《非教同盟之通电及应声》，《盛京时报》1922年4月12日第2版。

院并没有受到影响。”①

非基督教运动的初始阶段，尽管并未在东北地区产生较大影响，但对东北各地的基督教会却产生了一定的促动作用。司督阁对此有过这样的记述：在地方宗教事务中，主动权逐渐被中国人掌握，这在满洲非常明显。大的基督教会管理机构，叫作满洲宗教会议，逐渐改变了它的成员，后来发展成为一个包括妇女代表在内的比较年轻的团体。满洲传教士明确他们的职责是作为“国内教会派出到中国帮助建设起上帝王国的工作人员，在中国教会内工作，通过中国教会的领导和控制”。

二　东北地区收回教会教育权的斗争

东北地区收回教会教育权的斗争是从反对日本侵略中国东北教育权开始的。日俄战争以后，随着日本在南满地区殖民统治地位的确立，日本人所办的学校遍布其势力范围之内。这种情况引起了奉系教育界人士的极大忧虑，谢荫昌就任奉天省教育厅长时曾指出：“今南满铁道横贯我之中心，其所设附属公学，以日本语言文字编写历史地理，教育儿童，年号则用‘大正’，唱歌行礼则三呼天皇万岁，大日本帝国万岁之声彻于霄汉。我之昆季谓他人之父兄为父兄者，有不为之痛心疾首乎！从视我之子弟沦为外人而不思援手，十年二十年之后，其亡国灭种之政策日益深入……”奉天省视学罗振邦、邵进阶于1923年3月19日参观南满中学堂之后，在报告中指出：“入南满中学之学生竟致思想逐渐变化，毫无国家观念。”“此种教育如果普及于我东省后，恐几十年间吾东省之一般青年便不知中国为何物，而己为何种人矣。”奉天教育界上下为此达成共识，认为“奉省教育上应着手从事者，即收回南满铁道用地国民教育权是也”。于是，奉天地区首先发起了收回教育权的运动。②

为了有组织、有计划、有步骤地收回教育权，在奉天成立了收回教育权委员会，统一领导东北地区的收回教育权运动。该会在奉天省教育厅的领导下，首先对东北南满外国所办教育情况进行调查，然后将调查结果向教育厅汇报，再由教育厅呈报省署；其次，收回教育权委员会根据调查的

① ［英］伊泽·英格利斯：《东北西医的传播者——杜格尔德·克里斯蒂》，张士尊译，辽海出版社2005年版，第227页。

② 郭建平：《奉系教育》，辽海出版社2000年版，第290页。

实际情况提出回收后的中、小学校如何办好的方案，经教育厅转呈省署批复后施行；再次，收回教育权委员会为了大造收回教育权的舆论，成立了收回教育权月刊编辑部，编辑部部长盛桂珊、梅佛光，计划每月出刊一次，每刊发行2000份以上。① 但这场收回教育权的斗争却遭到了日本帝国主义的干涉和阻挠，拒绝交出其在满铁附属地的教育权，并不惜使用政治和军事手段对张作霖等施加压力，最终，奉天地区收回满铁附属地教育权的斗争没有取得成功。②

尽管针对日本帝国主义教育侵略的斗争未取得预期效果，但由此引发的收回教会学校管理权的斗争却取得了一定的成效。1924年，政府对东北地区教会学校采取措施，由收回教育权委员会出面制定收回教育权的措施、草案、宣言。宣布禁止中国学生到外国人经营的小学校、师范学校、初级中学学习。在奉天，西方教会经营的中小学校，外国人在东边道和吉林省办的鲜族学校，被东北当局勒令关闭，随后，派中国校长执掌学校，强制施行中国的教育规章和制度。③ 1926年，奉天教育厅公布《外人设立学校认可办法》：学校名称冠以私立字样，必须以中国人为校长，董事会成员中国人应超过半数，学校不得传布宗教，不得以宗教科目列入必修科。④ 为此，东北地区的教会学校纷纷改制，锦州育英女校改行国民级4年、高级2年毕业的修业期限，育英女子两级小学校始成为“四·二”制的小学，并根据私立学校必须由中国人担任校长的规定，学校由中国籍牧师孔繁生担任校长。⑤ 奉天文会高级中学校也改革学制，停办大学班，全部改为高级中学，校长由中国人担任。奉天医科大学也改组校董会，增聘中国董事，并设副校长，由眼科教授高文翰担任。⑥ 其他教会学校也纷纷以不同的方式进行改制或整顿，由此，东北地方政府加强了对教会学校的管理，在形式上将其纳入自己的教育系统之中。

---

① 齐红深：《东北地方教育史》，辽宁大学出版社1991年版，第242页。

② 郭建平：《奉系教育》，辽海出版社2000年版，第296页。

③ 齐红深：《东北地方教育史》，辽宁大学出版社1991年版，第243页。

④ 郭建平：《奉系教育》，辽海出版社2000年版，第296—297页。

⑤ 郭集智：《育英女校·县立第一·铁路扶轮——介绍凌河区境内历史较长的三所小学》，载政协辽宁省锦州市凌河区委员会学习文卫办公室编印《凌河文史资料》第2辑，1989年版，第48页。

⑥ 辽宁省地方志编纂委员会办公室编：《辽宁省志·宗教志》，辽宁人民出版社2002年版，第226—227页。

东北地方当局历经曲折，对丧失了半个多世纪的教会教育权的回收取得了一定的成效。然而，限于当时的历史环境，这种回收取得的成果是十分有限的，教会教育的实际操控权仍然掌握在外国差会手中，只不过是方式和手段变得更为隐晦一些罢了。教会学校表面上遵从政府的规定，聘任中国籍牧师担任校长，课程设置也按照政府的规定进行了调整，但许多教会学校的经费却仍然由差会全额或部分支付，这就决定了教会学校仍然要受外国差会的控制，政府并未完全掌握教会学校的教育权。如锦州私立育贤小学，是爱尔兰长老会开办的学校，在东北地方政府宣布收回教育权后，学校也按规定聘请中国籍牧师孔雨春兼任校长，课程设置也按政府规定安排教学计划，但其教育经费，依然要依赖爱尔兰差会捐助，读经课仍然是学生必修的主干课程之一。上文提到锦州育英女校，改制后，经费也依然由爱尔兰长老会捐助。有的教会学校即使表面上遵照规定取消了宗教课程，但宗教活动依然是学校的主要教育活动，辽阳基督教文德中学在1928年接受教育部命令，取消了圣经课，改授三民主义课。但每天早晨上课前，学生都要进行二十分钟的礼拜仪式。礼拜日全体学生去礼拜堂参加一个半小时左右的礼拜，这些活动要求学生必须参加。类似的情形普遍的存在于东北地区其他教会学校之中，这显然和奉天教育厅颁行的《外人设立学校认可办法》的规定是背道而驰的，和教育权的完全回收相距甚远。由此可见，民国时期东北教会教育权的回收更准确地说是一种有限回收，并未实现真正意义上的教育权的完全回归。然而，东北当局为收回教育主权所作的努力以及取得的成效，我们还是应该给予肯定的，它在一定程度上维护了国家主权，是在当时半殖民地特殊情形下政府和人民为争取国家主权独立而不屈斗争的真实写照，这在当时的历史条件下，对于启发民族觉醒、激励民众的爱国主义精神，起到了一定的积极作用。

从早期的反教会斗争，到义和团运动，再到“非基督教运动”期间的反教风潮，近代东北人民的反教会斗争，持续了半个多世纪。这些反教会斗争，和国内其他地区的反教会斗争一样，表面上看是民众与西方宗教的冲突，实际上是民众对外国侵略者因愤怨而引发的一种自发性反抗。正如章开沅先生在“如何看待近代历史上的教案”一文中所说：“从近代之所以发生众多教案的原因来看，在华外国传教士的确又有着许多不光彩之处，因教案而引起的列强对我国政治、经济的侵略加深，也是不争的事实。近代基督教一直有着‘洋教’的丑号，除了因为它是来自域外，主要是因为基督教在华传播过程与侵略中国的西方列强紧密相连。今天，没有人再把基督教视为洋教，因为它早已摆脱了洋人的羁绊，成为中国人自治、自养、自传的爱国教会。”①

① 章开沅、刘家峰：《如何看待近代历史上的教案》，载李平晔、陈红星主编《以史为鉴——中国近代史论文集》，宗教文化出版社2001年版，第26页。

结　　语

基督教在近代特殊的历史背景下进入东北，在半个多世纪的发展历程中，有挫折，也有发展；有机遇，也有挑战。基督教在近代东北传播与发展过程中的许多经验和教训，在今天，仍然值得我们探讨和借鉴。

基督教在近代东北传播的过程中，尽管遭遇了各种困难，但其最终得以在此立足并获得发展。首先，是因为不平等条约中对外国教士在华传教进行保护的相关条款，为基督教传入东北提供了“法律”依据。前文已述，通过两次鸦片战争，西方资本主义列强强迫清政府签订了一系列不平等条约。这些条约，不仅为列强在华侵略打开方便之门，其中关于保护教会权利的相关条款也为基督教势力大举进入中国创造了条件。早期来东北发展教务的传教士们，正是凭借这些保护，才得以成功地深入东北腹地传播宗教，并最终在这里扎下根基。营口开港以后不久，总理衙门即给奉天府尹和盛京将军各行文一道，要求所属地方张贴由法国公使亲自乘船带去的告示，“勿致遗漏”。在接到告示以后，奉天府尹即“分饬沿海各属赶紧张贴”。[①] 韦廉臣来东北旅行传教时，沿途遇到地方官员盘查，即拿出清政府开具的执照，有此护符在手，地方官不但没有难为他，反而任其在街市售卖宣传基督教的“四宗之书”，放行过境，详情见前文。光绪十八年（1892）八月二十九日“阿勒楚喀副都统衙门左司为报英国教士德儒博出入境日期事致将军衙门咨文呈稿”报称，当两位英国传教士德儒博

---

① 《总署行奉天府尹文 法使送来告示已交其自行寄奉天到时即饬地方官张贴》，《总署收奉天府尹文 收到告示已饬赶紧张贴》，载张贵永主编《教务教案档》第1辑，中研院近代史研究所1974年版，第1541页。

和劳但理带领随从到达阿勒楚喀入住旅店时，地方衙门“当即派兵妥为照料”，并在其离开时“派兵护送过境”。[①] 类似的记载还有很多。由此可见，近代不平等条约中的一系列保教特权，不但为传教士进入东北进行传教活动披上了合法的外衣，而且也为其人身安全提供了法律保障，这在基督教传入东北的过程中发挥了非常重要的作用。

其次，传教士为辅助布道而开展的多种社会事业，在客观上推动了基督教在东北的传播。基督教虽然借助条约特权的保护打开了在东北传播“福音”的通道，但传教士在东北的初期布道活动却并非一帆风顺，这主要是因为西方列强对中国发动的侵略战争，给中国社会带来了严重后果，促生了中国民众对外来势力的排斥心理，传教士借助不平等条约中的保教特权入华，使得中国民众在情感上将基督教和西方殖民主义强权政治同等看待，再加上东西方文化传统差异等因素的影响，更加剧了东北民众对基督教的抵制情绪。早期抵达东北的传教士遭遇当地民众排斥的状况，前文已经叙述，此不赘述。经过实践和摸索，他们看到医疗、教育以及慈善等社会事业在传教过程中发挥着重要作用。于是，基督教差会改变了只在教堂传教的单一方式，开办了许多医院和学校来辅助发展教务，并将这些措施视为拯救中国人“灵魂”、传播基督“福音”的捷径。这些大大小小的医院和学校，都把传教作为重要的活动安排在日常的医疗和教育之中，通过这些活动把宗教观念渗透给就诊病人和受教育的学生，并通过他们进一步扩大宗教影响。除此以外，来东北的传教士们还参加防疫、救灾等社会慈善工作，以扩大基督教的正面影响，达到发展教务的目的。这些带有慈善性质的社会事业，在一定程度上掩盖了传教的直接目的，弱化了东北民众对基督教的排斥心理，对扩大教会影响产生了积极的作用。

再次，中国东北地区的文化特点，是基督教得以融入本地的深层原因。基督教的传播从根本上说是思想文化的传播，它在近代之所以能够逐渐传入中国东北地区，与该地区的文化特点不无关系。东北地区是多民族杂居的地区，历史上曾经有不少的民族在这片土地上生产和生活。明清以后，随着汉族移民的不断涌入，随之而来的中原文化和本地土著文化不断融合，逐渐形成了一种“混合型的文化”，这种文化有着开放性的一面，

---

① 东北师范大学明清史研究所、中国第一历史档案馆编：《清代东北阿城汉文档案选编》，中华书局 1994 年版，第 226—227 页。

"它既不排斥其他区域、其他民族的异质文化，又善于从其他不同文化中吸收对自己有用的养分，不断充实自己"，"具有顽强的生命力、鲜明的适应性"，同时，作为一种区域文化，它"又不可避免地造成了地域的封闭性和观念的保守性"。[①] 东北地区文化的这种开放与保守并存的特点，使其在和异质文化碰撞过程中表现出鲜明的两面性，一方面是接纳和吸收；另一方面是抵制和排斥。在此过程中，本土文化和外来文化经过不断的碰撞，最终融为一体。

宗教信仰方面，东北地区许多民族早期普遍信仰萨满教，佛教、道教、伊斯兰教传入以后，经过长期的融合，到明清时期，东北大地上就已经形成了多种信仰并存的局面。当时，宫观庙宇遍布东北各地。东北地区著名的宗教活动圣地——千山，既是佛教名山，又是道教圣地。其中属于佛教系统的名刹有龙泉寺、祖越寺、中会寺、大安寺、香岩寺等，道教系统的宫观有无量观、五龙宫、慈祥观、普安观、南泉庵、太和宫等。[②] 除此以外，随着回族人口的迁入，伊斯兰教也在东北发展起来，据相关资料统计，到清朝末年，黑龙江地区信奉伊斯兰教者有 1.4786 万人。[③] 而在东北许多民族中广为流传的萨满教，到清朝时仍然十分盛行，"满人病，轻服药而重跳神，亦有无病而跳神者。富贵家或月一跳，或季一跳，至岁终则无有弗跳者"[④]。这种多种信仰杂陈的现象，是东北地区"混合型文化"在宗教信仰上的表现。

基督教传入东北，从文化交流层面来说，作为一种异质文化，在其进入东北之初，由于文化渊源、传统观念等方面的差异，遭到民众抵制是难以避免的事情。但在冲突的同时也不断加深相互间的了解，基督教思想本身仁义、博爱等观念和中国传统观念有相通之处，传教士在传播基督教的同时，随之而来的西方文化也有其合理因子，特别是传教士借以布道的西方医学、学校教育等方面的知识、方法和理念等，在被国人逐渐认可的同时也渐渐被接受。基督教在东北由排斥到融入的传播过程，一如佛教、道

① 王充闾：《关东文化的现代转化与文化重塑》，《社会科学辑刊》2005 年第 1 期。

② 辽宁省地方志编纂委员会办公室编：《辽宁省志·宗教志》，辽宁人民出版社 2002 年版，第 90—92、17—20 页。

③ 黑龙江省地方志编纂委员会编：《黑龙江省志·宗教志》，黑龙江人民出版社 1999 年版，第 132 页。

④ （清）杨宾：《柳边纪略》，载《辽海丛书》，辽沈书社 1985 版，第 259 页。

教、伊斯兰教等在东北的传播，只不过基督教在近代特殊的历史背景下传入遭到抵制更为强烈而已。这也正反映了东北地区既保守又开放的文化特点，既抵制又接纳，既排斥也吸收，正是这种“混合型文化”特点，才是基督教最终传入东北并能够在此长期发展的根本因素。

基督教在近代传入东北以后，为了发展教会势力，在积极开展传教活动的同时，还开展了多种社会事业来辅助布道，这些活动和布道活动一样，在推进基督教在东北传播的同时，也对东北社会产生了多方面的影响。

基督教本身是一种思想信仰，但在近代中国传播的过程中，借助强权政治入华这种方式，却给它赋予了很多政治色彩。前文已述，西方列强强迫清政府签订的一系列不平等条约中的保教特权，在基督教入华过程中发挥了非常重要的作用，这些特权成为传教士在华发展教务的保护伞，由此也成为传教士手中借以影响政治事务的武器。传教士在利用这些特权为传播宗教服务的同时，也直接或间接地对地方政治发生着影响。这种影响最明显的表现形式之一是传教士对地方行政事务的干涉，因为传教士本身享有“治外法权”，所以这类干涉多是传教士为了维护教会或教徒利益而引发，在这类事件的处理上，一些地方政府官员为了避免引起涉外纠纷，往往采取“袒教抑民”的办法，这也成了早期东北地区反教事件不断发生的主要原因之一，近代东北许多与此相关的反教事件，从一个侧面说明，借助政治特权发展教务并非是明智之举。

当然，传教士也并非都是这样借助特权强行介入地方事务之中，更多的情况是在平和地参与地方行政事务，无形中对地方政治发生着影响。日俄战争结束以后，东北新政改革逐渐铺开，时任盛京将军的赵尔巽多次就开设公立医院和诊所的事情向当时在奉天施医布道的司督阁征求意见。这样的咨询同样来自后来到任的东三省总督徐世昌和奉天巡抚唐绍仪，在他们到奉天就任不久，唐绍仪就多次和司督阁探讨公共健康和医学教育方面的问题。[①] 尽管司督阁的建议未必能起决定作用，但他的一些意见却为东三省的新政改革提供了一定的参考和借鉴。而在第一次直奉战争时，奉系军阀败退，在善后交涉谈判中，盛京施医院的雍大夫出面，作奉直两派谈

① ［英］杜格尔德·克里斯蒂：《奉天三十年（1883—1913）——杜格尔德·克里斯蒂的经历与回忆》，张士尊等译，湖北人民出版社2007年版，第170、190页。

判的居中调停人，为最终和议成功起到了积极作用。[1] 传教士的这些活动，其实都是与传教无关的事情，他们之所以参与到这些活动中去，无非是想借机和地方官员搞好关系，从而为传教活动创造一个宽松的环境，但传教士们的这些活动，却在客观上对地方政治事务产生了一定的影响。由此观之，传教士由于所处环境及代表教会利益的不同，导致他们在参与东北地方政治事务中发挥的作用不尽相同，既有阻碍社会发展的一面，也有顺应社会进步的一面，对此应该具体问题具体分析，不可一概而论。

基督教毕竟是一种文化载体，它在近代东北传播的过程中，对东北社会影响更直接，也更持久的则是其对东北地方文化的影响。作为一种思想信仰，基督教传入东北以后，在一定程度上改变了这里的信仰结构。前文已述，在基督教传入这里之前，东北民众的思想信仰是以儒家思想为核心的传统思想为主，兼及萨满教、佛教、道教、伊斯兰教和各种民间俗信杂陈的状态，基督教传入以后，尽管和这些信仰有过抵牾、摩擦和碰撞，但最终得以在此立足并成功地发展了许多信徒，和这些信仰一起，成为东北地区民众信仰的一个组成部分。

同时，从文化交流层面来说，基督教在东北地区开办的医疗、教育、慈善等社会事业，尽管出发点是为了传播宗教，但在客观上也对东北社会产生了一些积极影响。在基督教进入东北以前，西医在这里并不为人所知。传教医师踏上这片土地以后，通过开诊疗所、建医院等方式，第一次把西医知识和技术带到东北，在一定程度上促进了东北医疗卫生事业的发展。同时，教会医院利用西医技术，为广大民众施医诊疗，使广大民众重新恢复了身心健康，在客观上是有利于人民大众的。而其为配合传教活动而开办的众多学校，尽管其目的是辅助发展教务，但借此也将西方先进的教学方法和教育管理体制率先引进了东北，在客观上对东北教育事业的发展起到了一定的推动作用。教会学校在教学过程中，除了开设宗教课程以外，还开设了一些文化课程，在灌输学生宗教知识之外，也向学生传授一些西方近代科学知识，培养了东北地区最早的新式人才，尽管这些学生毕业后有些献身于宗教传播事业，但更多的则是走上社会，为社会服务，这在客观上对东北社会的进步还是有着积极意义的。至于教会参与东北地区

① 钱公来：《西方宗教对东北文化经济政治之影响》，载王大任主编《东北研究论集》二，中华文化出版事业委员会 1957 年版，第 233 页。

防疫、救灾等社会慈善事业，尽管其出发点是传教，但在此过程中，这些善举给灾难中的广大东北民众带来的益处还是应该给予肯定的。

再者，借基督教的传播而传入东北的还有其本身承载的西方文化观念，如男女平等的伦理观念、科学认识世界的思想观念等等，使广大东北民众认识了中华文明之外的文化，在一定程度上开拓了人们的视野，更新了观念。

从社会变迁方面来说，文化相对于政治而言，要稳定和持久得多，所以，基督教对近代东北社会的影响，在文化方面要比在政治方面留下的印记更深一些，更持久一些，有些影响甚至直至今天，仍有所显现。

但是，基督教在传入近代东北的过程中，东北社会对其并非是完全被动地接受，而是以自身的运行方式，对基督教这种外来文化发生着影响。相对于基督教对东北地方政治的影响而言，近代东北地方政治对基督教的影响反而更大一些。每一次政治力量的更迭，都会对基督教的传播和发展产生着或大或小的影响。晚清时期，东北地方政府和清代中央政府一样，对基督教实行所谓的“羁縻”政策，[①] 这种政策其实是在近代列强强权政治影响之下不得已而为之的一种做法。本来在基督教入华之初，清王朝厉行禁教政策，就在马礼逊入华 4 年后的 1811 年，嘉庆帝颁发谕旨，对天主教在华传教和华人在教中任职及一般教徒处理问题作出批示，对“西洋人有私自刊刻经卷，倡立讲会，蛊惑多人”者，“定为绞决”，对旗民人等“向西洋人转为传习，并私立名号，煽惑及众”者，查证属实后，为首者也“定为绞决”，对于“传教煽惑而人数不多，亦无名号者”，“定为绞候”，而对于一般信教“不知悛改者”，“发往黑龙江给索伦达呼尔为奴”，旗人则“销去旗档”。连居住在京师的西洋人，“除在钦天监有推步天文差使者，仍令供职外，”其余则遣送至粤，交由两广总督，“俟有该国船只到粤，附便遣令归国”。而在京供职的西洋人等，也对其“严加约束，禁绝旗民往来，以杜流弊。”[②] 这种政策在鸦片战争以后，被西方列强的炮舰轰得粉碎，清政府被迫转而对基督教实行压制和笼络相结合的“羁縻”策略，这种政策表面上看各级政府对基督教在华传播都在极力保护，而背地里却处处设置阻碍，这其实也是源于基督教近代入华借助特权

---

① 杨大春：《晚清政府基督教政策初探》，金城出版社 2004 年版，第 223 页。

② 《清实录》卷 243，中华书局 1986 年影印本，第 31 册，第 289 页上栏。

发展教务引起政府的反感心理所致。早期进入东北开展布道活动的基督教传教士尽管手持约章，地方政府也是到处张贴告示予以保护，但其在布道过程中仍是举步维艰，甚而经常引发各种争端，直至大规模反教运动——义和团运动的爆发，与政府实行的这种“羁縻”政策不无关系。

而到了民国以后，实行宗教信仰自由政策，尽管这种政策在具体执行过程中可能要大打折扣，但东北地方政府对基督教的态度显然要比清王朝时期宽松许多，这与义和团运动以后传教士自身对借助条约特权保护传教策略的反省有一定关系，基督教在华半个世纪左右的发展历程，其间教案不断，传教士由此认识到，条约特权带给他们的并不是一片光明的前景，结果却恰恰相反。要想让基督教真正在中国扎根，传教士中的有识之士认识到，必须使基督教和近代列强强迫清政府签订的不平等条约脱离关系，于是采取限制传教士不得利用特权干预地方政务等种种措施，努力摆脱这些负面影响。当然，这也与人们此时期对西方文化的认识和理解逐渐加深有关，经过半个多世纪的被动挨打，国人已经充分认识到西方文化的先进性，从清末就已经开始了学习西方的“新政”改革，到民国时期，学习西方先进文化拯国救民已经成为有识之士的共识。在这种氛围中，作为西方文化一部分的基督教自然也为人们所理解和宽容。所以，民国时期的反教斗争较之晚清时期要缓和得多，只是在民族情绪日益高涨的20世纪20年代，非基督教运动才又再次把斗争矛头指向基督教，但这次反教运动却“全然不同于近代历史上封建士绅煽动的‘反洋教’运动”，而是“20年代中国民族民主革命的有机组成部分”。[①] 较之晚清时期的反教运动多了很多理性成分，而这场运动对基督教的影响，正如著名的教会史学家王治心先生所言：“这一次的反基运动，对于基督教不但没有什么害处，却相反的成了基督教的诤友，而蒙受着极大的利益和进步。”[②]

从文化输入的角度来看，两种文化从碰撞到融合是个双向过程，而非简单的单向运动。基督教作为一种文化，在传入中国的过程中，也必然要经历这样一个过程。正如有的学者指出的那样：“中国传统文化与基督教的接触，所表现出的基本关系是既相互冲撞又相互融合。”[③] 前文已述，

① 杨天宏：《基督教与近代中国》，四川人民出版社1994年版，“序言”第3页。

② 王治心：《中国基督教史纲》，上海古籍出版社2004年版，第241页。

③ 董丛林：《中国传统文化与基督教》，《寻根》1994年第2期。

近代中国东北文化尽管是一种“混合型文化”，但其主脉却是以儒家思想为核心的文化体系，在基督教这种异质文化传入东北的过程中，势必和以儒家思想为核心的传统文化发生碰撞，在碰撞中，本土文化吸收异质文化中的合理因子，异质文化也不断完善自身不适应本土文化的因子，双方在碰撞中完善，在调整中融合，最终实现了两种文化的双向契合。基督教逐渐融入东北社会，是本土文化自身不断扬弃的结果，同时也是基督教不断自我完善、适应本土文化的结果。

总之，透过基督教在近代中国东北半个多世纪的传播与发展历程，我们发现，二者之间并非是简单的进入与接纳关系，而是双向互动的发展过程，在此过程中，基督教最终逐渐融入东北社会，并对东北社会产生了多方面的影响，有些影响直至今日仍在继续。同时，东北社会在接纳基督教这种外来文化的过程中，也以自身的方式对基督教产生着潜移默化的影响，基督教为了适应新的条件，也不断调整自己，以期实现与东北社会的双向契合。但在近代中国特殊的历史背景下，这种调整是在外国差会控制下进行的，也就决定了最终取得的成果是有限度的。因而，近代中国东北地区的基督教会和国内其他地区的基督教会一样，要实现真正意义上的“自治、自养、自传”，尚需很长的路要走。但广大爱国基督教徒在此期间付出的艰辛努力，却为后来基督教“三自”爱国运动的胜利奠定了一定的基础。这就是这段历史在今天仍然值得我们探讨的意义所在。

附录一：近代中国东北主要基督教差会及传教士译名对照（1866—1931）

爱尔兰长老会	Irish Presbyterian Church Mission
安息日会	Seventh Day Adventist Mission
大英圣书公会	British & Foreign Bible Society
丹麦路德会	Danish Lutheran Mission
加拿大长老会	Canadian Presbyterian Mission
美以美会	Methodist Episcopal Mission
监理会	Methodist Episcopal Church, South
浸信会	Southern Baptist Convention
救世军	Salvation Army
神召会	Assemblies of God
圣洁会	Holiness Churches
苏格兰圣经会	Scottish Bible Society
苏格兰长老会	United Free Church of Scotland Mission
约老会	American Reformed Presbyterian Mission
安乐克	Soren A. Ellerbek
白德逊	B. Petersen
柏　卫	Rev C. Bolwing
宾维廉	William C. Burns
德儒博	Rev. R. T. Turley
德教治	George Douglas

丁滋博	R. J. Gordon
傅多玛	Rev. T. C. Fulton
盖雅各	Rev. James Crson
高积善	James A. Greig
古约翰	Rev. J. Goforth
郭实腊	Charles Gutzlaff
很维礼	W. Hunter
很　德	Dr. J. M. Hunter
纪礼备	W. H. Gillespie
杰克逊	Arther Frame Jackson
康慕恩	J. McCammon
孔元华	Ms. Emma Crooks
劳但理	Daniel T. Robertson
李雅各	J. A. Wylie
李术仁	B. L. Learmouth
栾马丁	Chas. A. Leonard
罗约翰	Rev. J. Ross
马钦泰	Rev. J. Macintyre
马德良	C. M. Madsen
孟宗原	John Omelvena
聂乐信	Ms. Ellen Nielsen
司督阁	Dr. D. Christie
外德劳	Rev. P. C. W. Waidtlow
万　特	Rev. H. Waddell
韦廉臣	Alexander Williamson
魏雅各	Rev. J. Webster
文安德	Andrew Weir
吴阿礼	A. Macdonald Westwater
英雅各	James W. Inglis

附录二：近代中国东北基督教大事编年（1866—1931）

1832 年：德籍传教士郭实腊乘船到奉天沿海侦察情报，在盖州（今辽宁盖县）登陆后，被政府驱逐南返。为最早抵达东北的基督教传教士。

1866 年：传教士韦廉臣受苏格兰圣经会的派遣赴东北旅行考察，到达松花江边的三姓（今黑龙江依兰），基督教向东北传播的帷幕由此拉开。

1867 年：英国长老会传教士宾维廉来到营口，驻足传教，开启了基督教在东北传播的新时代。

1869 年：爱尔兰长老会传教士万特和很德抵达营口，开堂布道。

1872 年：苏格兰长老会传教士罗约翰到达营口，立堂开教。

1873 年：罗约翰在营口为王静明、林万镒等人洗礼，发展了东北第一批基督教信徒。

1875 年：苏格兰长老会传教士马钦泰从山东潍县来到营口，协助罗约翰开展传教工作。

1876 年：罗约翰差派王静明从营口到奉天赁堂传教。

1881 年：大英圣书公会派遣德儒博牧师来东北售卖《圣经》。

1887 年：盛京施医院正式开业。

1888 年：东北地区发生特大洪灾，教会组织赈济灾民。

1891 年：爱尔兰和苏格兰两长老会代表于奉天小河沿开会，达成了在东北地区统一传教行动的决议，并成立"关东长老会老会"；1891 年前后，美以美会在宁远州（今辽宁兴城）中前所、前屯卫租赁民房传教。

1894 年：甲午中日战争爆发；苏格兰长老会传教士李雅各在辽阳被杀；传教士在营口建立红十字医院展开救护工作。

1895 年：丹麦路德会牧师柏卫和外德劳到东北开教。

1896 年：刘全岳被按立为东北第一位华人牧师。

1898 年：苏格兰、爱尔兰两长老会联手创办奉天神学院。

1900 年：义和团运动波及东北。

1902 年：苏格兰、爱尔兰两长老会联手于奉天创办文会书院。

1903 年：加拿大长老会传教士巴克尔等人从朝鲜半岛进入珲春、龙井一带传教。

1904 年：日俄战争爆发，东北基督教会配合上海万国红十字会展开救助灾民活动。

1906 年：大韩基督教会派遣韩泰永等人从朝鲜进入中国，在延边一带朝鲜族中传教。

1907 年：关东长老会在营口召开大会，升老会为大会，统摄本系统东北教会，并将工作地划分为辽东、辽西和吉林 3 个区会，下面分划 16 个教区。

1908 年：东北基督教奋兴运动。

1910 年：浸信会在东北开教。

1910—1911 年：鼠疫席卷中国东北，教会积极组织抗疫活动，苏格兰传教医师杰克逊染疫殉职。

1912 年：中华民国成立；盛京医学院创建。

1914 年：安息日会牧师白德逊奉派到达奉天，开展传教活动。

1920 年：救世军在奉天设立救世军满洲区本部，总指挥施崇善，协理魏乐朴。

1923 年：丹麦路德会在凤城召开大会，制定《章程》，易名为满洲基督教信义会。

1924 年：监理会传教士赴哈尔滨开教；圣洁会进入东北传教。

1927 年：加拿大长老会总部派古约翰和瑞阿克牧师从河南彰德赴梨树四平街，开展传教工作。

1928 年：神召会传教士白爱真、兰爱悦抵达营口，开展传教活动。

1930 年：约老会牧师魏司道等人来到齐齐哈尔等地进行传教。

1931 年：“九·一八”事变。

参考文献

一　档案文献

1. 东北师范大学明清史研究所、中国第一历史档案馆合编：《清代东北阿城汉文档案选编》，中华书局2000年版。
2. 辽宁省档案馆编：《日俄战争档案史料》，辽宁古籍出版社1995年版。
3. 辽宁省档案馆、辽宁社会科学院历史研究所编：《东北义和团档案史料》，辽宁人民出版社1981年版。
4. 明清档案馆编：《义和团档案史料》（上、下），中华书局1959年版。
5. 《王云阁呈请札饬阿城县保护耶稣教堂禀文及吉林分巡西北路兵备道批文》，1912年，吉林省档案馆藏，资料号：34—2118。
6. 《清实录》，中华书局1987年影印本。
7. 中研院近代史研究所编辑：《教务教案档》，中研院近代史研究所1974—1981年版。
8. 王彦威纂辑：《清季外交史料》（全五册），书目文献出版社1987年版。
9. 中国第一历史档案馆、福建师范大学历史系合编：《清末教案》第一、二、三、五册，中华书局1996年、1998年、2000年版。
10. （清）朱寿朋编：《光绪朝东华录》（全五册），中华书局1958年版。

二　报刊及资料汇编

1. 陈学恂主编：《中国近代教育史教学参考资料》下册，人民教育出版社1993年版。
2. 李楚材主编：《帝国主义侵华教育史资料——教会教育》，教育科学出版社 1987 年版。

3. 满洲基督教联合会编：《满洲基督教年鉴》，满洲基督教联合会 1938 年版。

4. 《盛京时报》影印本，《盛京时报》影印组 1985 年。

5. 《申报》影印本，上海书店出版社 1982 年版。

6. 舒新城：《中国近代教育史资料》（上、中、下），人民出版社 1981 年版。

7. 王铁崖编：《中外旧约章汇编》第一册，三联书店 1957 年版。

8. 王芸生：《六十年来中国与日本》，大公报社出版部 1932 年版。

9. 中国社会科学院近代史研究所《近代史资料》编辑组编：《义和团史料》（上、下），中国社会科学出版社 1982 年版。

10. 中华基督教会全国总会编印：《中华基督教会全国总会第二届常会纪念册》，1930 年版。

11. 中华续行委办会编：《中华基督教会年鉴》第 3、5、6、10 期，商务印书馆 1916 年、1918 年、1921 年、1928 年版。

12. 中华续行委办会调查特委会编：《中华归主——中国基督教事业统计（一九〇一— 一九二〇）》（上、中、下），中国社科院世界宗教研究所译，中国社会科学出版社 1987 年版。

13. 中国社会科学院近代史研究所《近代史资料》编辑部：《近代史资料》（总 80、82 号），中国社会科学出版社 1992 年版。

14. 朱有瓛、高时良主编：《中国近代学制史料》第 4 辑，华东师范大学出版社 1993 年版。

15. （清）柴莲馥辑：《庚子教会华人流血史》，中国圣教书会 1911 年版。

16. （清）李杕：《拳祸记》下，土山湾印书馆 1909 年版。

17. ［日］佐原笃介、浙西沤隐：《拳匪纪事》，载沈云龙主编《近代中国史料丛刊》第 83 辑，文海出版社 1967 年版。

18. 民生部社会司：《宗教调查资料·第三辑》，1936 年版。

19. 民生部社会司：《宗教调查资料·第四辑》，1937 年版。

三 地方志书

1. 阿城县志编纂委员会办公室编：《阿城县志》，黑龙江人民出版社 1988 年版。

2. 安德才主编:《兴城县志》,辽宁大学出版社 1990 年版。
3. 白永真:《辽阳县志》全五册,成文出版社 1973 年版。
4. 北镇县地方志编纂委员会编:《北镇县志》,辽宁人民出版社 1990 年版。
5. 长顺修,李桂林纂:《吉林通志》(上、下),吉林文史出版社 1986 年版。
6. 陈德懿:《铁岭县志》全四册,成文出版社 1974 年版。
7. 陈荫翘等修,宋作宾等纂:《海城县志》,海城县公署县志馆 1937 年版。
8. 法库县志编纂委员会编:《法库县志》,沈阳出版社 1990 年版。
9. 阜新市人民政府地方志办公室编:《阜新市志》第 1 卷,中国统计出版社 1993 年版。
10. 耿云生主编:《扶余县志》,吉林人民出版社 1993 年版。
11. 郭克兴辑,高晓燕校点:《黑龙江乡土录》,黑龙江人民出版社 1988 年版。
12. 哈尔滨市地方志编纂委员会编:《哈尔滨市志·宗教·方言》,黑龙江人民出版社 1998 年版。
13. 海城市地方志编纂委员会办公室编:《海城县志》,海城市地方志编纂委员会办公室 1987 年版。
14. 和龙县地方志编纂委员会编:《和龙县志》,吉林文史出版社 1992 年版。
15. 黑龙江省地方志编纂委员会编:《黑龙江省志·教育志》,黑龙江人民出版社 1996 年版。
16. 黑龙江省地方志编纂委员会编:《黑龙江省志·卫生志》,黑龙江人民出版社 1996 年版。
17. 黑龙江省地方志编纂委员会编:《黑龙江省志·宗教志》,黑龙江人民出版社 1999 年版。
18. 黑山县地方志编纂委员会编:《黑山县志》,辽宁大学出版社 1992 年版。
19. 黄维翰:《呼兰府志》,呼兰县志办公室 1983 年版。
20. 吉林省地方志编纂委员会编:《吉林省志·教育志》,吉林人民出版社 1992 年版。

21. 吉林省地方志编纂委员会编：《吉林省志·卫生志》，吉林人民出版社1992年版。
22. 吉林省地方志编纂委员会编：《吉林省志·宗教志》，吉林人民出版社2000年版。
23. 开原市地方志办公室编：《开原县志》，辽宁人民出版社1995年版。
24. 李流芳主编：《铁岭县志》，辽沈书社1993年版。
25. 李毅：《开原县志》全四册，成文出版社1974年版。
26. 《辽海丛书》，辽沈书社1985年版。
27. 辽宁省地方志编纂委员会办公室编：《辽宁省志·宗教志》，辽宁人民出版社2002年版。
28. 辽宁省地方志编纂委员会办公室编：《辽宁省志·卫生志》，辽宁人民出版社1999年版。
29. 辽宁省义县人民政府地方志办公室编：《义县志》，沈阳出版社1992年版。
30. 辽阳县志编纂委员会办公室编：《辽阳县志》，新华出版社1994年版。
31. 龙井县地方志编纂委员会编：《龙井县志》，东北朝鲜民族教育出版社1989年版。
32. 陆善格：《锦县志》，成文出版社1974年版。
33. 梅河口地方志编纂委员会编：《梅河口市志》，吉林人民出版社1999年版。
34. 四平市地方志编纂委员会编：《四平市志》，吉林人民出版社1993年版。
35. 宋景文：《珠河县志》，成文出版社1974年版。
36. 黎成修：《绥化县志》，黑龙江人民出版社1986年版。
37. 绥中县地方志编纂委员会编：《绥中县志》，辽宁人民出版社1988年版。
38. 石秀峰：《盖平县志》，成文出版社1974年版。
39. 田志和、马鸿超等：《长春市志·少数民族·宗教志》，吉林人民出版社1998年版。
40. 王鹤龄：《义县志》，成文出版社1974年版。
41. 王树楠等：《奉天通志》，东北文史丛书编委会1983年影印本。
42. 西清：《黑龙江外记》，黑龙江人民出版社1984年版。

43. 徐世昌等纂，李澍田等点校：《东三省政略》，吉林文史出版社 1989 年版。
44. 徐宗亮：《龙江述略》，成文出版社 1969 年版。
45. 许敬文主编：《东沟县志》，辽宁人民出版社 1996 年版。
46. 营口市地方志编纂委员会办公室编：《营口市志》第 1 卷，中国书籍出版社 1992 年版。
47. 营口市地方志编纂委员会办公室编：《营口市志》第 5 卷，远方出版社 1999 年版。
48. 张博惠：《新民县志》，成文出版社 1974 年版。
49. 张伯英总纂，崔重庆等整理：《黑龙江志稿》，黑龙江人民出版社 1992 年版。
50. 本溪市政协编印：《本溪文史资料》第 4 辑，1989 年版。
51. 长春市政协编印：《长春文史资料》第 5 辑，1984 年版。
52. 东沟县政协编印：《东沟文史资料》第 2 辑，1988 年版。
53. 丹东市政协编印：《丹东文史资料》第 3 辑，1987 年版。
54. 丹东市政协编印：《丹东文史资料》第 6 辑，1990 年版。
55. 扶余市政协文史资料委员会编印：《扶余文史资料》第 11 辑，1991 年版。
56. 吉林市政协文史资料研究委员会编印：《吉林市文史资料》第 4 辑，1985 年版。
57. 吉林市政协编印：《吉林市文史资料》第 5 辑，1986 年版。
58. 锦西县政协编印：《锦西文史资料》第 5 辑，1987 年版。
59. 辽宁省暨沈阳市政协编印：《文史资料选辑》第 1 辑，辽宁人民出版社 1962 年版。
60. 辽宁省政协编印：《辽宁文史资料》第 33 辑，1991 年版。
61. 辽阳市政协编印：《辽阳文史资料》第 3 辑，1987 年版。
62. 辽阳市政协编印：《辽阳文史资料》第 5 辑，1990 年版。
63. 马维权：《黑龙江宗教界忆往》，黑龙江人民出版社 1992 年版。
64. 梅河口市政协编印：《梅河口文史资料》第 3 辑，1989 年版。
65. 四平市政协编印：《四平文史资料》第 1 辑，1988 年版。
66. 沈阳市大东区政协编印：《大东文史资料》第 1 辑，1987 年版。
67. 沈阳市大东区政协编印：《大东文史资料》第 3 辑，1989 年版。

68. 沈阳市政协编印：《沈阳文史资料》第 4 辑，1983 年版。
69. 沈阳市政协编印：《沈阳文史资料》第 13 辑，1987 年版。
70. 岫岩县政协编印：《岫岩文史资料》第 1 辑，1986 年版。
71. 义县政协编印：《义县文史资料》第 5 辑，1988 年版。
72. ［日］大谷湖峰：《宗教调查报告书》，载长春市政协文史委员会编印《长春文史资料》第 4 辑，1988 年版。

四 中文著作（包括译著）

1. 曹增友：《传教士与中国科学》，宗教文化出版社 1999 年版。
2. 陈邦贤：《中国医学史》，商务印书馆 1937 年版。
3. 陈建明、刘家峰主编：《中国基督教区域史研究》，巴蜀书社 2008 年版。
4. 池子华、郝如一主编：《中国红十字历史编年（1904—2004）》，安徽人民出版社 2005 年版。
5. 戴康生、彭耀主编：《宗教社会学》，社会科学文献出版社 2000 年版。
6. 冯祖贻等主编：《教案与近代中国》，贵州人民出版社 1990 年版。
7. 顾长声：《传教士与近代中国》，上海人民出版社 2004 年版。
8. 顾长声：《从马礼逊到司徒雷登——来华新教传教士评传》，上海书店出版社 2005 年版。
9. 顾卫民：《基督教与近代中国社会》，上海人民出版社 1996 年版。
10. 郭建平：《奉系教育》，辽海出版社 2000 年版。
11. 郭卫东：《近代外国在华文化机构综录》，上海人民出版社 1993 年版。
12. 何光沪：《宗教与当代中国社会》，中国人民大学出版社 2006 年版。
13. 黑龙江省博物馆历史部编：《黑龙江义和团的抗俄斗争》，黑龙江人民出版社 1978 年版。
14. 胡卫清：《普遍主义的挑战——近代中国基督教教育研究（1877—1927）》，上海人民出版社 2000 年版。
15. 《基督教词典》编写组：《基督教词典》，北京语言学院出版社 1994 年版。
16. 黎光、张璇如：《义和团运动在东北》，吉林人民出版社 1981 年版。
17. 李时岳：《近代中国反洋教运动》，人民出版社 1985 年版。
18. 李平晔、陈红星主编：《以史为鉴——中国近代史论文集》，宗教文化出版社 2001 年版。
19. 李文海等:《义和团运动史事要录》，齐鲁书社 1986 年版。
20. 梁其姿：《施善与教化：明清的慈善组织》，河北教育出版社 2001 年版。
21. 林治平:《基督教在中国本色化》，今日中国出版社 1998 年版。
22. 刘鸿恺:《教会与中国》，辅仁大学出版社 1990 年版。
23. 刘小枫：《道与言——华夏文化与基督文化相遇》，三联书店 1995 年版。
24. 戚其章、王如绘:《晚清教案纪事》，东方出版社 1990 年版。
25. 齐红深:《东北地方教育史》，辽宁大学出版社 1991 年版。
26. 钱宁：《基督教与少数民族社会文化变迁》，云南大学出版社 1998 年版。
27. 宋家珩:《加拿大传教士在中国》，东方出版社 1995 年版。
28. 史静寰、王立新：《基督教教育与中国知识分子》，福建教育出版社 1998 年版。
29. 陶飞亚、刘天路:《基督教会与近代山东社会》，山东大学出版社 1995 年版。
30. 佟冬:《中国东北史》（全六卷），吉林文史出版社 1998 年版。
31. 王春来:《基督教在近代韩国》，中国社会科学出版社 2000 年版。
32. 王大任主编:《东北研究论集》（一、二），中华文化出版事业委员会 1957 年版。
33. 王鸿宾等:《东北教育通史》，辽宁教育出版社 1992 年版。
34. 王魁喜等:《近代东北史》，黑龙江人民出版社 1984 年版。
35. 王治心:《中国基督教史纲》，上海古籍出版社 2004 年版。
36. 吴梓明:《基督宗教与中国大学教育》，中国社会科学出版社 2003 年版。
37. 薛虹、李澍田主编:《中国东北通史》，吉林文史出版社 1991 年版。
38. 杨大春:《晚清政府基督教政策初探》，金城出版社 2004 年版。
39. 杨天宏:《基督教与近代中国》，四川人民出版社 1994 年版。
40. 杨余练等:《清代东北史》，辽宁教育出版社 1991 年版。
41. 姚民权、罗伟虹:《中国基督教简史》，宗教文化出版社 2000 年版。
42. 于本源:《清王朝的宗教政策》，中国社会科学出版社 1999 年版。

43. 章开沅等主编：《中西文化与教会大学》，湖北教育出版社 1991 年版。
44. 张力、刘鉴唐：《中国教案史》，四川省社会科学院出版社 1987 年版。
45. 张西平、卓新平编：《本色之探——20 世纪中国基督教文化学术论集》，中国广播电视出版社 1999 年版。
46. 中国科学院历史研究所第三所主编：《锡良遗稿·奏稿》，中华书局 1959 年版。
47. 中国社会科学院近代史研究所翻译室编：《近代来华外国人名辞典》，中国社会科学出版社 1981 年版。
48. 周秋光、曾桂林：《中国慈善简史》，人民出版社 2006 年版。
49. 朱维铮：《基督教与近代文化》，上海人民出版社 1994 年版。
50. 卓新平：《宗教理解》，社会科学文献出版社 1999 年版。
51. ［俄］戈利岑：《中东铁路护路队参加一九〇〇年满洲事件纪略》，李述笑、田宜耕译，商务印书馆 1984 年版。
52. ［法］谢和耐：《中国与基督教：中西文化的首次撞击》，耿昇译，上海古籍出版社 2003 年版。
53. ［韩］李宽淑：《中国基督教史略》，社会科学文献出版社 1998 年版。
54. ［美］费正清主编：《剑桥中国晚清史（1800—1911）》上卷，中国社会科学院历史研究所编译室译，中国社会科学出版社 1985 年版。
55. ［美］马士：《中华帝国对外关系史》（全三卷），张汇文等合译，上海书店出版社 2000 年版。
56. ［美］杨庆堃：《中国社会中的宗教——宗教的现代社会功能与其历史因素之研究》，范丽珠等译，上海人民出版社 2007 年版。
57. ［英］杜格尔德·克里斯蒂：《奉天三十年（1883—1913）——杜格尔德·克里斯蒂的经历与回忆》，张士尊等译，湖北人民出版社 2007 年版。
58. ［英］贾立言：《基督教史纲》，冯雪冰译，上海广学会 1928 年版。
59. ［英］李提摩太：《亲历晚清四十五年——李提摩太在华回忆录》，李宪堂、侯林莉译，天津人民出版社 2005 年版。
60. ［英］伊泽·英格利斯：《东北西医的传播者——杜格尔德·克里斯蒂》，张士尊译，辽海出版社 2005 年版。

五 外文著作

1. Alfred J. Costain, M. a., *The life of Dr. Arthur Jackson of Manchuria*. London, New York: Toronto, 1913.
2. D. Mac Gillivray, "A Century of Protestant Missions in China (1807—1907)", *Being the Centenary Conference Historical Volume*. Shanghai: Printed at the American Presbyterian Mission, 1907.
3. Inglis Lza, *Thirty years in Moukden: 1883—1913, Being the Experiences and Recollections of Dugald Christie*, London: Constable and Company ltd, 1914.
4. [日] 比屋根安定:《支那基督教史》,生活社 1940 年版。
5. [日] 赤松智城、秋叶隆:《满蒙の民族と宗教》,大阪屋号书店 1941 年版。
6. [日] 菊池秋四郎、中岛一郎:《奉天二十年史》,奉天二十年史刊行会 1926 年版。
7. [日] 南满洲铁道株式会社:《满蒙全书》第 1 卷,满蒙文化协会 1922 年版。
8. [日] 千田万三:《满洲文化史·点描》,大阪屋号书店 1943 年版。
9. [日] 守田利远:《满洲地志》(下卷),丸善株式会社 1906 年版。
10. [日] 松尾为作:《南满洲ニ於ヶル宗教概观》,关东厅教化事业奖励资金财团 1931 年版。
11. [日] 卫藤利夫:《满洲生活三十年》,大亚细亚建设社 1937 年版。
12. [日] 卫藤利夫:《满洲夜话》,吐风书房 1940 年版。
13. [日] 岩井大慧:《支那丛报解说》(第 1、4、5、6、7、10 卷),丸善株式会社 1942 年版。
14. [日] 芝田研三:《满洲宗教志》,满铁社员会 1940 年版。

六 期刊论文

1. 陈建明:《近代基督教在华医疗事业》,《宗教学研究》2000 年第 2 期。
2. 陈建明:《新编中国基督教通史的几点看法》,《世界宗教研究》2005 年第 1 期。
3. 程歗:《从社会史的角度深化近代基督教研究》,《文史哲》1996

年第 2 期。

4. 程歗、张鸣:《晚清教案中的习俗冲突》,《历史档案》1996 年第 4 期。

5. 丁浩:《近代士绅对基督教的认识与态度》,《南京社会科学》1998 年第 6 期。

6. 丁平一:《试论基督教在近代中国受到抵制的原因》,《湖南师范大学社会科学学报》1993 年第 2 期。

7. 高乐才、邹丹丹:《近代中国东北基督教教会学校评析》,《长春师范学院学报》(人文社会科学版)2006 年第 5 期。

8. 顾长声:《传教士与近代中西文化交流——兼评〈剑桥中国晚清史〉关于基督教在华活动的论述》,《历史研究》1989 年第 3 期。

9. 顾明义:《辽宁地区的反帝国主义宗教斗争初探》,《辽宁大学学报》1986 年第 3 期。

10. 郭海良:《1980 年以来国内基督教研究评述》,《历史教学问题》2006 年第 6 期。

11. 郭若平:《"非基督教运动"(1922—1927)研究概述》,《理论学习月刊》1997 年第 11 期。

12. 胡卫清:《论近代教会学校的宗教教育》,《学术研究》2001 年第 7 期。

13. 焦润明:《1910—1911 年的东北大鼠疫及朝野应对措施》,《近代史研究》2006 年第 3 期。

14. 贾中原:《也谈黑龙江早期的基督教》,《黑龙江日报》1989 年 6 月 25 日第 4 版。

15. 靳永震:《论甲午战争时期的红十字会医院》,《湖南第一师范学报》2006 年第 2 期。

16. 孔祥涛:《两难之间:在华基督教差会早期的本土布道员》,《世界宗教研究》1997 年第 3 期。

17. 李英武:《东北沦陷时期的基督新教》,《东北亚论坛》2001 年第 2 期。

18. 梁碧莹:《"医学传教"与近代广州西医业的兴起》,《中山大学学报》(社会科学版)1999 年第 5 期。

19. 马敏:《近年来大陆中国教会大学史研究综述》,《世界宗教研究》1996 年第 4 期。

20. 马毅、胡凡:《论关东文化》,《延边大学学报》(社会科学版) 1996 年第 2 期。
21. 南治国:《但开风气敢为先——基督教与清末女子教育》,《北京大学学报》(哲学社会科学版) 2002 年第 4 期。
22. 盛懿:《近代上海基督教慈善活动刍议》,《上海交通大学学报》(社会科学版) 1999 年第 2 期。
23. 宋国强:《义和团运动在辽西》,《锦州师院学报》(哲学社会科学版) 1986 年第 2 期。
24 孙涛:《论非基督教运动的主要成因》,《河北师范大学学报》(哲学社会科学版) 2004 年第 6 期。
25. 孙占文:《义和团在黑龙江的反帝斗争情况》,《哈尔滨师范学院学报》(社会科学版) 1964 年第 1 期。
26. 田涛:《期末民初在华基督教医疗卫生事业及其专业化》,《近代史研究》1995 年第 5 期。
27. 田志和、苏义发:《清代东北地方庚子赔款始末》,《东北师大学报》(哲学社会科学版) 1988 年第 6 期。
28. 汪孝海:《司督阁在东北施医传教》,《东北地方史研究》1989 年第 3 期。
29. 王充闾:《关东文化的现代转化与文化重塑》,《社会科学辑刊》2005 年第 1 期。
30. 王国平:《不能以马礼逊来华作为基督新教来华标志》,《光明日报》2004 年 5 月 11 日第 B3 版。
31. 王景泽:《韦廉臣来黑龙江的准确时间》,《北方文物》1998 年第 2 期。
32. 王立仁:《辽宁西医学传入》,《东北地方史研究》1989 年第 1 期。
33. 王立新:《十九世纪在华基督教的两种传教政策》,《历史研究》1996 年第 3 期。
34. 王申红:《论“非基运动”与中国基督教》,《史学月刊》2005 年第 5 期。
35. 王晓朝:《论基督教的本土化》,《上海社会科学院学术季刊》1998 年第 2 期。
36. 武育文、孙仁奎:《义和团运动在辽宁》,《辽宁日报》1984 年 1 月 5

日第 3 版。

37. 夏明方：《论 1876 至 1879 年间西方新教传教士的对华赈济事业》，《清史研究》1997 年第 2 期。

38. 于永敏：《东北地区西医传入先驱者——司督阁博士》，《中国科技史料》1992 年第 4 期。

39. 张广智：《近代中国对基督教入华的回应——一项现代新史学的理论诠释》，《复旦学报》（社会科学版）1998 年第 3 期。

40. 卓新平：《基督教与中国文化的双向契合》，《世界宗教文化》1997 年第 2 期。

七 博硕士论文

1. 金东春：《20 世纪初基督教在中国延边朝鲜民族社会的演变及其影响》，博士学位论文，延边大学，2007 年。

2. 李传斌：《基督教在华医疗事业与近代中国社会（1835—1937）》，博士学位论文，苏州大学，2001 年。

3. 李国辉：《清末洋教传入对东北社会的影响》，硕士学位论文，东北师范大学，2007 年。

4. 田超：《晚清东北教案研究》，硕士学位论文，聊城大学，2009 年。

5. 吴文南：《英国传教士宾为霖与〈天路历程〉之研究》，博士学位论文，福建师范大学，2008 年。

6. 徐炳三：《近代中国东北基督教研究——以政教关系为研究视角（1867—1945）》，博士学位论文，华中师范大学，2008 年。

7. 邹丹丹：《近代中国东北基督教教会学校研究》，硕士学位论文，东北师范大学，2006 年。

后　记

本书是在我的博士学位论文基础上进一步修改整理而成。

对东北基督教的关注，是在我读研时开始的。2002 年，我考入东北师范大学历史文化学院攻读中国近现代史硕士学位，师从高乐才先生。在先生的引领之下，我步入这个当时尚很少有人涉足的领域，完成了硕士学位论文《清末民初基督教在东北施医布道探析》。

毕业后，我继续沿着这个方向搜集资料，撰写文章。2006 年，我再次回到母校，回到恩师身边，攻读博士学位。在谈及论文选题方向时，恩师建议我继续从事这个方向研究，在原有的基础上进一步扩大范围，加强深度，争取写出一篇全面、客观反映东北基督教传播发展概貌的论文。在恩师的教诲下，我开始论文的资料搜集、整理和撰写。在此过程中，每次遇到困惑与阻碍，都是先生及时点拨，化解疑难，正是在先生的教导与帮助下，我最终得以顺利完成博士学位论文。

时光荏苒，从读研到现在，不觉间在东北基督教研究领域已经探索了十余载。十几年来，恩师始终如一的关照，是我学习的动力源泉。如今，在书稿即将付梓之际，已入花甲之年的先生，仍不嫌烦劳，拨冗撰写序言。师恩难忘，对恩师多年的栽培与教诲，首先表示最诚挚的谢意！

在完成博士论文的过程中，还相继得到吉林大学赵英兰教授、刘会军教授、杜君教授、东北师大程舒伟教授、曲晓范教授、周颂伦教授、权赫秀教授等诸位师长的指点与教诲，对各位老师的殷殷教导，表示由衷的感谢！

在攻读博士学位期间，有幸得到 2007—2008 年度“联校教社医研究论文奖计划”评审老师的青睐，获准二级课题资助，香港园玄学院为此无私地提供了资助经费，值此成果即将问世之际，对上述为我论文研究与写作提供帮助的老师和单位表示诚挚的谢意！

本书能顺利出版，与中国社会科学院刘小萌研究员和中国社会科学出版社吴丽平编辑的大力支持是分不开的，对他们的帮助与付出的辛劳，特别致以谢忱！

本书的出版，还与许多人的帮助与支持是分不开的。我所在单位吉林师范大学历史文化学院的领导和老师，为我工作生活创造了良好的条件，他们是：范立君教授、王伟教授、夏宇旭博士、许淑杰博士、李玉梅博士、徐立艳女士、姜小莉博士、薛洪波博士、孙守朋博士、聂有财博士、杨永旭博士等，对他们此间为我付出的辛劳表示深深的谢意！

最后，还要对我的家人表示感谢，在我工作和学习期间，妻子张秋江女士承担了所有家务及教育女儿的重担，为我创设了极佳的写作环境，她为此付出的辛劳与汗水，也是应该铭记于心的。

本书虽然付梓了，但由于本人水平所限，其中难免讹误与疏漏，敬请学界同人批评指正。

邱广军

2014 年 3 月 2 日

于吉林师范大学田家炳教育书院 10504 室